Herzlich zugeeignet

Widmungen von Thomas Mann
1887-1955

herzlich zugeeignet

Widmungen

von Thomas Mann
1887-1955

Herausgegeben von
Gert Heine und Paul Schommer

Verlag
DrägerDruck
Lübeck

BUDDENBROOKHAUS
Heinrich und Thomas
Mann-Zentrum

Buddenbrookhaus-Kataloge

Herausgegeben im Auftrag der
Kulturstiftung Hansestadt Lübeck
Heinrich-und-Thomas-Mann-Zentrum

von Hans Wißkirchen

Dieses Buch erscheint anläßlich der Ausstellung:

„Herzlich zugeeignet“ - Widmungen von Thomas Mann 1887-1955
Eine Ausstellung des Heinrich-und-Thomas-Mann-Zentrums Lübeck
vom 15. März bis 3. Mai 1998 im Buddenbrookhaus

Konzeption
Nathalie Bielfeldt

Mitarbeit Konzeption
Paul Schommer

Bild-Redaktion
Britta Dittmann

Katalog-Layout
DrägerDruck GmbH & Co., Lübeck

Das Heinrich-und-Thomas-Mann-Zentrum dankt folgenden Institutionen und Personen für die Bereitstellung von Leihgaben und die Förderung der Ausstellung:

Deutsches Literaturarchiv Marbach, Schiller Naturalmuseum

Hartwig Dräger

Eidgenössische Technische Hochschule Zürich, Thomas-Mann-Archiv

Freies Deutsches Hochstift, Hofmannsthal-Archiv

Prof. Dr. Klaus W. Jonas, München

Magda Kerényi, Ascona

Dr. Gert Koenemann, Hamburg

Münchner Stadtbibliothek, Monacensia Literaturarchiv

National Archives an Records Administration, Franklin D. Roosevelt Library, New York, USA

Paul Schommer, Alpen

Stiftung Archiv Akademie der Künste Berlin, Heinrich-Mann-Archiv

Dr. Peter Thoemmes, Lübeck

Für Klaus W. Jonas
in Freundschaft

Die Deutsche Bibliothek - CIP Einheitsaufnahme
„Herzlich zugeeignet“ – Widmungen von Thomas Mann 1887-1955:
[anläßlich der Ausstellung: „Herzlich zugeeignet“ - Widmungen von Thomas Mann 1887-1955; eine Ausstellung des Heinrich-und-Thomas-Mann-Zentrums Lübeck vom 15. März bis 3. Mai 1998] / [Konzeption Nathalie Bielfeldt]. - Lübeck : Dräger, 1998 (Buddenbrookhaus-Kataloge)
ISBN 3-925402-73-X

Impressum:
Herausgeber: Paul Schommer, Gert Heine
Gesamtherstellung: DrägerDruck GmbH & Co., Lübeck
ISBN 3-925402-73-X

Inhaltsverzeichnis

Thomas Mann beim Signieren seiner Bücher

Während einer „lecture tour" durch die Vereinigten Staaten von Amerika im März 1939

Vorwort

"Ich dichte jetzt hauptsächlich Widmungen"

Thomas Mann am 17.10.1936 an seinen Verleger
Gottfried Bermann Fischer

Auf die Leserschaft und die Forschung, der es um Thomas Mann zu tun ist, sind seit seinem Tod im Jahre 1955 und nach Ablauf der von ihm verfügten Schutzfrist von 20 Jahren für die Tagebücher, neue Texte in einem unerwarteten Ausmaß zugekommen. Die Edition der Briefe, besorgt von Erika Mann, die der Tagebücher, von Peter de Mendelssohn begonnen und von Inge Jens zu Ende geführt, die Interviews, von Volkmar Hansen und Gert Heine herausgegeben, die von Georg Potempa zusammengestellten politischen Aufrufe, an denen Thomas Mann mitgearbeitet oder die er zumindest unterzeichnet hatte, all diese Texte haben neue literarische, persönliche oder politische Äußerungen des Autors Thomas Mann zu Tage gebracht und dem Bild seiner Persönlichkeit neue Facetten hinzugefügt. Und es sieht so aus, als ob es noch ein Mehr an Entdeckerfreude auszukosten gibt. Unbekannte Briefe tauchen laufend auf und werden sicher bald eine zusätzliche Dokumentation über den derzeit veröffentlichten Briefwechsel hinaus wünschenswert machen. Aber auch unerwartet neue und bislang übersehene Thomas Mann Texte haben mittlerweile die Aufmerksamkeit der Sammler und Bibliographen gefunden.

So haben sich der Bibliograph Gert Heine und der Sammler Paul Schommer zusammengetan, um die persönlichen Widmungen aufzuspüren, mit denen Thomas Mann Freunde, Bekannte, Leser und Kollegen ebenso wie Mitglieder seiner Familie und Besucher seines Hauses bedacht hat. Beide Herausgeber, Sammler aus Leidenschaft, dazu als Kenner des Werkes von Thomas Mann ausgewiesen, haben eine faszinierende Sammlung von Widmungen und Eintragungen aus der Feder Thomas Manns zusammengetragen und damit einen begrenzten, aber bislang unerreichbaren Textkorpus von Thomas Mann erschlossen, der im wahrsten Sinn des Wortes die Handschrift des Autors trägt.

Sicher sind dies Texte, die am Rande des Werkes liegen, die, verständlich aus der Situation ihres Entstehens, über Kurzformulierungen, Splitter oder Pointen selten hinausgehen und dazu fast notwendigerweise einer formelhaften Stilisierung ausgesetzt sind. Aber selbst in dem sich wiederholenden Gestus der Widmung eines Werkes durch den Autor ist bei Thomas Mann eben nicht alles Konvention und vorgeprägte Formulierung, und es wäre der Widmende eben nicht Thomas Mann gewesen, wenn nicht auch hier im Einzelfall die souveräne Sprache, die gepflegte Wortwahl und die persönlich gehaltene Ansprache den schöpferischen Duktus des großen Stilisten aufblitzen ließen. Zudem war Thomas Mann sich dieser seiner literarischen Nebenleistung durchaus bewußt, so wenn er aus bewährter ironischer Distanz nach Vollendung des "Joseph III" (Joseph in Ägypten) die Situation beschreibt, in der er, trotz allem wohl genüßlich, vor dem gerade eingetroffenen Stoß an Belegexemplaren sitzt und seufzt: "Ich dichte jetzt hauptsächlich Widmungen". (Vgl. »Thomas Mann - Briefwechsel mit seinem Verleger Gottfried Bermann Fischer - 1932-1955«, Frankfurt am Main 1973, Seite 129).

Die Widmung des eigenen Werkes an Kollegen und Freunde ist ehrwürdiger Brauch und eine persönliche Geste gegenseitiger Wertschätzung und Unterrichtung. Darüberhinaus ist die Widmung eines Werkes an den Leser immer eine Möglichkeit, ein wenig mehr an persönlicher Verbundenheit herzustellen, als dem Verhältnis Autor - Leser normalerweise vorgegeben ist. Das Zusammenspiel mit seiner Lesergemeinde und die enge Verbindung gerade zum deutschsprachigen Leser hat er immer ernst genommen und gerade auch nach seinem Weggang aus Deutschland so lange wie möglich zu erhalten gesucht, und dabei bekanntermaßen manches Mißverständnis bezüglich seiner Haltung gegenüber dem Dritten Reich heraufbeschworen oder in Kauf genommen. Das Fehlen einer engeren Verbindung zum deutschen Leser war später die schmerzlichste Erfahrung des Exils in den Vereinigten Staaten.

Zeit seines Lebens hat er den Kontakt zum Leser aktiv gesucht und konsequent die Möglichkeiten genutzt, die der organisierte Literaturbetrieb ihm bot. Er hatte sich von früh an bis ins hohe Alter auf zeitraubende Lesungen eingelassen, die mit vielen Reisen verbunden waren, die er sich dann allerdings meist auch gut bezahlen ließ. Er hat ebenso die unzähligen Signierstunden wahrgenommen, die den Lesungen folgten oder spontan anläßlich eines Besuches anberaumt wurden. Die Ausbeute war eine für einen Autor des 20. Jahrhunderts wahrscheinlich einmalige Fülle von persönlich gewidmeten Exemplaren seiner Werke.

Wieviel dem Autor die Widmung und das Signieren seines gedruckten Werkes bedeuteten, zeigt die Disziplin, mit der er auch diesen organisierten Kontakt zum Leser bewältigte. Man mag sich die lange Reihe der Zuhörer vorstellen, die unweigerlich nach einer Lesung mit einem Werk Thomas Manns in der Hand anstanden und zur Erinnerung an das literarische Ereignis um eine Signatur oder Widmung baten. Immer unterzog er sich dieser Strapaze mit einem hohen Maß an Geduld und Konzentration. Es ist mir bisher nicht eine Signatur von Thomas Mann bekannt, geschweige denn eine persönliche Widmung, die nicht die bekannte schwungvolle Kontrolle und kalligraphische Ästhetik der Unterschrift bezeugte. Da gibt es keinen Namenszug, der irgendwie ein Zeichen der Ermattung oder des Abfallens der Konzentration anzeigte. Ein kalligraphischer Verlust ist selbst bei einer längeren persönlichen Widmung minimal oder einfach nicht vorhanden. Er, der Unterzeichnende, behielt in jedem Fall die Kontrolle, dokumentiert in der perfekt vorgelegten Signatur, und wir haben allen Anlaß zu glauben, daß dieser von der äußeren Form her höchlichst stilisierte Vorgang dem Autor ein permanentes Vergnügen bereitet hat, ihm Erfüllung gab und als ein kleiner aber bewußter Beitrag zur zusätzlichen Sicherung der erstrebten literarischen Weltgeltung gerne eingesetzt wurde. Er mag dabei so manches Mal innerlich eher milde gelächelt haben. Er betrachtete die Sammler immer mit leichtem Amusement, selbst wenn er im Einzelfall den Vorteil einer gebündelten Dokumentation des eigenen Werkes in der Hand eines Sammlers durchaus zu schätzen wußte. Jedenfalls hat er mit Widmung und Signatur den Sammlern in die Hände gespielt und, wie die Erfahrung lehrt und die Herausgeber zu belegen wußten, auf diese Weise viele Leser erreicht und künftige Thomas Mann Sammlungen schon zu Lebzeiten eigenhändig bereichert.

Mag manch eine Widmung auch über eine freundlich formelhafte Standardformulierung nicht hinausgekommen sein, die mit Namen, Datum, Ort in distanzierter Weise das Zusammentreffen belegt, so gibt es doch eine Fülle von höchst individuellen, dem Anlaß oder der Person ganz spezifisch zugedachten Widmungen, die von einer persönlichen Wertschätzung zeugen und dies in der Formulierung eindeutig bestätigen. Diese sind sicher die Höhepunkte der vorliegenden Edition, wie sie die Prunkstücke der Sammlungen sind, deren Besitzer die Texte den Herausgebern zur Verfügung gestellt haben. Gerade aus diesen sehr persönlich gehaltenen Widmungen ergibt sich ein buntes Geflecht von persönlichen Kontakten und Begegnungen, mit Zufallsbekanntschaften ebenso wie mit geschätzten und bewunderten Zeitgenossen, das vielleicht kleine zusätzliche Mosaiksteine zur vielbeschriebenen Biographie Thomas Manns beitragen kann. Faszinierend wird die Widmung da, wo sie über den rein persönlichen Rahmen hinausgeht, auf zeithistorische Ereignisse Bezug nimmt und des Autors Standpunkt oder Überzeugung komprimiert und präzise zum Ausdruck bringt.

Die vielen signierten und persönlich gewidmeten Bücher sind heute über viele Sammlungen verstreut und der Stolz der Besitzer. Die beiden Herausgeber Schommer und Heine haben ihre guten Kontakte zu der häufig eng persönlich miteinander verbundenen Gruppe der Thomas Mann Sammler erfolgreich genutzt. Sie haben sich darüber hinaus einiges an unkonventioneller Methodik einfallen lassen, haben etwa die Reisewege Thomas Manns verfolgt, die Hotels angeschrieben und nachgefragt, ob in Gästebüchern nicht doch ein persönliches Wort des Dankes oder der Erinnerung von der Hand Thomas Manns zu finden sei. Sie sind an Bibliotheken herangetreten, die Thomas Mann Sammlungen ihr eigen nennen und haben in vielen Fällen Kopien der Widmungen zum Abdruck erhalten.

Die vorliegende Dokumentation kann trotz allen Sammeleifers der Herausgeber sicher nur ein Bruchstück dessen bieten, was an Thomas Mann Widmungen in weiteren Sammlungen, Nachlässen und Bibliotheken noch vorhanden ist. So werden noch lange neue Widmungen auftauchen, aber sie werden sozusagen gegen die Sammlung Heine/Schommer gelesen werden und künftig auf eine vorbereitete Öffentlichkeit treffen, deren Auge für die Widmungen Thomas Manns durch diese Zusammenstellungen geschärft worden ist.

Knut Dorn

Editionsbericht

“Gibt es denn überhaupt interessante Buchwidmungen von Thomas Mann?”, fragte uns ein Sammler, als wir ihn Ende 1993 um die Überlassung seiner Widmungen für diese Edition baten. Die Beantwortung dieser Frage sei dem Leser überlassen.

Von Anfang an waren sich die Herausgeber darüber im Klaren, daß keine Vollständigkeit erreicht werden konnte. Auch waren sie nicht dazu bereit, alle vorliegenden Widmungstexte aufzunehmen, um eine möglichst hohe Anzahl präsentieren zu können, und es wurde fast ein Fünftel des Zusammengetragenen ausgeschieden. Bei den nicht aufgenommenen Texten handelt es sich überwiegend um “freundliche Wünsche” oder rasch vorgenommene Inskriptionen, die Thomas Mann, möglicherweise am Rande von öffentlichen Vorträgen oder Lesungen, in vorgelegte Bücher eintrug. Um auf keinen wesentlichen Text verzichten zu müssen, wurden nachgekommene Widmungen noch bis unmittelbar vor Druckbeginn aufgenommen. Sie wurden chronologisch eingefügt und nach der Nummer mit einem “a” gekennzeichnet.

Wortgleiche Texte, zumeist Zitate, wurden im Regelfall nur einmal aufgenommen. In den Anmerkungen wurde in solchen Fällen auf die Personen, die mit dem gleichen Wortlaut bedacht worden sind, hingewiesen. Wenn jedoch annähernd identische Texte das Verhältnis Thomas Manns zu den Widmungsempfängern charakterisieren, wurden sie aufgenommen. So scheinen z.B. die Abweichungen in der Bewertung der “Bekenntnisse des Hochstaplers Felix Krull”, wie sie in den Widmungen Nr. 89-91 hervortreten, ein gewisses Rangordnungsgefälle der Widmungsempfänger anzudeuten.

Ebenfalls ausgeschieden wurden Texte, bei denen nicht auszuschließen war, daß es sich um eine Fälschung handelt. So berichtete z.B. die ‘Kasseler Zeitung’ am 11.8.1949, Thomas Mann habe kürzlich den folgenden Sinnspruch in das Gästebuch der Witwe Präsident Roosevelts eingetragen: “Wenn du schläfst, träume; wenn du wachst, hoffe.” Obwohl Thomas Mann Eleanor Roosevelt am 9.3.1949 in Los Angeles getroffen hat und selbst wenn es sich um eine Übersetzung aus dem Englischen handeln sollte, macht die Verfänglichkeit eines solchen Textes es wenig wahrscheinlich, daß er aus der Feder Thomas Manns stammt. Ein weiterer Text fiel dem Rotstift zum Opfer: In einem von Thomas Mann signierten Exemplar von »Stories of Three Decades« (Potempa T 297), wurde folgende Widmung eingetragen: “To Raymond O'Brien of an interested observer in ‘Tonio Kröger’”. Obwohl sich der Widmungsschreiber große Mühe gegeben hat, Thomas Manns Handschrift zu imitieren, konnte der Text leicht als “Blüte” erkannt werden und wurde nicht aufgenommen.

Einige Sammler haben alle ihre Thomas Mann-Bücher zur Signierung vorgelegt. So sind in einem Auktionskatalog 57 Eintragungen an Sigmund Pollag, der Thomas Mann in Zürich ärztlich betreute, festgehalten. Solche Eintragungen sind natürlich “von ungleichem Wert” (ein geflügeltes Wort im Hause Mann nach der absonderlichen Laudatio von Professor Muncker zu Thomas Manns 50. Geburtstag). Das gilt auch für die 77 Widmungen Thomas Manns an den jungen John (Jack) Eastman, obwohl die Eintragungen hier oft einen bedeutenden Aussagewert haben und nicht selten an die Stelle von Briefen treten (vgl. Widmungen Nr. 380 und 409). Selbst bei Thomas Mann, der mit Geduld und größtem Einfallsreichtum jedem Widmungswunsch nachkam, ist in manchen Fällen der Massensignierung eine verständliche Unlust zu spüren. Von den Eintragungen an Pollag und Eastman wurden 18 bzw. 51 aufgenommen.

Das wesentliche Kriterium für die Aufnahme eines Widmungstextes war eine "Botschaft", die Bezugnahme auf eine Person sowie auf eigene und fremde Werke oder Hinweise auf eine bestimmte Lebenssituation.

Diese Einschränkungen galten allerdings nicht bei den Dedikationen an die Mitglieder der eigenen Familie. Hier wurde alles Erreichbare aufgenommen. Das gibt auch die Möglichkeit, Rückschlüsse auf Thomas Manns Haltung zu seiner Familie zu ziehen: die zärtlich-dankbare zu Katia (z.B. Widmungen Nr. 51 und 264), die ironisch-herablassende zu Klaus und Monika (z.B. Widmungen Nr. 100 und 390) und die vorsichtig-diplomatische und deshalb so gut wie immer recht nichtssagende zu Heinrich.

Der Leser wird, was die Familienwidmungen betrifft, solche an Golo Mann vermissen. Zum großen Leidwesen der Herausgeber war es trotz aller Mühen nicht möglich, hier fündig zu werden. Der Grund: Die Bibliothek Golo Manns kam nach dem Verkauf des Kilchberger Hauses im Oktober 1995 in das Schweizerische Literaturarchiv in Bern und ist bisher noch nicht gesichtet worden. Das Angebot unsererseits, bei dieser Arbeit behilflich zu sein, konnte nicht angenommen werden.

Schon bald nach dem Beginn unserer Sammeltätigkeit wurde diese auf Widmungsblätter zu Geburtstagen und diversen Jubiläen, Inskriptionen auf Fotos und Eintragungen in Gästebücher ausgedehnt. Thomas Manns Einschreibungen in Gästebücher haben einige Korrekturen von bisher ungenau oder auch falsch überlieferter biographischer Daten erbracht.

Da die aufgenommenen Widmungen größtenteils als Faksimile vorlagen, konnten sie "zeilengerecht" wiedergegeben werden. Wo ein faksimilierter Text nicht zur Verfügung stand, wurde eine Rekonstruktion vorgenommen, was beispielsweise auf der Grundlage einer Angabe der Zeilenzahl in Auktionskatalogen etc. möglich war.

Die Herausgeber hatten Bedenken, daß die Häufung des Namens "Thomas Mann" möglicherweise störend wirken könnte und hatten erwogen, die Unterschriften wegzulassen. Den Ausschlag dafür, den Namen bei jeder Widmung mit aufzunehmen, gab schließlich die Überzeugung, daß sie ohne Unterschrift unvollständig wäre und daß das Auge einfach danach verlangt! Hinzu kam, daß es vielfältige Schreibungen gibt: Unter und über dem Text, familiäre Kosenamen und unterschiedliche Kürzungen.

Auf zwei Eigentümlichkeiten Thomas Manns bei seiner Namensschreibung sei besonders hingewiesen. In sehr vielen Fällen beendet er seine Unterschrift mit einem Punkt: >Thomas Mann.< Soweit sie nachzuweisen war, wurde diese

Eigenheit, als Teil der Signatur, übernommen. Ein weiteres Merkmal Thomas Mann'scher Unterschriften ist ein unter dem Namen von links unten nach rechts oben gezogener Strich. Er konnte aus drucktechnischen Gründen nicht aufgenommen werden. Der Leser wird ersatzweise auf die vorliegenden Abbildungen hingewiesen.

Die Widmungen etc. werden in chronologischer Folge wiedergegeben. Undatierte Eintragungen wurden an Hand von Thomas Manns Tagebüchern, dem Briefwerk und anderer, sich mit seiner Biographie beschäftigenden Publikationen möglichst exakt bestimmt und in die Chronologie der Texte eingefügt. Offensichtliche Verschreibungen Thomas Manns wurden stillschweigend korrigiert, charakteristische Fehlschreibungen jedoch beibehalten und in den Anmerkungen herausgestellt.

Es wurde versucht, den Umfang der Anmerkungen auf das Notwendigste zu beschränken. So sind die im Widmungsteil genannten Werke Thomas Manns lediglich mit der entsprechenden Ziffer in den Bibliographien von Georg Potempa >Thomas Mann Bibliographie. Das Werk<, Morsum/Sylt 1992 und >Thomas Mann Bibliographie. Übersetzungen - Interviews<, Morsum/Sylt 1997 bezeichnet; Publikationen der Thomas Mann-Sekundärliteratur mit der jeweiligen Ziffer in der Bibliographie von Klaus W. Jonas >Die Thomas Mann-Literatur<, Berlin 1972 und 1979. Bücher anderer Autoren wurden mit ihrem Titel sowie Erscheinungsort und -jahr aufgenommen.

An dieser Stelle sei darauf hingewiesen, daß bei der Erstellung der Anmerkungen zu diesem Band die von Peter de Mendelssohn und Inge Jens herausgegebenen Tagebücher Thomas Manns in 10 Bänden, Frankfurt am Main 1977-1995, die verschiedenen Briefeditionen und die von Hans Bürgin und Hans-Otto Mayer herausgegebene >Thomas Mann - Eine Chronik seines Lebens<, Frankfurt am Main 1965 außerordentlich hilfreich waren.

Thomas Manns Zitate aus eigenen Werken wurden an Hand der »Gesammelten Werke in 13 Bänden«, Frankfurt am Main 1974 nachgewiesen. Die Quellen-Nachweise von Zitaten anderer Autoren stammen jeweils aus den Ausgaben, die den Herausgebern greifbar waren.

Daß diese Edition nur Dank freundlichster Hilfe und oft unermüdlicher Unterstützung vieler Personen und Institutionen zustande kam, braucht fast nicht erwähnt zu werden.

Besonders dankbar waren wir Herrn Prof. Dr. Golo Mann als er uns - wenige Wochen vor seinem Tod - seine freundlich-interessierte Zustimmung zu unserem Vorhaben gab, der sich Frau Prof. Dr. Elisabeth Mann-Borgese wenig später in gleichem Sinne anschloß.

Für die Bereitstellung zahlreicher Kopien und mannigfache freundliche Unterstützung sind wir dem >Thomas Mann-Archiv< an der Eidgenössischen Technischen Hochschule Zürich, und der Thomas Mann-Sammlung >Dr. Hans-Otto Mayer< bei der Universitätsbibliothek Düsseldorf sehr dankbar.

Ebenso danken wir nachstehenden Institutionen für vielfältige Hilfen, Auskünfte und für Originalkopien von Widmungen an die in Klammern angeführten Empfänger: Harry Ransom Humanities Research Center, Austin/Texas (Alfred A. und Blanche Knopf); Bibliothek der Akademie der Künste, Berlin (Arnold Zweig); Schweizerisches Literaturarchiv, Bern; Auswärtiges Amt, Bonn; Weidle Verlag, Bonn; Museum het Book, Den Haag; Goethe-Museum, Düsseldorf; Freies Deutsches Hochstift - Hofmannsthal-Archiv, Frankfurt am Main; Suhrkamp Verlag, Frankfurt am Main; Staats- und Universitätsbibliothek Hamburg; Schleswig-Holsteinische Landesbibliothek, Kiel (Hans Friedrich Blunck); Stadtarchiv Kleve; Historisches Archiv der Stadt Köln (Hans Mayer); University of Southern California, Los Angeles (Lion Feuchtwanger, Ludwig Marcuse); Archiv der Hansestadt Lübeck; Schiller Nationalmuseum - Deutsches Literaturarchiv, Marbach (Hermann Hesse, Rudolf Alexander Schröder, Victor Wittkowski); Stadtbiblithek Monacensia, München (Erika und Klaus Mann); Yale University, The Beinecke Rare Book and Manuscript Library, New Haven (Joseph W. Angell, Hendrik W. van Loon, Agnes E. Meyer, Harold R. Peat); Princeton University Libraries, Princeton (Wallace Dyer, Erich von Kahler); Colby College Library, Waterville (John Eastman jr.); Österreichische Nationalbibliothek, Wien; Europa Verlag, Zürich.

Ebenso herzlich danken wir folgenden Hotels für bereitwillige Informationen über die jeweiligen exakten Aufenthalte TMs und für die Zusendung von Gästebucheintragungen: Elisabethpark, Badgastein; Haus Gerke, Badgastein; Bayrischer Hof, Bayreuth; Hotel Goldener Anker, Bayreuth; Chalet Canols, Lenzerheide; Vier Jahreszeiten, München; Huis ter Duin, Nordwyk aan Zee; Lutetia, Paris; Hassler, Rom; San Domenico Palace, Taormina; Des Trois Couronnes, Vevey; Elephant, Weimar.

Den Privatpersonen, die uns Kopien der in ihrem Besitz befindlichen Widmungen überlassen haben, danken wir kollektiv und anonym, da einige Sammler uns gebeten haben, von einer Standortangabe für die betreffenden Widmungen abzusehen.

Es wäre ungerecht, einzelne Helfer, Mit-Sucher, Aufmerksam-Macher und Sammler, die uns ihre Texte zur Aufnahme zur Verfügung stellten und uns mit Informationen und Erinnerungen halfen, bevorzugt zu erwähnen. Jede Hilfe war gleich wichtig und unverzichtbar. Wir danken deshalb in alphabetischer Reihenfolge: Dr. Frauke Bartelt, Düsseldorf; Knut Beck, Frankfurt am Main; Dagny R. Beidler, Zürich; Jutta Bendt, Marbach; Peter Berman, Groningen; Cornelia Bernini, Zürich; Denise Bertaux, Sèvres; Prof. Dr. Effi Biedrzinzki, Stuttgart; Agnete Blessing Heine, Allerød; Klaus Budzinski, Gräfelfing; Botschafter Dr. Dieter Chenaux-Repond, Bonn; Dr. Knut Dorn, Wiesbaden; Christa und Rolf Dornseifer, Alpen; Lisa Dräger, Lübeck; Pierre Düby, Adliswil; Hans-Werner Eggers, Nürnberg; Dr. Thomas Feitknecht, Bern; Regina Fleer, Kissing; Dr. Werner Frizen, Köln; Viktoria Fuchs, Marbach; Dr. Lennart Gerke, Badgastein; Heinz Gildhoff, Buchholz; D. Dr. Albrecht Goes, Stuttgart; Willi Graf, Bayreuth; Dr. Peter Hacks, Berlin; Dr. Achim Hall, Stuttgart; Prof. Dr. Volkmar Hansen, Neuss; Erich W. Hartmann, Hambühren-Ovelgönne; Klaus Hartung von Hartungen, Klausdorf-Schwentine; Dr. Dirk Heißerer, München; Prof.

Dr. Frank D. Hirschbach, Minneapolis; Prof. Dr. Harold von Hofe, Beverly Hills; Dr. Guido Florentin Honold, Karlsruhe; Ursula Hummel, München; Charlotte Janka, Kleinmachnow; Dr. Inge Jens, Tübingen; Prof. Dr. Klaus W. Jonas, München; Manfred Karasek, München; Konrad Kellen, Pacific Palisades; Herbert Keppler, Marktoberdorf; Magda Kerényi, Ascona; Dr. Everhard Kleinertz, Köln; Cristina Klostermann, Frankfurt am Main; Dietmar Klütsch, Überherrn; Ulrich Kocher, Reutlingen; Gerd Koenemann, Hamburg; William Koshland †, New York; Bernd M. Kraske, Reinbek; Dr. Roger Kusch, Bonn; Prof. Dr. Antal Madl, Budapest; Prof. Dr. Frido Mann, Göttingen; Harry Matter †, Berlin; Hans K. und Fabian Matussek, Nettetal-Lobberich; Prof. Dr. Hans Mayer, Tübingen; Dr. Volker Michels, Offenbach am Main; Dr. Renate Moering, Frankfurt am Main; Birgitt Mohrhagen, Lübeck; Dr. Rosemarie Moravec, Wien; Dr. Wolfgang Müller, Mannheim; Dr. Wilhelm Müllers, Xanten; Anita Naef, München; Dr. Uwe Naumann, Reinbek; Renate Nentwig, Bremen; Maria Neumann †, Berlin; Prof. Dr. Hubert Orłowski, Poznan; Chantal Peyrabère, Augny; Georg Potempa, Oldenburg; Prof. Dr. Klaus H. Pringsheim, Orleans-Kanada; Hilda Reach, Santa Monica; Prof. Dr. Walter A. Reichert, Ann Arbor; Prof. Ursula Reidel-Schrewe, Waterville; Annemarie Rhiner-Basler, Romanshorn; Dr. Heinrich Rumpel, Zürich; Christa Sammons, New Haven; Hans Jürgen Sander, Neumünster; Heinz Saueressig, Sainte Adèle; Miriam Schaal †, Männedorf; Heidemarie Schäfers, Berlin; Yvonne Schmidlin, Zürich; Heribert Schnippenkötter, Bonn; Dr. Walter L. Schomers, Worblingen; Paul jun. und Marc Schommer, Elversberg; Petra und Annabelle Schommer, Alpen; Franziska Schrag-Schuh, Dällikon; Dr. Paul Schweitzer, Budapest; Wayne Shoaf, Los Angeles; Jocelyne Singer, Fey; Dr. Klaus Sommer, Hamburg; Heike Spies, Düsseldorf; Dr. Thomas Sprecher, Zürich; Dr. Jochen R.A. Twele, Princeton; Klaus Wagener, Duisburg; Dr. Volker Wahl, Weimar; Dr. Hans Waldmüller †, Darmstadt; Stefan Weidle, Bonn; Dr. Harald Weigel, Hamburg; Prof. Dr. Georg Wenzel, Greifswald; Prof. Dr. Rupprecht Wimmer, Eichstätt; Dr. Hans Wißkirchen, Lübeck; Alexander von Yxkull, Stockholm.

Allerød / Alpen, im Februar 1998 Gert Heine Paul Schommer

Widmungen von Thomas Mann

1 *In einem Poesiealbum*

Besser unbegonnen, als unbesonnen.-
zur Erinnerung an Dei-
nen Mitschüler

Th Mann.

Lübeck d. 14/3 87.

2 *In einem Poesiealbum*

„Befiel dem Herren deine We-
ge und hoffe auf ihn, er wird es wohl
machen“

Zur Erinnerung
an
Deinen Freund u. Mitschüler

Thomas Mann

Lübeck d. 22/3. 87.

3 *In einem Poesiealbum*

Die Erinnerung ist
das einzige Paradies,
aus welchem wir nicht
getrieben werden kön-
nen.

(J.P.Fr. Richter.)

Ths. Mann

d. 14.Mai 1888

4 *In einem Gästebuch*

Thomas Mann Dichter aus München
(Poeta di Monaco)

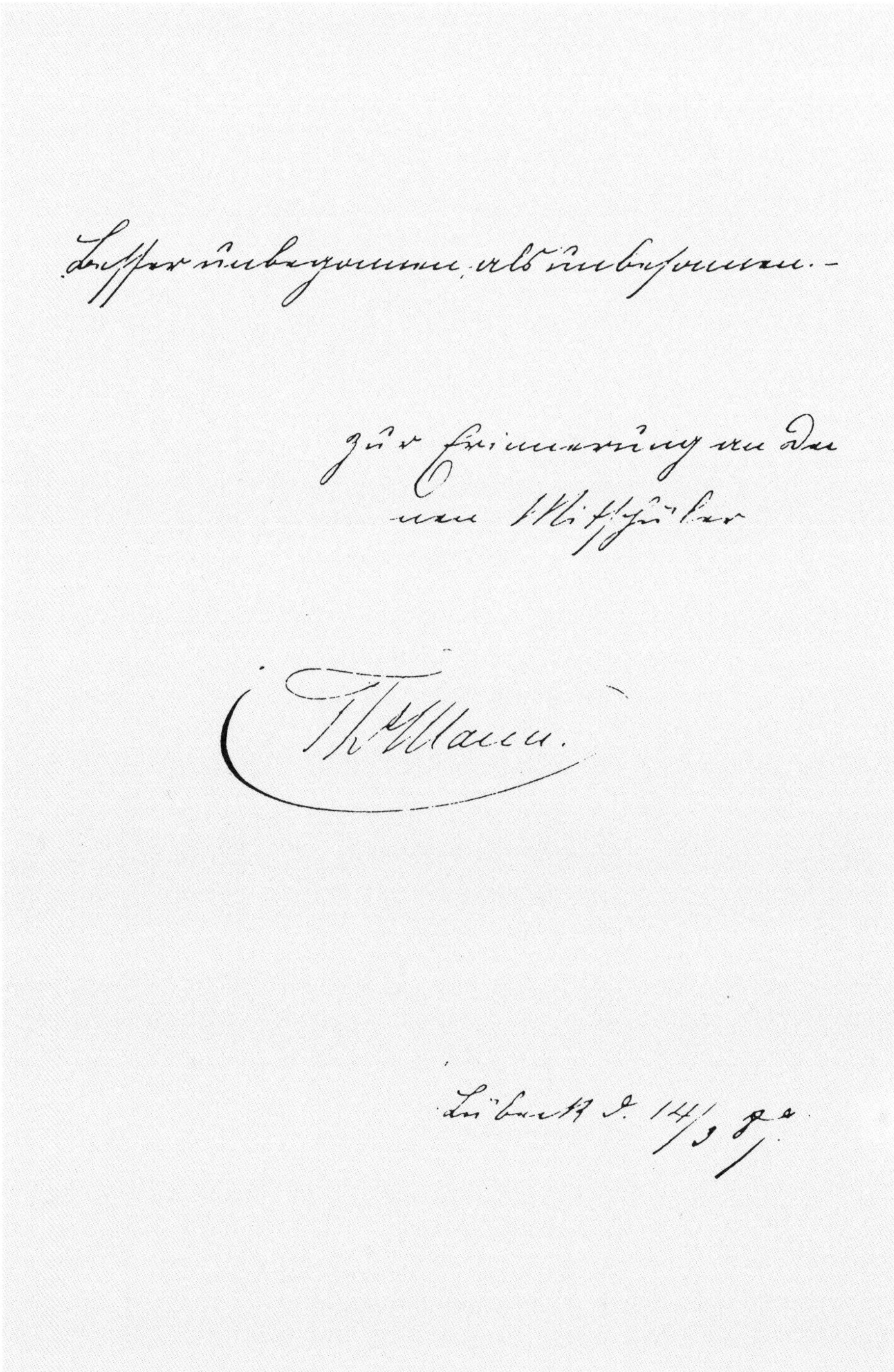

Besser unbegonnen, als unbesonnen. –

Zur Erinnerung an den [illegible] Mitschüler

Th. Mann.

Lübeck d. 14/3 94.

Widmung Nr. 1

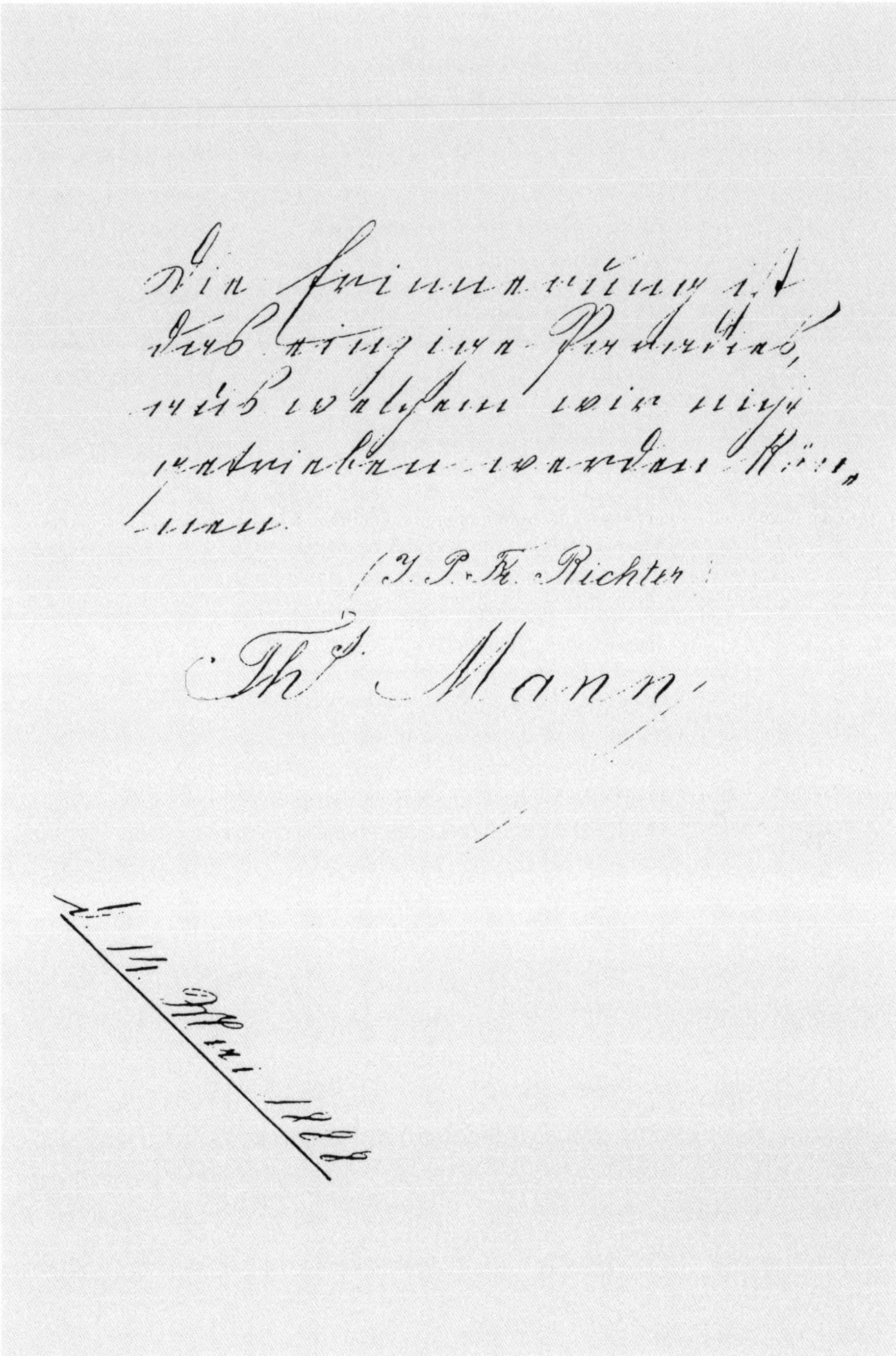

Die Erinnerung ist
das einzige Paradies,
aus welchem wir nicht
getrieben werden kön-
nen.
(J. P. Fr. Richter)
Th. Mann.

d. 14. Mai 1888

Widmung Nr. 3

5 *In: Der kleine Herr Friedemann*

Weihnacht 1897

Der guten Mutter
Das artige Kind, welches dies verfaßt hat!

6 *In: Der kleine Herr Friedemann*

Weihnacht 1897

Mit dem Portrait
des Verfassers

7 *In: Johann Peter Eckermann*
„Gespräche mit Goethe"

Früh am Morgen wie am spöten
Abend, Freundin, ist's von Nöthen,
Daß man lese die Gespräche
Zwischen Eckermann und Göthen.
Wundern sollt's mich, wenn sie Dir für
Geist und Herz nicht Vieles böten,
Wenn vor Lust sich Dir beim Lesen
Nicht die Wangen hold erhöhten!
Nimm aus meiner Hand dies Buch denn,
Das zwar werth nur wen'ge Kröten,
Doch erklecklich stieg im Preise,
Seit ich süß und mit Erröthen
Mir erlaubt, als Widmung dieses
Liebliche Ghasel zu flöten!

München d. 1. Apr. 99
Der Dichter Thos

8 *Zu einem Foto*

„Herr, laß uns kämpfen, laß uns siiiegen",
seiner lieben I.M. der ergebenst Umstehende.

Weihnacht 1897
Der guten Mutter
Das artige Kind, welches dies verfaßt hat!

Der kleine Herr Friedemann.

Widmung Nr. 5

9 *Zu einem Foto*

„Wo zwei sich treulich nehmen und ergänzen,
Wächst unvermerkt das freud'ge Werk der Musen."
(Eichendorff)

Meinem lieben Paul Ehrenberg
zur freundlichen Erinnerung
bis auf Wiedersehen!

Thomas Mann

München d. 6.III.1900

10 *In: Buddenbrooks, Dritter Teil*

(Meiner Schwester Julia sei dieser Teil zur Erinnerung an unsere Ostseebucht von Herzen zugeeignet.)

11 *In: Buddenbrooks, Achter Teil*

(Meinem Bruder Heinrich, dem Menschen und dem Schriftsteller, zu Ehren.)

12 *In: Buddenbrooks, Neunter Teil*

(Paul Ehrenberg, dem tapferen Maler, zur Erinnerung an unsere Münchener musikalisch-litterarischen Abende.)

13 *In: Buddenbrooks, Elfter Teil*

(Meinem Freunde Otto Grautoff.)

14 *In einem Gästebuch*

Nun will ich aber heben an,
Von Mitterbad will ich sagen,
Und wie sich dort fünf Wochen lang
Mein Leben zugetragen.

Ich stund wohl auf bei guter Zeit,
Den Kaffee nahm ich im Freien;
Dies war gut, die Butter war frisch
(?)

Drauf bin ich mit Nagelschuhen und Stab
Im Hochwald spazieren gegangen;
An den Ruhebänken da und dort
Die lieblichsten Verse prangen.

Im Bauch entsteht dir bei ihrem Genuß
Ein eigentümliches Grimmen;
Besonders die auf „St. Helena"
Gehören zu den schlimmen.

Um zwölf ein halb Uhr war table d'hôte:
Zwei Gänge und süße Speise;
Ich muß die Küche von Mitterbad
Loben in jeder Weise.

Oft stiegen auf die Berge wir
Zum Wohle unsrer Lungen;
Die Laugenspitze erklommen wir da
Mit dem Doctor von Hartungen.

Am Nachmittag ward dem Kegelspiel
Die allereifrigste Pflege;
Nur einmal nahm ich teil daran,
Dieweil ich sonst zu träge.

Um sieben Uhr ward zu Nacht gespeist:
Ein Fleischgericht nebst Käsen;
Auch diese Mahlzeit ist auf mein Wort
Stets lobenswerth gewesen.

An Kaisers Geburtstag war Festbankett,
Es gab die schönsten Guirlanden,
Und Fräulein Bertha erschien in Weiß,
Was ihr sehr gut gestanden.

Am Abend war großes Feuerwerk:
Welch patriotisch Knallen!
Zumal die Raketen haben mir
Ganz ungemein gefallen.

Der Aufenthalt in Mitterbad
Ist Jedem zu empfehlen;
Mich hat er gelabt und frisch gestärkt,
Den Leib und auch die Seelen.

Nun geht es an ein Lebewohl,
Mir wird wohl weh und bange.

*

Ich bin benannt Herr Thomas Mann
Und weiß ein Theil vom Sange.

15 *In: Buddenbrooks*

Herrn Arthur Holitscher
in aufrichtiger Freundschaft
der Verfasser
München 1.X. 1901.

16 *Zu einem Foto*

Wieder kehrt er gelassen
auf seinen Thron,
Der gut gepflegte Bürgersohn!
Allein im „Busen" (Weh und Graus)
Da sieht's ihm etwas anders aus.
Doch wie's auch steh'
mit dem stillen Herrn
Hab' Du ihn von innen und außen gern.

München d. 20. Sept. 1902
Thomas Mann

17 *In: Tristan*

Carl Ehrenberg, dem Musiker,
für manch klingende Stunde.

18 *In: Tristan*

To M.S. in remenbrance of our
days in Florence.

19 *Zu einem Foto*

Hier ist ein Mensch, höchst mangelhaft:
Voll groß und kleiner Leidenschaft,
Ehrgeizig, eitel, liebegierig,
Verletzlich, eifersüchtig, schwierig,
Unfriedsam, maßlos, ohne Halt,
Bald überstolz und elend bald,
Naiv und fünf mal durchgesiebt,
Weltflüchtig und doch weltverliebt,
Sehnsüchtig, schwach, ein Rohr im Wind,
Halb seherisch, halb blöd und blind,
Ein Kind, ein Narr ein Dichter schier,
Schmerzlich verstrickt in Will' und Wahn,
Doch mit dem Vorzug, dass er Dir
Von ganzem Herzen zugethan!

* * *

Meinem lieben Paul Ehrenberg.
München, Juni 1903.
Thomas Mann

20 *In: Buddenbrooks*

Meinem lieben Kurt Martens
in herzlicher Freundschaft!
München 9.IX. 1904
Thomas Mann.

21 *In einem Gästebuch*

„Der ist noch lange kein Künstler, dessen letzte
und tiefste Schwärmerei das Raffinierte, Exzentrische
und Satanische ist, der die Sehnsucht nicht kennt
nach dem Harmlosen, Einfachen und Lebendigen, nach
ein wenig Freundschaft, Hingebung, Vertraulichkeit
und menschlichem Glück, - die verstohlene und zehrende
Sehnsucht nach den Wonnen der Gewöhnlichkeit!"
Thomas Mann

22 *In: Fiorenza*

Meinem Katjulein.
München Herbst 1905

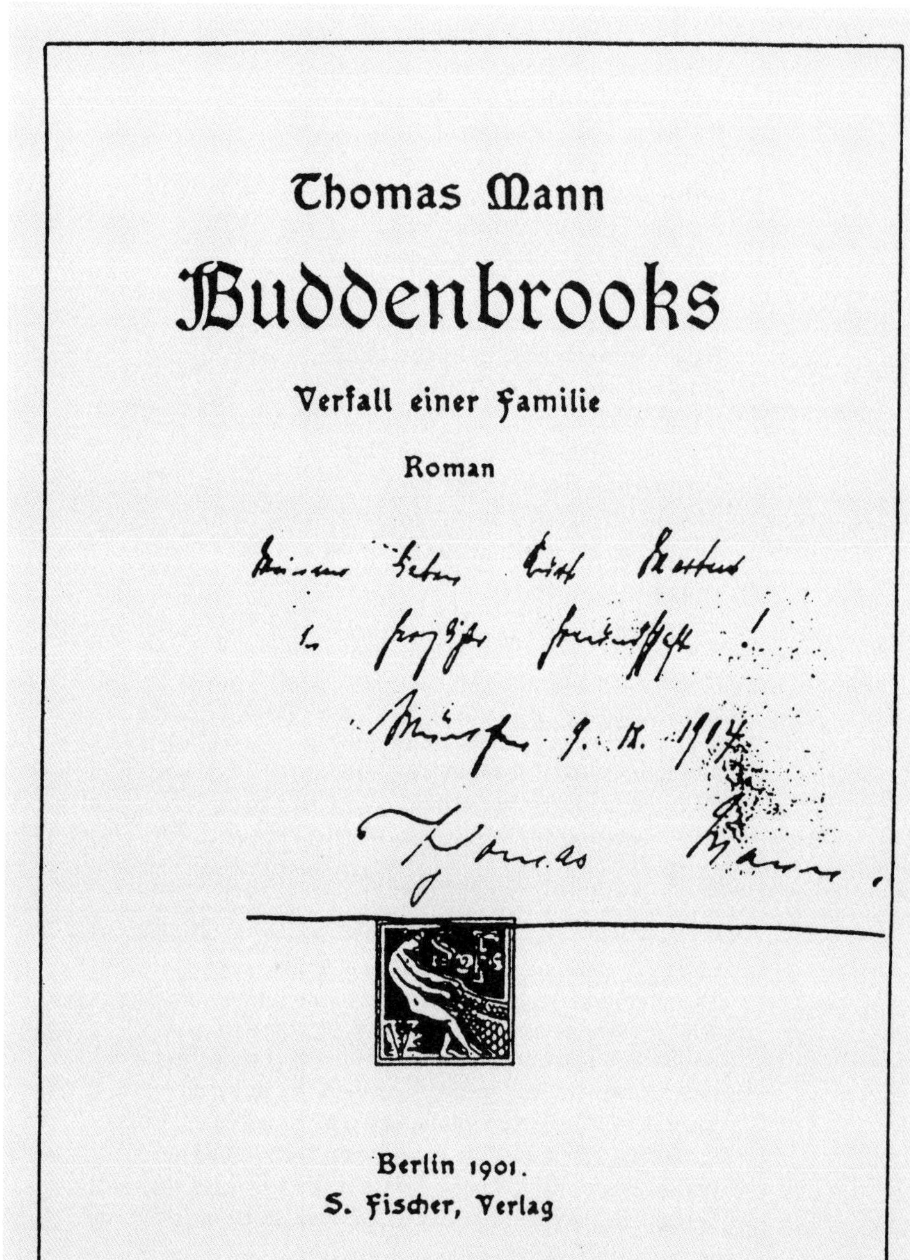

Thomas Mann

Buddenbrooks

Verfall einer Familie

Roman

Berlin 1901.

S. Fischer, Verlag

Widmung Nr. 20

23 *In: Buddenbrooks*

Der weisen Helferin
Frau Isabella Köckenberger
zur Erinnerung an den
9. November 1905.

Thomas Mann.

24 *Auf einem Widmungsblatt*

„Die Hemmung ist des Willens bester
Freund. Den Helden grüß' ich,
der Friedrich Schiller heißt."

Thomas Mann.

25 *In: Buddenbrooks*

Diese große Arbeit beendete ich mit 23 Jahren, nachdem ich 3 Jahre lang, unter seelischen Umständen, die ich einfach als ungünstig bezeichnen will, langsam aber fast unablässig und mit hartnäckiger Geduld daran gearbeitet hatte. Ich wurde zum Militär eingezogen, als ich fertig war, und ich lag im Lazarett, als ich den Brief meines Verlegers erhielt, in welchem er mir mittheilte, daß, wenn ich das Buch auf die Hälfte zusammenstriche, er nicht abgeneigt sein würde, es zu übernehmen. Ohnedies durch meine Lage bedrückt, war ich außer mir und schrieb auf meinem Lager, die Füße mit Wasserglas verbunden, mit Bleistift einen langen, leidenschaftlichen Brief an den Verleger, in dem ich mit meiner Erinnerung nach zündender Rhetorik mein Werk gegen die Zumuthung der Verstümmelung vertheidigte und mit aller Kraft darauf drang, es unverkürzt zu veroeffentlichen. Wirklich hatte dieser Brief zur Folge, daß Herr Fischer, wenn auch mit Besorgnis, das Buch so wie es war herausgab. Der Eindruck, den es machte, war stark, bei der Kritik sowohl wie beim Publikum. Nach einem Jahr war das erste Tausend verkauft, und jetzt ist das 37ste Tausend im Handel.
Viel Staunen darüber ist laut geworden,

Thomas Mann
München 1906

daß dieses Buch die Conception eines Zwanzigjährigen sei. Aber erstens enthält, wie meine gesamte Produktion, auch dieses scheinbar reife und „objektive" Buch viel Jünglinghaftes, - z.B. in der Figur des Thomas Buddenbrook. Und zweitens kann von einer Gesamt-Conception, nach der ich mein Werk gestaltete, überhaupt nicht die Rede sein. Es ist geworden, was es ist: es war es nicht schon in meiner Vision und Absicht. Ich wollte nach gutem norwegischen Muster eine Familiengeschichte schreiben,- nichts weiter. Aber das Buch wuchs mir unter den Händen, und mit ihm wuchs mein eigener Respekt davor, ein Respekt vor der quantitativen Größe, der sich naiv in dem feierlichen und epischen Styl des zweiten Bandes ausdrückt. Habent sua fata libelli: das Wachsthum des Romans war mit seiner Beendigung nicht beendet. Einer seiner ersten Kritiker gebrauchte die Wendung: „Es wird noch von vielen Generationen gelesen werden; es wird wachsen mit der Zeit." In der That, es ist vor meinen Augen gewachsen, es ist zu einer Etappe, einem Gipfel, einem Meisterwerk geworden, es wird, wie es scheint, immer genannt werden und es hat schon heute zweifellos eine litterarhistorische Bedeutung gewonnen. Aber ich erkläre unumwunden, daß die rein entwicklungsgeschichtlichen Qualitäten, die dem Buche von den Verfassern moderner Litteraturgeschichten zugeschrieben werden (R.M. Meyer z.B. nennt in seiner „Deutschen Litteratur des XIX. Jahrhunderts" die Buddenbrooks „eine wirklich neue Stufe in der Entwicklungsgeschichte des deutschen Romans", den "Gipfel einer Entwicklungslinie, die vom Wilhelm Meister über die Leiden eines Knaben und Nyls Lyhne zu der völligen Auflösung des romanhaften Heldenbegriffes führt"), durchaus außerhalb meiner Absicht lagen und mit meiner Conception nichts zu thun haben, daß ich ohne jeder intellektueller Verdienste daran bin. Ich habe, erfüllt von großen Vorbildern, mit jugendlicher Unbefangenheit die Erlebnisse meiner 20 Jahre zu möglichster Greifbarkeit gestaltet - nichts weiter. Aber das tiefste und süßeste dieser Erlebnisse war mein Bekanntwerden mit den Schriften Schopenhauers, wie ich es gegen Ende des Buches als Erlebnis des Thomas Buddenbrook in voller subjektiver Ergriffenheit dargestellt habe.

München, November 1906

26 *Auf einem Widmungsblatt*

„Wie vieler Klugheit bedarf die Leidenschaft, um schöpferisch zu sein“.
(Lorenzo zu Piero. ‘Fiorenza’ Akt III)“

Thomas Mann.

27 *Auf einem Widmungsblatt*

„... Ich hasse diese schnöde Gerechtigkeit, dies lüsterne Verstehen, diese lasterhafte Duldung des Gegentheils! Sie soll nicht an mich! Laßt sie schweigen! Ich kenn’ ihn, diesen Geist - zu gut! zu gut! Er weiche von mir!“

Thomas Mann

28 *Auf einem Widmungsblatt*

Fiore Ich will nur einem Helden gehören, Piero di Medici.
Piero Einem Helden? Ich bin ein Held! Italien weiß es!
Fiore Du bist kein Held; du bist nur stark. Und du langweilst mich.
Piero Nur stark? Nur stark? Ist denn, wer stark ist, kein Held?!
Fiore Nein. Sondern wer schwach ist, aber so glühenden Geistes, daß er sich dennoch den Kranz gewinnt, - der ist ein Held.

(Fiorenza, II. Akt.)

Thomas Mann.

29 *Auf einem Widmungsblatt*

In besonderem Maße glaube ich der Zahl derer anzugehören, die dem Begründer und Ausgestalter der Reclam - Bibliothek zu Dank verpflichtet sind. Nicht wenige meiner Lieblingsbücher habe ich als Jüngling in seiner Ausgabe gelesen, und immer werde ich mich gern der frühen, frischen Zeiten erinnern, wo meine Büchersammlung sich beinahe ganz aus Reclam-Nummern zusammensetzte. Ja, so sehr liebte ich die gelbroten Heftchen, denen ich meine schönsten Stunden verdankte, daß es mein Traum war, ein Werk meines eigenen Geistes nach ihrer Art gedruckt vor mir zu sehen, und dieser Traum ist mir bis heute nicht fremd geworden. Wenn dreißig Jahre nach meinem Tode eins oder das andere meiner Bücher in der Reclam-Bibliothek erschiene - wäre das nicht eine kleine Unsterblichkeit? Und so mag es mir erlaubt sein, mich dem Verlage nicht nur in der Vergangenheit, sondern auch in der Zukunft verbunden zu fühlen.

Venedig, Mai 1908 Thomas Mann.

30 *In: Königliche Hoheit*

Heinrich
von seinem Bruder

Tölz, Oktober 1909

31 *In: Königliche Hoheit*

An
Georg Martin Richter
in freundschaftlicher Gesinnung
Thomas Mann

Tölz, Oktober 1909.

32 *Auf einem Widmungsblatt*

„Die Kunst wächst auf einem
Reis,
Heißt Übung, Mühe und Fleiß."
(Hans Sachs)

Thomas Mann

Bad Tölz Oktober 1909.

33 *In: Bilse und ich*

An Hermann Hesse
mit den freundlichsten Grüßen

Thomas Mann.

34 *In einem Gästebuch*

Entzückt und dankbar
Thomas Mann. 19./IV. 1911 u
" " , leider auch neidisch Katia Mann.

35 *In: Königliche Hoheit*

„... heutzutage muß das Verehrungsbedürfnis des Geistes sich bescheiden. Wo ist Größe? Ja Prosit! Aber von aller eigentlichen Größe und Sendung abgesehen, so gibt es immer noch das, was ich Hoheit nenne, erlesene und schwermütig isolierte Lebensformen, denen man sich gefälligst mit der zartesten Teilnahme zu nahen hat. Übrigens ist die Größe stark, sie trägt Kanonenstiefel, sie hat die Ritterdienste des Geistes nicht nötig. Aber die Hoheit ist rührend, - sie ist, hol' mich der Teufel, das Rührendste, was es auf Erden gibt."

(Dr. Überbein zu Klaus Heinrich.)

München, Februar 1912
Thomas Mann.

36 *In: Der Tod in Venedig*

Herrn Erwin Rosolio,
dem jungen Freunde meiner Arbeit.

„Lebendige, geistig unverbindliche Greifbarkeit der Gestaltung bildet das Ergötzen der bürgerlichen Massen, aber leidenschaftlich unbedingte Jugend wird nur durch das Problematische gefesselt."

Thomas Mann.

36a *In: Der Tod in Venedig*

Herrn Hans von Weber,
der diese anrüchige Geschichte
zuerst ans Licht brachte
Herzlichst

Thomas Mann

37 *Auf einem Widmungsblatt*

„... Und hat Form nicht zweierlei Gesicht?
Ist sie nicht sittlich und unsittlich zugleich, -
sittlich als Ergebnis und Ausdruck der Zucht,
unsittlich aber und selbst widersittlich, sofern
sie von Natur eine moralische Gleichgültigkeit
in sich schließt, ja wesentlich bestrebt ist,
das Moralische unter ihr stolzes und unumschränktes
Szepter zu beugen?" ('Der Tod in Venedig').

Thomas Mann.

38 *In: Der Tod in Venedig*

An
Frau Hedwig Dohm
in herzlicher Verehrung

Thomas Mann.

39 *Zu einem Foto*

zur Erinnerung
an den Pester
Vortragsabend 6.XII.1913.

Thomas Mann

Tölz 11. XII.1913

40 *In einem Gästebuch*

„Der Schriftsteller ist ein Mensch, dem das Schreiben
schwerer fällt, als allen anderen Leuten".

Zürich den 19.I.1914 Thomas Mann.

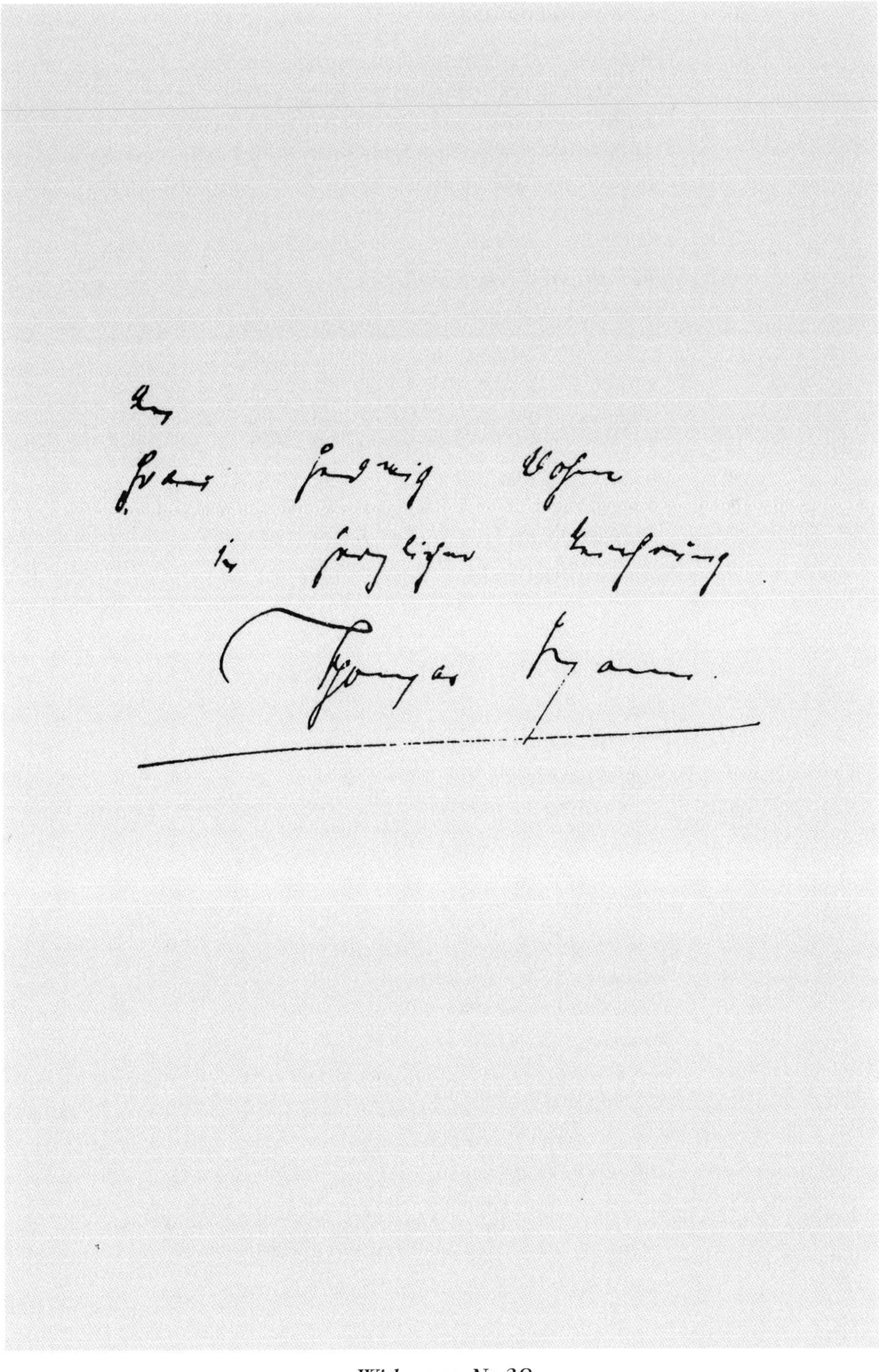

An
Herrn Ludwig [illegible]
in herzlicher Verehrung
Thomas Mann.

Widmung Nr. 38

41 *In einem Gästebuch*

Ich scheide in gerührter Dankbarkeit von Ihnen,
liebe Freunde! Sie nahmen mich mit edler,
reicher Gastlichkeit auf, Sie führten mich in den
Saal der Wissenschaft und der Jugend und vermittelten mir den sympathischen Zuruf des aufsteigenden Geschlechtes. Das labt und beglückt auf lange.
Mögen auch Sie diese Tage in freundlicher Erinnerung
behalten. Auf Wiedersehn!

Freiburg den 16. Juli 1914
Thomas Mann.

42 *In: Friedrich und die große Koalition*

An Philipp Witkop
herzlichst
Thomas Mann.

München, Juni 1915.

43 *In: Friedrich und die große Koalition*

Dem lieben Läusele
mit herzlichem Gruß!

München 6.VI. 15.
T.

44 *In: Der Tod in Venedig*

Herzlich gern schreibe ich meinen
Namen in dieses Buch, da es
in die Hände eines Mannes
gelangen soll, der für Deutschland kämpft und für
Deutschland leidet.

München den 29. XI. 15.
Thomas Mann.

45 *Auf einem Widmungsblatt*

Der Jüngling spielte mit dem Gegensatz von Künstlertum und Bürgerlichkeit und wußte sich nicht wenig mit der Ironie, die er daraus zog. Der Mann, dem es nicht länger um Antithesen, sondern um Einheit zu thun ist, findet sich selbst, indem er begreift, daß die Mischung von Künstlertum ja Artistik, und Bürgerlichkeit in deutscher Kultursphäre von Meister Erwin bis auf Theodor Storm eine legitime nationale Lebensform war.

München, Oktober 1916
Thomas Mann.

46 *In: Der Tod in Venedig*

Unbescheidenes Goethe-Citat, das, sollte es passen, sehr gut passen würde:

„Dies durfte wohl der Dichter einmal schildern,
Wir danken ihm, daß er's vollbracht;
Doch geben wir so trostlos herben Bildern
Von minder klugem Pinsel gute Nacht.
Was er uns brachte, bleibt uns wohl empfohlen,
Er fesselt uns mit zart= und strengem Sinn,
Was unerfreulich, macht er zum Gewinn.
Was er gethan, soll keiner wiederholen!"

Einem Leser, Heinrich Blumenfeld,
mit freundlichem Gruß

München, März 1917
Thomas Mann.

47 *In einem Gästebuch*

Thomas Mann
kehrte nach vielen Jahren mit Vergnügen
in „Hotel Stadt Hamburg" ein.

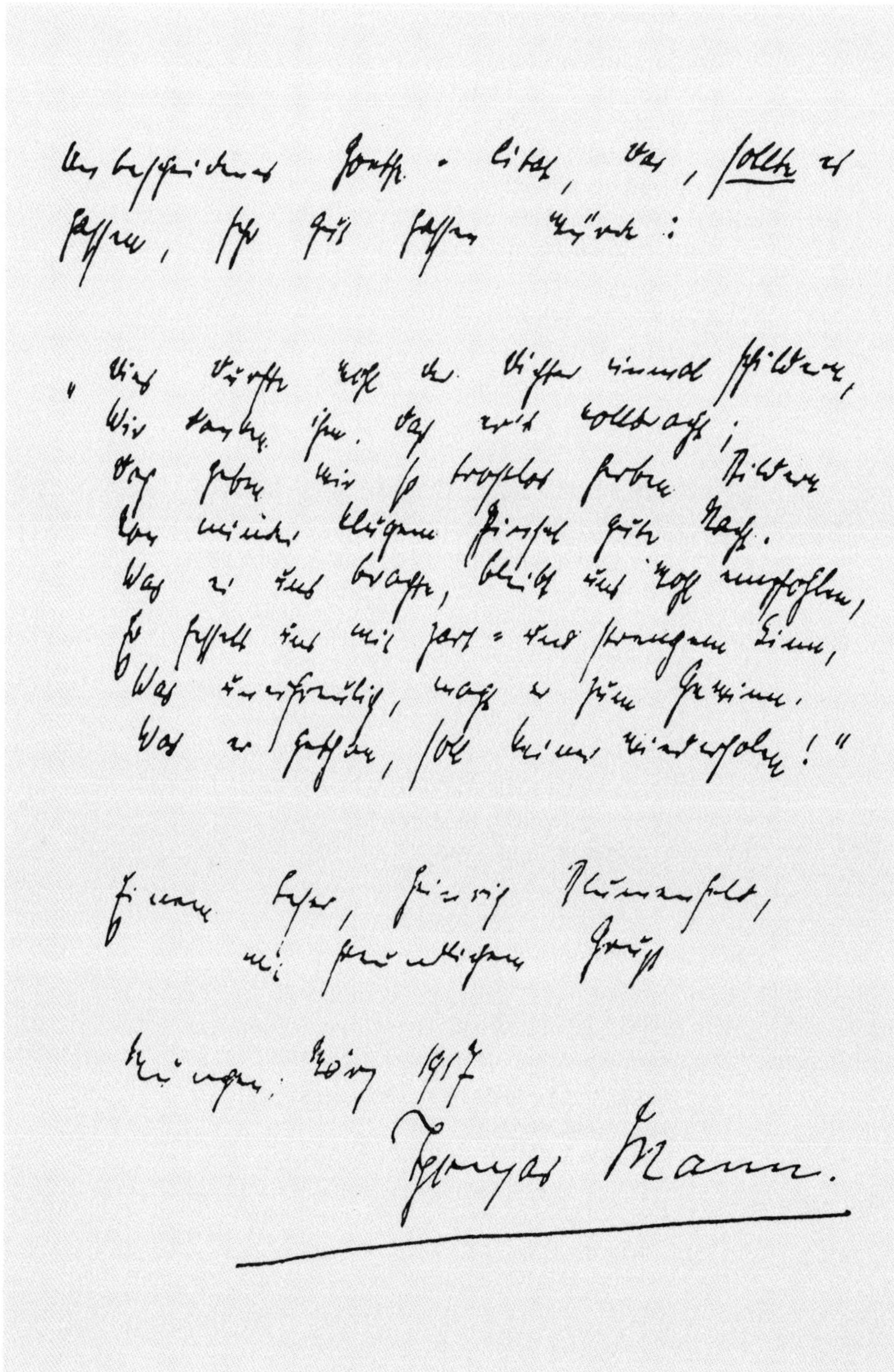

Widmung Nr. 46

48 *In: Betrachtungen eines Unpolitischen*

An Ida Boy-Ed,
nehmen Sie, liebe gnä-
dige Frau die Frucht
schwerer Jahre, in Erin-
nerung an frühere,
freundlichst an.

München, Oktober 1918

Thomas Mann.

49 *In: Betrachtungen eines Unpolitischen*

An Joseph Hofmiller
dankbar und in hoher
Wertschätzung.

München, Oktober 1918
Thomas Mann.

50 *In: Buddenbrooks*

„Die Kunst beschäftigt
sich mit dem Schweren
und Guten."
(Goethe)

München den 31.X.18
Thomas Mann.

51 *In: Betrachtungen eines Unpolitischen*

Wir haben es zusammen getragen, liebes Herz, und wer weiß, wer schwerer daran zu tragen hatte, denn zuletzt hat der immerhin Thätige es leichter, als der nur Duldende. Auch trug ich es nur aus Not und Trotz, Du aber trugst es aus Liebe. Schmeichler sagen Dir wohl, es sei nichts Geringes und Leichtes, meine Gefährtin zu sein. Aber mich schmerzt das Gewissen dabei, und ich weiß wohl, daß dieser Schmerz nur durch immerwährende Dankbarkeit zu beruhigen ist.

München 1. Nov. 1918
T.

Brigitte-Eva Fischer!
Der Onkel wird träumerischer.
Es hebt ihn zum Gedichte, -
Was sagt er seiner Nichte?
Er sagt ihr - - -

Nein, liebe Tutti, nicht also, wir wollen die Verse lieber lassen. Es ist höchst unwahrscheinlich, daß ich mich länger als etwa noch zwei bis drei Zeilen lang, auf der bisherigen poetischen Höhe zu halten wüßte, und das Ende möchte ein Fiasko sein, das in so illustrer Umgebung einen besonders schimpflichen Charakter tragen würde. Ich will mich in das heimatliche Element der Prosa zurücksinken lassen, um Ihnen ein Wort der Erinnerung an unsere Glücksburger Wochen in dieses Ihr hübsches Gedenkbuch zu schreiben ... Heimatliches Element? Erinnerung? Aber da hätten wir ja Thema und Stichwort dieser Zeilen, - zwei sentimentale Stichworte, sentimental und farbig-feucht verschleiert, wie die Landschaftsbilder nordisch-heimatlicher Küsten, und nach Thränen schmecken sie salzig, wie das Wasser nordisch-heimatlicher Fluten, in denen man nach vielen Jahren, in der harten Luftstimmung des Südens verbrachten Jahren, wieder einmal badet. Ja, der Süden ist hart, aber die nordische Heimat ist weich. Hart ist die Kunst, aber unser Herz - nicht wahr, liebe Tutti? - ist weich. Das ist eine alte Melodie, die mir im Ohr liegt, seit ich hier bin, die Melodie des alten Liedes und Stückes von Tonio Kröger, und schade nur, daß es schon geschrieben ist, denn sonst schriebe ich's heute. Sie werden es nächstens lesen, schon aus kindlicher Pietät, denn der Papa hat es verlegt oder „an Tag geben", wie man früher sagte. Dann denken Sie an unsere Glücksburger Wochen. Und wie bei allem Lieben und Schönen, was diese Wochen mir sagten und gaben, Ihre guten grauen Augen immer zugegen waren und in der Erinnerung zugegen sein werden, so gedenken Sie, wenn Sie sich frischer salziger Segel- und Dampferfahrten und des Parks von Augustenburg und gesegneter Mahlzeiten und manches Spaziergangs durch das fruchtreiche Holsteiner Land erinnern, - so gedenken Sie, sage ich, auch freundlich Ihres

wohl affektionierten Oheims
Thomas Mann

Glücksburg, 31.VII. 1919

53 *In: Buddenbrooks*

Herrn Julius Spiegel,
erfreut über seine Bekanntschaft.

München, 31.X. 19
Thomas Mann.

54 *In einem Gästebuch*

Zu Nürremberg im „Bund"
Las ich von Kind und Hund.
Die Leute lauschten gern
Dem „Vater" und dem „Herrn".
Kehr ich einmal zurück,
Bring ich ein schlimmer Stück.
Denn wie die Zeiten sind,
Was soll's mit Tier und Kind?
Heut fragt sich's überhaupt,
Ob das Idyll erlaubt!

Thomas Mann.

55 *In: Herr und Hund - Gesang vom Kindchen*

Ernst Bertram, dem „Meister jenes Buchs"
in herzlicher Freundschaft.

München, 27.(!) 11.19 Thomas Mann.

56 *In: Fiorenza*

An Wilhelm Klitsch
zur Erinnerung
an den Abend des 6.XII. 1919!

Thomas Mann.

57 *In: Herr und Hund - Gesang vom Kindchen*

An Hugo von Hofmannsthal
als bescheidene Gegengabe für
seinen tiefen, bunten Traum
von der „Frau ohne Schatten"
und mit herzlichem Weih-
nachtsgruß

München 20. XII. 19.
Thomas Mann.

58 *In: Buddenbrooks*

Der lieben Eri
Weihnachten 1919
Pielein

59 *In: Herr und Hund - Gesang vom Kindchen*

Ferdinand Onno,
meinem unvergeßlichen Fra Girolamo
mit Dank und Gruß

München, Weihnachten 1919
Thomas Mann.

60 *In: Herr und Hund*

An Robert Hallgarten
zum 50. Geburtstag
in freundnachbarlicher Gesinnung.

München 10. März 1920
Thomas Mann.

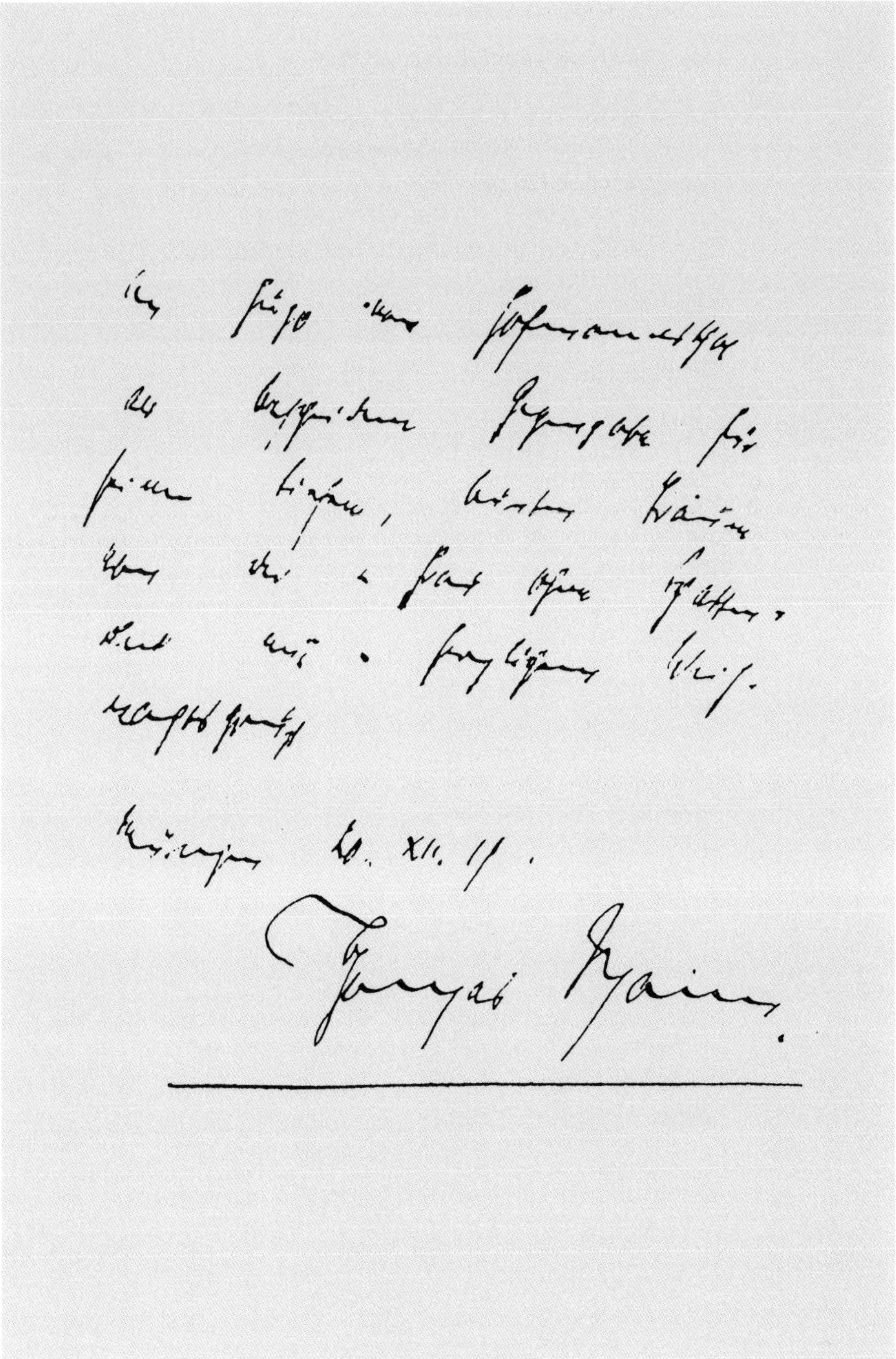

Widmung Nr. 57

61 *In: Ein ganzes Heft Autographa!*

"Denn Gewissen schien immer mir Sinn und
Sache der Prosa:
Das Gewissen des Herzens und das des
verfeinerten Ohres,-
Ja, sie schien mir Moral und Musik,
so übt' ich sie immer."
("Gesang vom Kindchen")

München den 26. Aug. 20
Thomas Mann .

62 *In einem Gästebuch*

Erquickt von dem Anblick jungen Glückes, herzlich dankbar für empfangene Gastfreundschaft und in Hoffnung auf dauernde Beziehungen

Mülheim den 6.XI.20
Thomas Mann.

63 *Auf einem Widmungsblatt*

Dankbar für die reichsten Eindrücke, zur Erinnerung an seinen Besuch 7. November 20

Thomas Mann.

64 *In einem Gästebuch*

Es fällt ihm noch immer nicht leichter. Aber leicht fällt es ihm und von Herzen kommt es ihm, zu danken und Auf Wiedersehn zu sagen.

Wieder Zürich 19.I.1921
Thomas Mann.

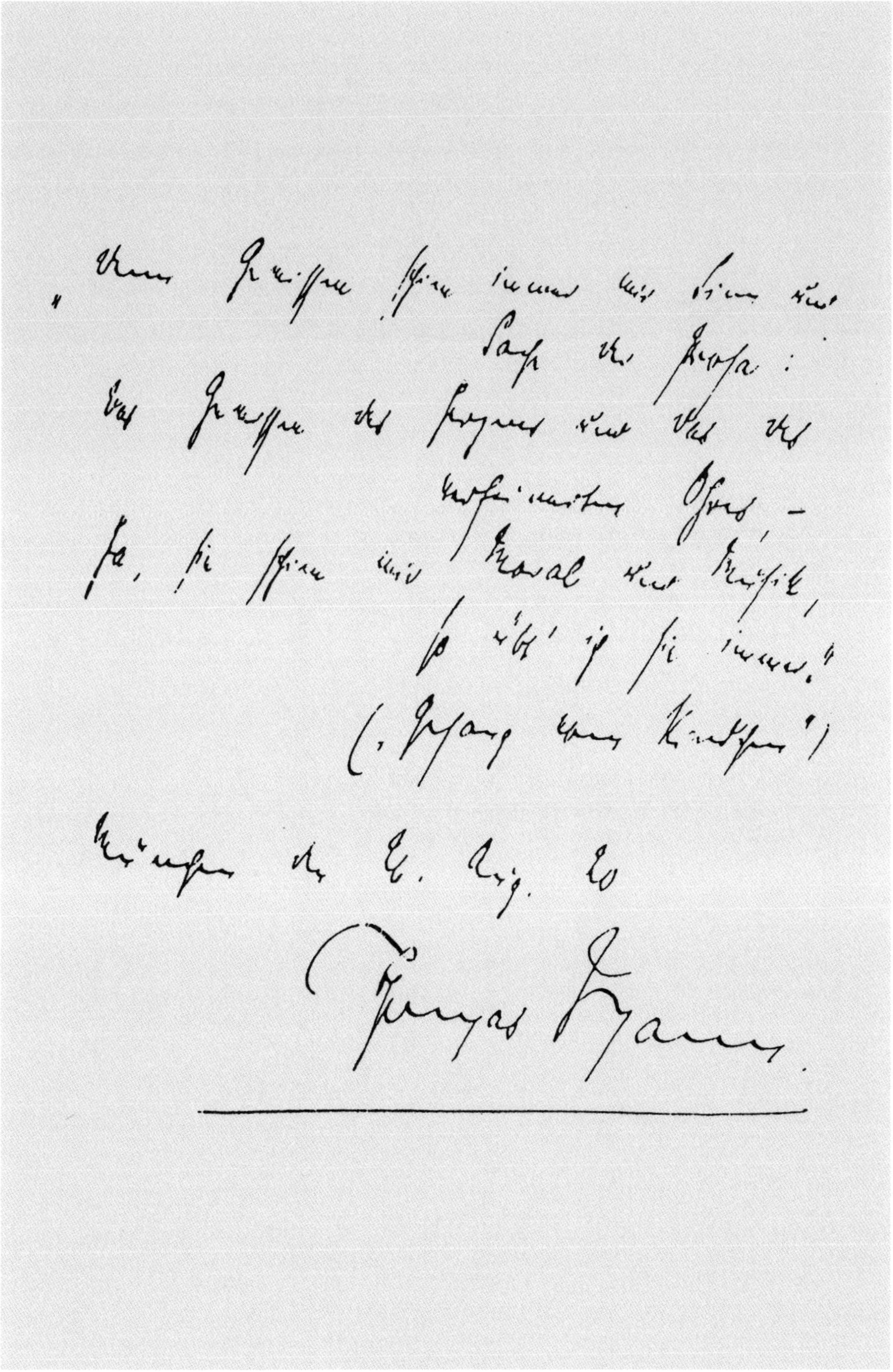

„Denn Gewissen schien immer mir Eines und
Sache der Prosa:
das Gewissen des Sprachs und das des
verfeinerten Ethos, –
ja, sie schien mir Moral und Musik,
so übt' ich sie immer."
(„Gesang vom Kindchen")

München den 2. Aug. 20

Thomas Mann.

Widmung Nr. 61

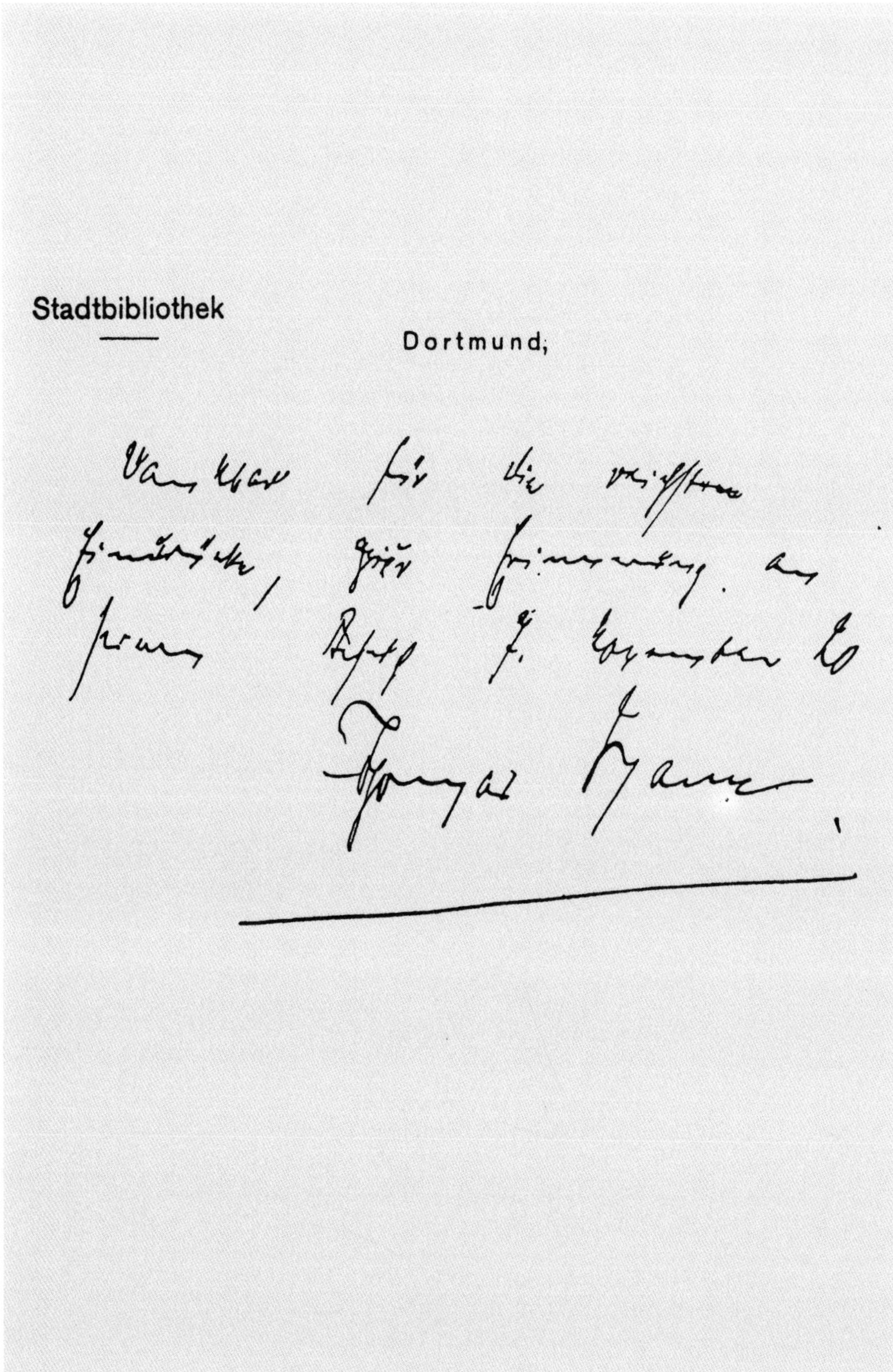
Stadtbibliothek

Dortmund,

Dankbar für die reichsten Eindrücke, zur Erinnerung an [illegible] Besuch [illegible]

Thomas Mann

Widmung Nr. 63

65 *Auf einem Widmungsblatt*

Man ist Dichter nicht,
indem man sich etwas ausdenkt,
sondern man ist es, indem man
sich aus den Dingen „etwas macht".

Basel, 25.I.1921
Thomas Mann.

66 *Auf einem Widmungsblatt*

„Wir haben das unabweichliche, täglich zu erneuernde, grundernstliche Bestreben, das Wort mit dem Empfundenen, Geschauten, Gedachten, Erfahrenen, Imaginierten, Vernünftigen möglichst unmittelbar zusammentreffend zu erfassen."
(Goethe)

München, 20.III.21.
Thomas Mann.

67 *In: Wälsungenblut*

An Alexander Eliasberg
in herzlicher Wertschätzung

München, April 1921
Thomas Mann.

68 *In einem Gästebuch*

Der Wiedergekehrte, dankbar scheidend, nach einem in jeder Beziehung sonnigen Tage

Seeshaupt den 25.IX.21
Thomas Mann.
Katia Mann.

69 *In einem Gästebuch*

Der Wohlgeschmack von Deinen Käsen
ist viel größer als ihr Wohlgeruch gewesen;
Drum was den Gaumen kitzelt beim Genießen,
dafür lässt Du die Nasen Deiner Gäste büßen!

Thomas Mann

70 *In einem Gästebuch*

Abermals in Zürich, froh das Wiedersehen mit
der schönen Stadt und den freundlichen Freunden,
die sie mir birgt, genießend

den 7.XI. 21
Thomas Mann.

71 *In: Rede und Antwort*

An Josef Hofmiller
im steten Gedenken an den großartigsten
Fall literarischer Kritik, den Deutschland
seit langem gelesen, die Besprechung des
„Tod in Venedig" in den „Süddeutschen
Monatsheften" und mit immer zu erneuerndem
Dank dafür.

München, 25. Nov. 21
Thomas Mann.

72 *In: Rede und Antwort*

Altvertraut,
Meiner Braut,
Dem Mütterchen, dem Kinde
Bring ich ein neu Gebinde.

München 30.XI. 21
Verfasser Reh.

73 *In: Rede und Antwort*

Herrn und Frau Dr. Ernst Hanhart,
den Zürcher Gastfreunden,
herzlich dankbar.

München 4.XII.21.
Thomas Mann.

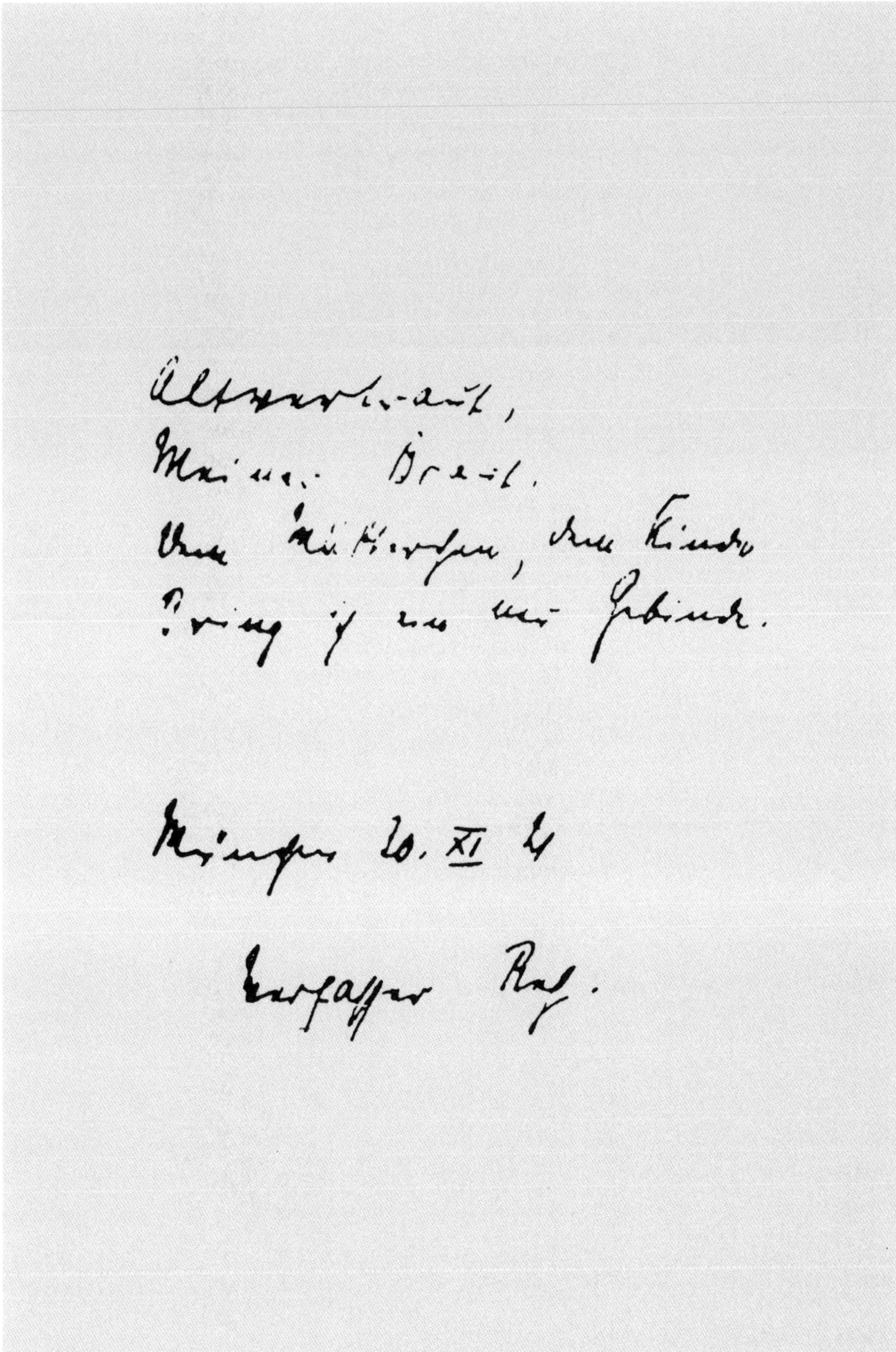
Altväterart,
Meiner Braut.
Dem Mütterchen, dem Kinde
Bring ich es im Gebinde.

München 20. XI 4

Verfasser Rat.

Widmung Nr. 72

74 *In: Der kleine Herr Friedemann*

Für Eri
zu Weihnachten 1921
Verfasser Pielein

75 *In: Buddenbrooks*

An Eugen Kalkschmidt
Zum Gedenken an fröhliche
Jugendstunden
München 1.II.22
Thomas Mann.

76 *In: Rede und Antwort*

S./l. Korfiz Holm,
Zur Erinnerung an gemein-
same Jugendtage, die man
nicht zu sehr verklären soll,
die aber doch ganz nett und
humoristisch waren.
München 19.III.1922
Thomas Mann

77 *In: Rede und Antwort*

An Heinrich
Zum Geburtstag
27.III.22
T.

78 *In: Rede und Antwort*

An
Hans Reisiger,
der uns Whitman verdeutschte,
in dankbarer Zuneigung
und in der Hoffnung, er möge
auch auf diesen Seiten vom Geist
der Humanität ... gut, also der
<Demokratie> einen Hauch ver-
spüren!

München 4.IV.22
Thomas Mann.

79 *In einem Gästebuch*

Die guten Wünsche, die ich der Firma „Buddenbrook-Buchhandlung" am Eroeffnungstage aussprach, wiederhole ich auf dem ersten Blatt dieses Gästebuches und entbiete den Besuchern des alten Hauses meiner Vorfahren freundlichen Gruß.

München 26.April 1922
Thomas Mann.

80 *In einem Gästebuch*

Zu Gaste beim Herrn Nachbarn in spe
Vielen Dank! Auf häufiges Wiedersehn.

15.V.22
Thomas Mann.
Katia Mann.

81 *In einem Gästebuch*

„Die echte Geduld zeugt von
großer Elastizität."
(Novalis)

München den 12.Juli 1922
Thomas Mann.

82 *In einem Gästebuch*

Also get denn auch myn verlangen, der ich
am 18. Oktober 1922 drinnen war und mit
wahrem hertzgewinn bin drauß herfuergegangen.
Seit jenem schönen Abend sind in Wirklichkeit
schon ein paar Monate ins Land gezogen,
aber meine Dankbarkeit ist unveraltet, und
aufgefordert, mich als erster Gast in dieses
prächtige Buch einzutragen, versetze ich mich
mühelos zurück in Zeit und Raum und
datiere:

Cleve den 18.X.22
Thomas Mann.

83 *Zu einem Foto*

Ein Künstler will erkennen und
gestalten: tief erkennen und
schön gestalten; und das ge-
duldige und stolze Ertragen
der Schmerzen, die von bei-
dem unzertrennlich sind, giebt
seinem Leben die sittliche
Weihe.
Thomas Mann.

84 *In: Rede und Antwort*

Der philosophischen Fakultät
der Rheinischen Friedrich-Wilhelms-Universität
zu Bonn gewidmet

85 *In: Tristan*

Dem nachbarlichen Freunde und Autobiographen
geburtstäglich herzlich

18. April 23
Thomas Mann.

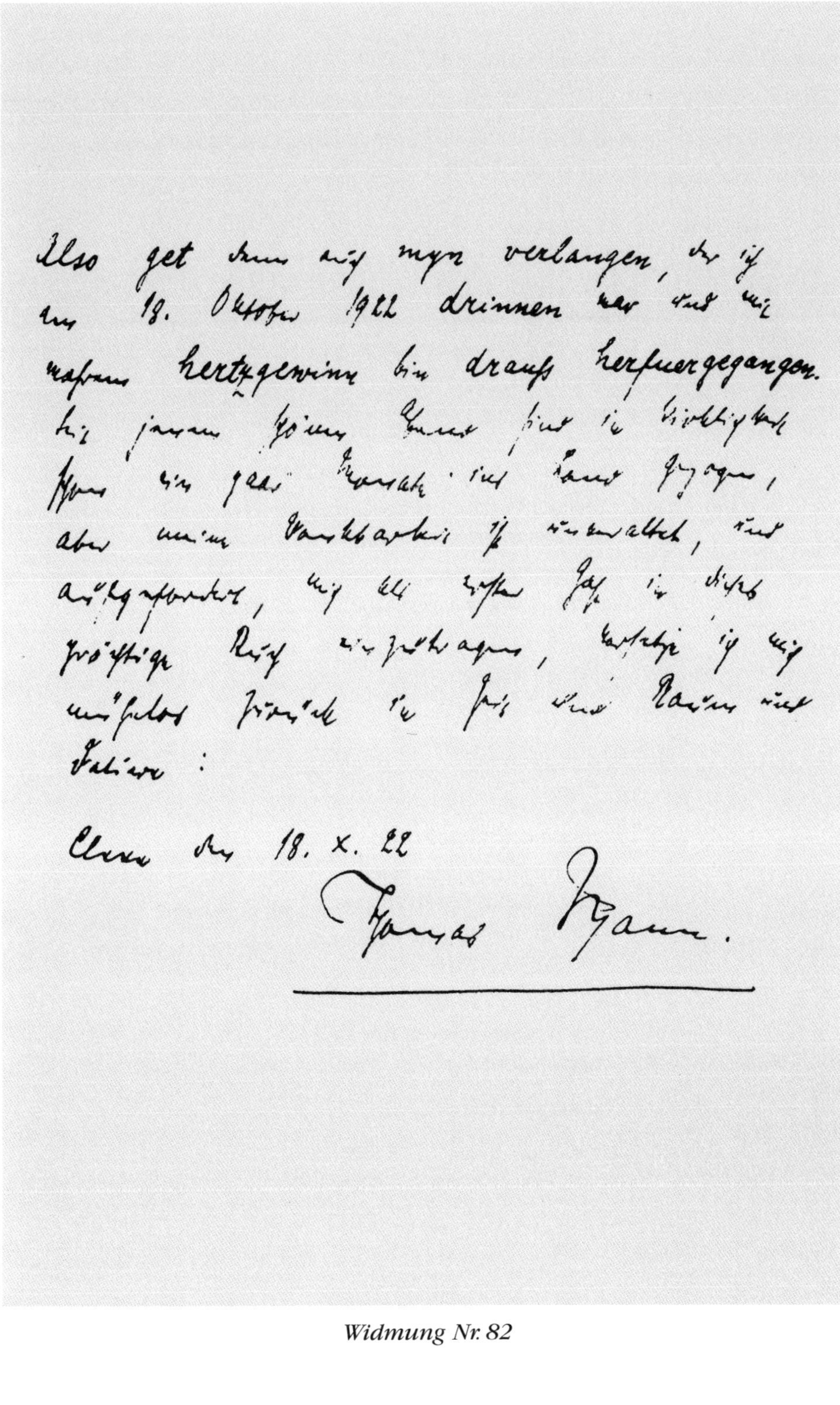

Also get denn auch myn verlangen, da ich
am 18. Oktober 1922 drinnen war und mit
nahem hertzgewinn bin drauß herfuergegangen.
Seit jenem schönen Abend sind in Wirklichkeit
schon ein paar Monate ins Land gezogen,
aber meine Dankbarkeit ist unveraltet, und
aufgefordert, mich als ersten Gast in dieses
prächtige Buch einzutragen, versetze ich mich
mühelos zurück in Zeit und Raum und
Datum:

Bremen den 18. X. 22

Thomas Mann.

Widmung Nr. 82

86 *In: Tristan*

Dem Gastfreund
von Barcelona

München, Mai 1923

Thomas Mann.

87 *In: Novellen*

Herrn und Frau
Wilhelm Ullmann,
den Gastfreunden aus Madrid
herzlichst

München, Mai 1923
Thomas Mann

88 *In: Bekenntnisse des Hochstaplers Felix Krull*

An Berthold und Grete Litzmann
als heitere Adventsgabe

München 3.XI.23
Thomas Mann.

89 *In: Bekenntnisse des Hochstaplers Felix Krull*

An
Gerhart Hauptmann,

zaghaft, denn es ist loses
Zeug, aber in der Hoffnung,
es möge ihm ein heiteres
Stündchen gewähren;

an
Frau Margarete Hauptmann,
ebenso, ebenso -

München 5.XI.23

Thomas Mann.

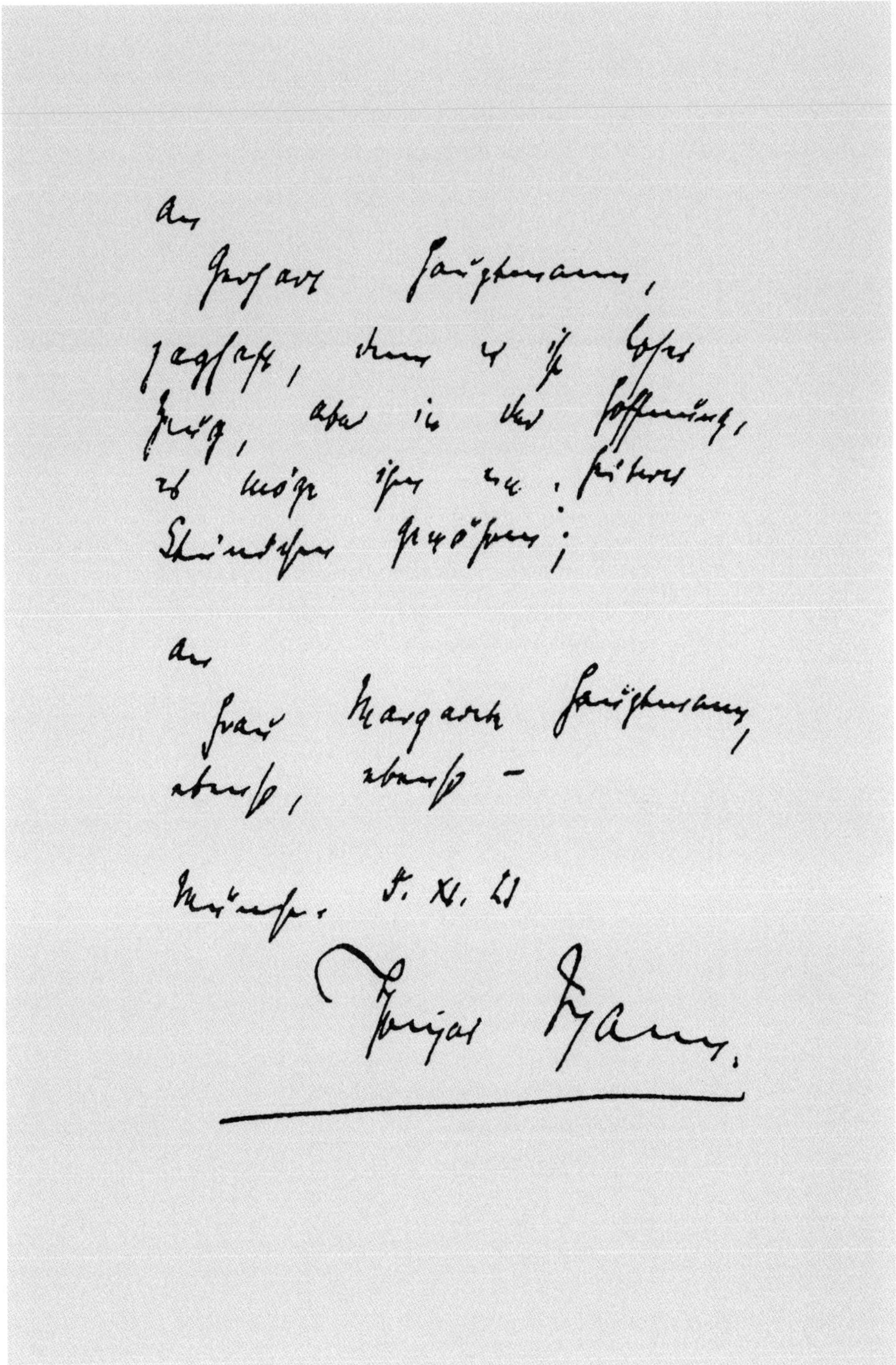

An
Gerhart Hauptmann,
zaghaft, denn es ist böses
Zeug, aber in der Hoffnung,
es möge ihm ein heiteres
Schmunzeln [illegible];

An
Frau Margarete Hauptmann,
ebenso, ebenso –

München. 5. XI. 21

Thomas Mann.

Widmung Nr. 89

90 *In: Bekenntnisse des Hochstaplers Felix Krull*

An
Hugo von Hofmannsthal
in der Hoffnung, der parodistische
Scherz möge ihn irgend einmal eine
Stunde lang leidlich unterhalten.

München, 5.XI.23
Thomas Mann

91 *In: Bekenntnisse des Hochstaplers Felix Krull*

An Arthur Schnitzler,
hoffend, der parodistische
Scherz möge ihm eine heitere
Stunde bereiten.

München, 5.XI.23
Thomas Mann

92 *In: Rede und Antwort*

An Félix Bertaux
in herzlicher Sympathie
und Wertschätzung

München 13.XI.23

Thomas Mann

93 *In: Bekenntnisse des Hochstaplers Felix Krull*

An
Scofield Thayer,
in der Hoffnung, dieser
parodistische Scherz möge ihm
eine vergnügliche Stunde bereiten.

München 19.XII.23
Thomas Mann.

94 *In: „Zeitgenossen zum Mannheimer Pressefest 1924"*

Form ist eine wunderbar gesegnete
Lebensmitte zwischen Tod und Tod, zwischen
dem Tode als Unform und dem Tode als
Überform, zwischen Auflösung also und Erstarrung,
zwischen Wildheit und Erstorbenheit, - sie
ist das Maß, sie ist der Wert, sie ist der
Mensch, sie ist die Liebe.

München 15.II.24
Thomas Mann.

95 *In einem Gästebuch*

Und abermals ein Kommen und Gehen!
Erfüllt von einem wunderbaren Schwarzwald-
spaziergang, - Dank. Und wieder: Auf Wiedersehn!

Freiburg den 15.XI.24
Thomas Mann.

96 *In: Der Zauberberg*

Frau Konstanze Hallgarten

nehme dies Buch vom
Tode und vom Leben
in schwerer Stunde freundlich
an.

München 11.XII.24
Thomas Mann.

97 *In: Der Zauberberg*

An Joseph Chapiro
freundschaftlich

München, 13.XII.24
Thomas Mann

98 *In: Der Zauberberg*

Herrn und Frau Hermann Ebers
an einem sehr vergnügten Abend
freundschaftlich gewidmet.

München, 13.XII.24
Thomas Mann.

99 *In: Der Zauberberg*

Heinrich und Mimi
zu Weihnachten 1924
T.

100 *In: Der Zauberberg*

Dem geschätzten Kollegen
sein hoffnungsvoller Vater.

Weihnacht 1924

101 *Zu einem Foto*

An Josef Ponten sein wohlwollender,
heiterer, gutmütiger Freund
Thomas Mann

102 *In: Bemühungen*

Mann zu Mann, Thomas zu Hans
wünscht dies Buch zu Dir zu sprechen,
solches Männerwort wird ganz,
denk ich, Deinem Wunsch entsprechen.
Denn wie Thomas sich 'bemühte',
geht dem Hans auch zu Gemüte.

Li, die Gute, läßt von fern,
weiß ich, sich dadurch nicht kränken,
sondern hört und sieht es gern.
Nur im Stillen mag sie denken:
klug ist ja der Thomas-Vetter,
aber Hans ist doch viel netter.

103 *In: Der Zauberberg*

Philipp Witkop, dem Jugendführer,
bietet dies waghalsige Erziehungsbuch
herzlich

München 18.I.25
der Verfasser.

104 *Zu einem Foto*

Fräulein Nandl
in Erinnerung an treue Fürsorge

München den 21.VI.25
Thomas Mann.

105 *In einem Gästebuch*

Ja, das sind Wirte wundermild! (sage ich
nach dem Mittagessen). Allzu lange waren wir
nicht bei ihnen eingekehrt. Schade daß es aus der
„spes" von einst im Mai noch nichts geworden ist.
Statt dessen sind andere Verbindungen, musische
Verschmelzungen im Begriffe sich vorzubereiten. Davon
das nächste Mal mehr.

23.VII.25
Thomas Mann.

Die gänzlich unfähige, aber sehr vernünftige
Dichterfrau.

106 *In: Bemühungen*

An Hans Reisiger:
Am Abend einer schönen
Vorlesung gewidmet
mit schwerverdientem
Füllhalter

München den 22.X.25
Thomas Mann.

107 *In: Bemühungen*

Klaus zum 19. Geburtstag
München, 26.XI.25
Z

108 *In: Bemühungen*

„Was wir missen ist: Musikalität und Humor"
(Hanns Johst).
Bitte also die Nachbarschaft, vorlieb zu nehmen.

München 28.XII.25
Thomas Mann.

109 *In: Bemühungen*

An
Josef Ponten

In Wahrnehmung eines
günstigen Augenblicks, wo
Ihnen dies Buch willkommen
ist, dankbar für eine schöne
Vorlesung aus einem alles
versprechenden neuen Werk.

München 9.I.26
Thomas Mann.

110 *Zu einem Foto*

Seinem tapferen jungen
Fürsprecher dankbar und
freundschaftlich.

München 30.III.26
Thomas Mann.

111 *In: Buddenbrooks*

„Der Genius .... hatte ihn angetrieben,
in vermögender Jugendzeit das Nächstvergangene festzuhalten, zu schildern
und kühn genug zur günstigen Stunde öffentlich auszustellen."
(Dichtung und Wahrheit)

An Philipp Witkop

München, 2.IV.26
Thomas Mann.

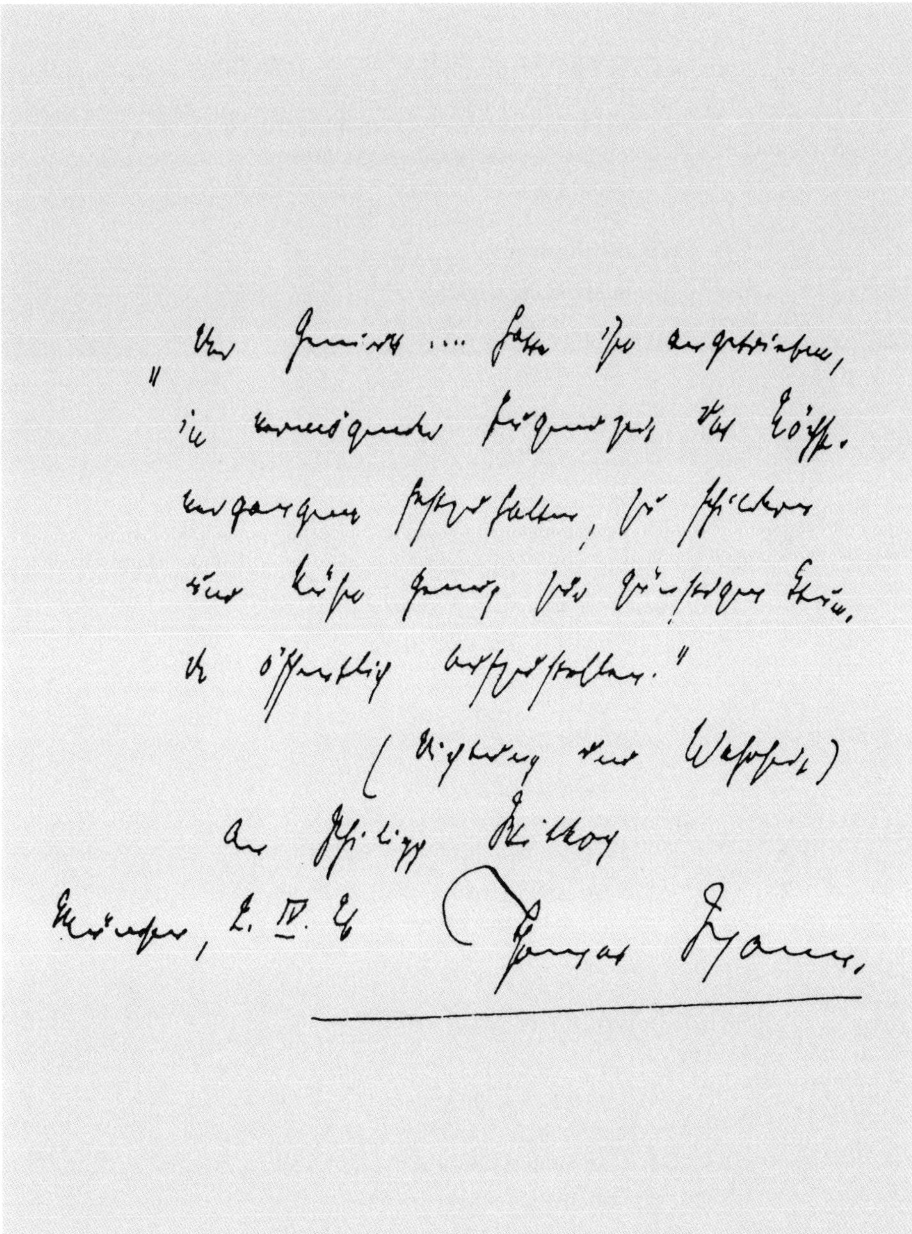

Widmung Nr. 111

112 *In: Der Zauberberg*

Ich kenne nicht den Namen dessen,
dem dies Exemplar meines Buches
gehören soll. Aber herzlich eigne ich
es ihm zu als demjenigen, der
bei dem vom <Prager Tagblatt> ver-
anstalteten kritischen Zauberberg-
Wettbewerb den Preis gewann.

Arosa, Mai 1926
Thomas Mann.

113 *In einem Gästebuch*

Mit Stolz eröffne ich mit meiner Ein-
zeichnung dieses Buch, nach einem rüh-
renden Rundgang durch die Stätten
meiner Jungenjahre.

Lübeck den 7. Juni 1926
Thomas Mann.

114 *In: Pariser Rechenschaft*

Fräulein Rattata
zum freundlichen Gedenken
an eine Begegnung im Süden.

Forte dei Marmi 27.VIII.1926
Thomas Mann.

115 *In: Pariser Rechenschaft*

An
Henri Lichtenberger
dankbar,
zum Gedenken.

München 5.XI.26
Thomas Mann.

116 *In: Unordnung und frühes Leid*

Eri zum Geburtstag 1926
Z

117 *Zu einem Foto*

Mr. E. Hoppe zum freundlichen Gedenken
München 17.XI.1926
Thomas Mann.

118 *In: Unordnung und frühes Leid*

Klaus zum Geburtstag
1926
Z.

119 *In: Unordnung und frühes Leid*

Heinrich und Mimi
zu Weihnachten 1926
T.

120 *In: Der Zauberberg*

Meinem bedeutenden Kollegen -
sein vielversprechender Vater.
T.M.

121 *In: Lübeck als geistige Lebensform*

Dem lieben Eißi
(mit einer Pelzjacke)

Weihnachten 1926 Z.

122 *In einem Gästebuch*

Fleiß ist die meisterliche
Form der Leidenschaft.

Essen den 5.V.27
Thomas Mann.

123 *In: The Magic Mountain*

An jeune poète
René Crevel,
ami de mon fils,
ce livre allemand et bizarre
qui pèse la dignité de la
vie et de la maladie.

Munich 15.VI.27
Thomas Mann.

124 *In: Der Zauberberg*

Herrn Edward Cushing
dankbar für die
Empfänglichkeit,
mit der er dies
Buch gelesen.

München 6.VIII.27
Thomas Mann

125 *In: Buddenbrooks*

Nehmen Sie, lieber Klaus, an einer
Wende Ihres Lebens, dieses Buch
mit der Ihnen eigenen Freundlichkeit an zur Erinnerung an gemeinsam
verbrachte Wochen am Meer.
Ihr
Thomas Mann.

Kampen 11.IX.27

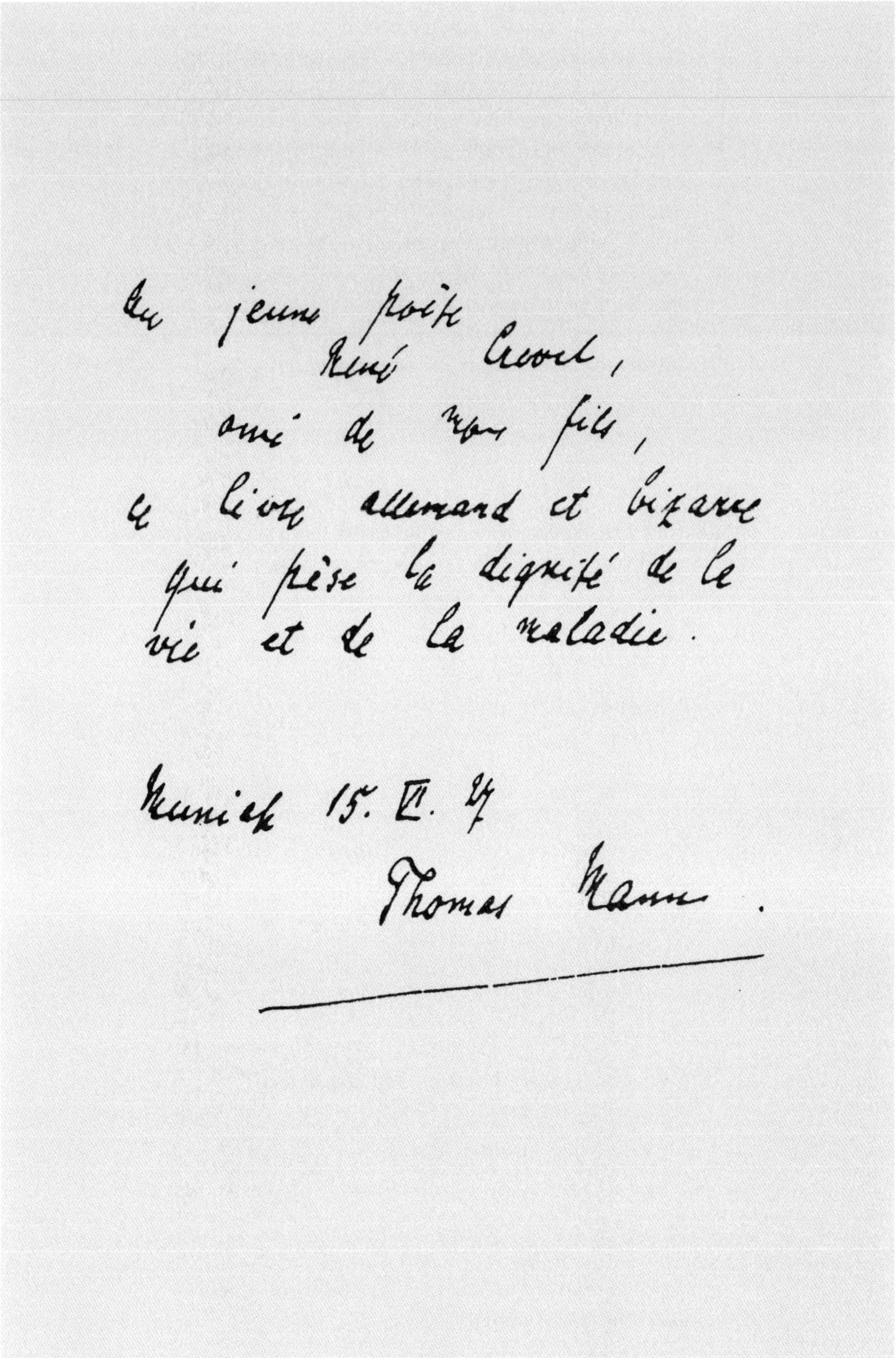

Au jeune poète
René Crevel,
ami de mon fils,
ce livre allemand et bizarre
qui pèse la dignité de la
vie et de la maladie.

Munich 15. VI. 27
Thomas Mann.

Widmung Nr. 123

126 *In einem Gästebuch*

Nicht Glück oder Unglück, - der Tiefgang des Lebens ist es, worauf es ankommt. An diesem erschütternden Meere habe ich tief gelebt, und was es aufregte, das wird, gebe es Gott, irgendwie einmal ehrenhaft fruchtbar werden. Auch will ich wiederkommen. Man sollte freilich wohl nie wiederholen wollen, denn von vornherein ist gewiß, daß es das andere Mal anders sein wird. Aber schon aus Dankbarkeit will ich wiederkehren: dem dauerhaften Gefühl des Dankes, den ich hiermit den Wirten dieses guten Hauses von Herzen abstatte.

Kampen den 11.IX.1927
Thomas Mann.

127 *In: Unordnung und frühes Leid*

Annette Kolb
der originellen, verehrten,
bei einer unserer allzu
seltenen Begegnungen.

München 28.XII.27
Thomas Mann.

128 *Zu einem Foto*

Vater und Kindchen
grüßen C.J.E. Dineaux.
Thomas Mann.

129 *In einem Gästebuch*

Wir reisen leider wieder einmal. Gut, daß Kliffende bleibt.

30.VIII.1928 Thomas Mann.

130 *In einem Gästebuch*

Nach einem vierten Abend, bei dem ich mich gut unterhalten habe

5.XI.28 Thomas Mann.

131 *In einem Gästebuch*

„Wir haben Jahre zugebracht
In eignen Gram uns zu versenken.
Nun hat sich erst der Wunsch entfacht.
Mit klarem Geiste das zu denken.
Was dunkel nur die Zeit gedacht."
(Platen)

Den Berner Studenten dankbar für einen glücklichen Abend.

9.XI.28
Thomas Mann.

132 *In: Der Zauberberg*

Ein dankbarer Gast
am 1.Dezember 1928

Thomas Mann.

133 *In einem Gästebuch*

Vor einer Vorlesung aus „Joseph", nach vielem Wiedersehn,
in Lübeck, gerührt, verwirrt, benommen, als wie im Traum,
am 4. Dezember 1928
Thomas Mann

134 *In: F. Krökel „Europas Selbstbesinnung durch Nietzsche"*

Das Exemplar der mit dem
I. Preise gekrönten Nietzsche-
Schrift widmet der Vorstand der
Nietzsche-Gesellschaft Herrn Baron
Simolin mit herzlichem Dank für
großzügige Förderung.

München 21.XII.28.
I.A.Thomas Mann.

135 *In: „12 Köpfe Prominenter Horchbesitzer"*

Ich fahre Horch 8,
weil er zugleich elegant
und tüchtig ist.

Thomas Mann.

136 *In: Die Forderung des Tages*

Dem Erikind
in alter Treue.
„Wo ist das graue Buch?"
Z.

137 *In: Die Forderung des Tages*

Meinem Eißi-Sohn
dem Eroberer Babylons
herzlich

München, 17.XI.29
Zauberer

138 *Auf einem Widmungsblatt*

Einen herzlichen Gruß an
„Critica" und an Süd-
Amerika!

München 20.XI.29
Thomas Mann.

139 *In: „Bilder und Worte für den Deutschen Hilfsverein in Paris"*

Dem deutschen Hilfsverein in Paris
in herzlicher Sympathie für sein Wirken

München, 5.XII.29.
Thomas Mann.

140 *In einem Gästebuch*

Ich will meine Bücher nicht nach Sentenzen durchstöbern, lieber Herr Wåhlin, um Ihnen etwas in dieses Buch zu schreiben, ich will einfach schreiben, daß dies hochgestimmte, glanzvolle Tage waren, aber es war ein Glanz, der erwärmte, und mein Stockholmer Aufenthalt hat mir die gewinnendste Vorstellung gegeben von dem Herzenstalent Ihrer Landsleute, „Högtidsdagen" zu feiern. Ich scheide bereichert durch die persönliche Berührung mit der schwedischen Nation, für deren Höchstes und Tiefstes Ihre schöne Zeitschrift ein so lebendiger Ausdruck ist.

Stockholm den 14.XII.29
Thomas Mann.

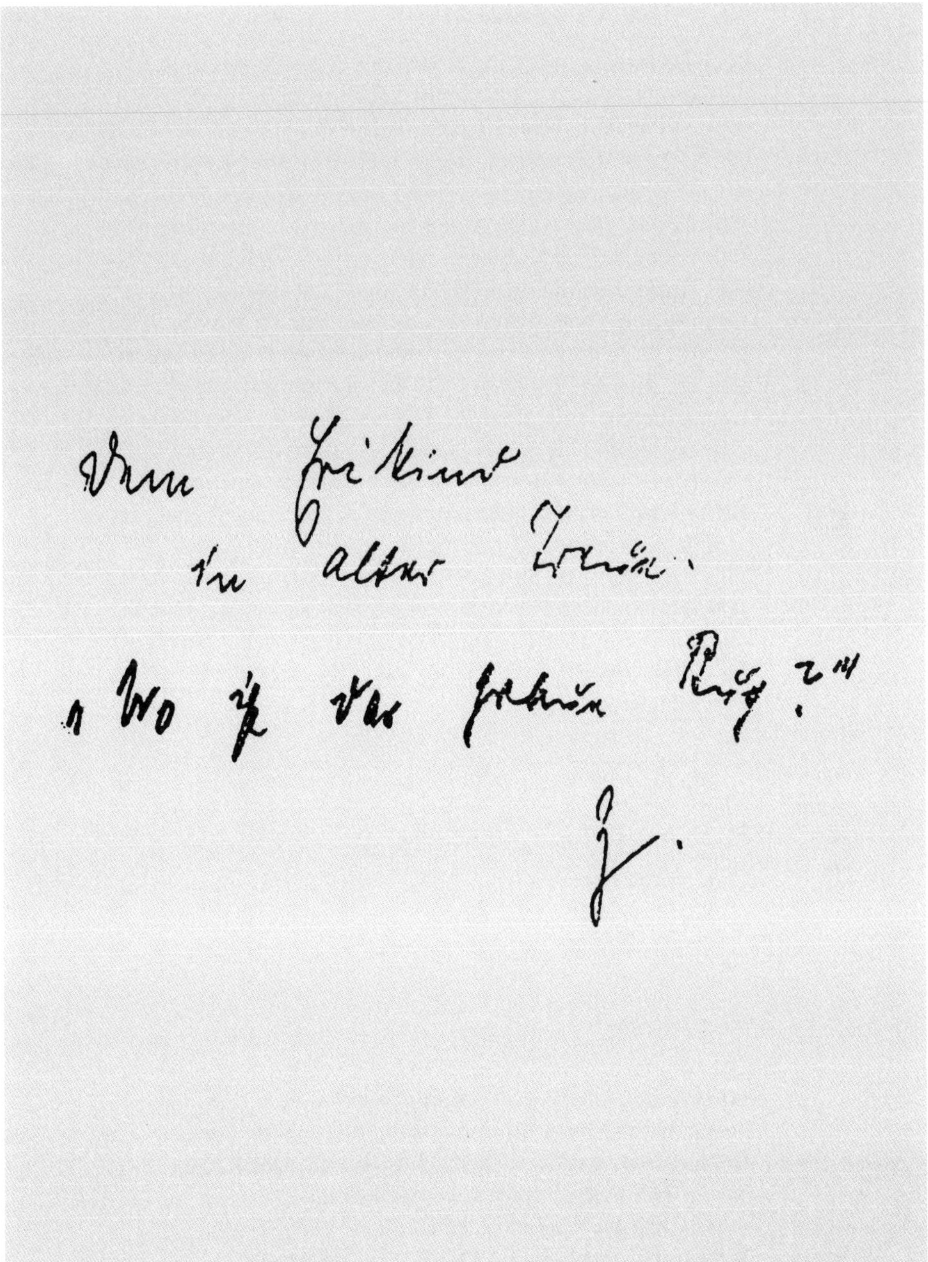
Dem Freunde
in alter Treue.
„Wo ist der goldene Ring?“
J.

Widmung Nr. 136

141 *In: „25 Jahre Lindström“*

Technifizierung des Künstlerischen - Gewiß, es klingt schlimm, es klingt nach Verfall und Untergang der Seele. Aber wenn nun, indem das Seelische der Technik anheimfällt, die Technik sich beseelt? Wenn nun zum Beispiel doch der Musikapparat, eine rohe Wirtshausangelegenheit eben noch, eine Entwicklung genommen hat, die es zu einer unzweifelhaft musikalischen Angelegenheit erhebt, welcher kein Musiker mehr mit Verachtung begegnet? Ich liebe diese Erfindung, ich habe täglich Freude und Nutzen von ihr, ich bin ihr zu größtem Dank verpflichtet, und ich darf sagen, daß ich ihr (im „Zauberberg“) meine Huldigung dargebracht habe zu einer Zeit, als sie sich, verglichen mit der Fortgeschrittenheit, in der sie sich heute darstellt, noch im Puppenstande befand. Auf die kulturelle und soziale Bedeutung der Schallplattenmusik, auf die pädagogischen Möglichkeiten besonders, die ihr innewohnen, gehe ich hier nicht ein. Die Firma Carl Lindström aber zu ihrem Jubiläum zu beglückwünschen, bin ich legitimiert durch das lebendige Liebhaberverhältnis, das mich mit ihrer Produktion verbindet.

Thomas Mann.

142 *Zu einem Foto*

Seinem ausgezeichneten Porträtisten
Herrn Hermann Rex.
München den 23.XII.29

Thomas Mann.

143 *Auf einem Widmungsblatt*

Mein lieber, kluger, guter alter Freund, von ganzem Herzen und mit den anhänglichsten Gefühlen, die sich während der Zusammenarbeit eines Menschenalters tief und fest in mir verwurzelt haben, beglückwünsche ich Sie zu diesem Tag der Fülle und Würde und bekenne Ihnen meine ganze Bewunderung und Sympathie für Ihr Leben und Werk!

Thomas Mann.

144 *Auf einem Widmungsblatt*

Herrn
Mohamed Abou-Zaid,
seinem kundigen Führer
durch Tempel und Gräber,
zum freundlichen Gedenken.

München den 18.IV.30
Thomas Mann

145 *In: Bekenntnisse des Hochstaplers Felix Krull*

„Sei glöcklich, Du gutes Kind!"

Zur freundlichen Erinnerung an
Ihren Sie liebenden
Thomas Mann

146 *In: Mario und der Zauberer*

Lavinia Mazzucchetti,
diese mißliche Geschichte,
deren stillste Ablehnung sie
teilt. Es lebe Italien!

München, 4.V.30
Thomas Mann.

147 *Auf einem Widmungsblatt*

Der Verfasser von „Königliche
Hoheit" und „Buddenbrooks" sendet
den Lesern der Deutschen Buch-
Gemeinschaft herzlichen Gruß

München 9.V.30
Thomas Mann

148 *In: Mario und der Zauberer*

Friedrich Kayßler zum Dank für seine
männlich-seelenvollen Geschichten
von „Irgendwo und immerdar".

München 12.V.30
Thomas Mann.

149 *In: Mario und der Zauberer*

Dem Schwesterherzen
von Herzen,

München 15.VI.30

149a *In: „Zwanzig Jahre Bremer Schauspielhaus"*

Mit herzlicher Anteilnahme höre ich von dem bevorstehenden zwanzigjährigen Jubiläum Ihres Theaters. Persönliche Beziehungen von früher her rechtfertigen es vielleicht, wenn ich mich den Gratulanten beigeselle. Meine Tochter, die jetzt in München spielt, war einmal Mitglied Ihrer Bühne, und damals hatte ich Gelegenheit, den Geist des Hauses, den Aufbau Ihres Spielplans und Ihrer künstlerischen Leistungen schätzen zu lernen. Ich kenne die vornehme und für seine Schauspieler wie für das Publikum erzieherische Kunstgesinnung, von der dies Haus geleitet wird, den theatralischen Idealismus, der ihm bei aller praktischen Geschmeidigkeit unveräußerlich bleibt, und der als spezifisch deutsch angesprochen werden darf. Meine Glückwünsche gelten einer zwanzigjährigen ehrenreichen Vergangenheit und einer Zukunft, für die diese Vergangenheit Gewähr bietet.

Ihr sehr ergebener

Thomas Mann.

150 *In: Der Zauberberg*

Unserem geschickten und geschmack-
vollen Architekten

Herbert Reißmann,

dem Erbauer unseres Heims
auf dem Schwiegermutter-Zauberberge, herzlich zugeeignet.

Nidden 27.VII.30

Thomas Mann.

150a *In: Auf einem Widmungsblatt*

Herrn Rudolf Hoff,

einem aufmerksamen Leser,
verbunden für seine Empfänglichkeit,
München 23.IX.30
Thomas Mann

151 *In: Deutsche Ansprache*

Fräulein Ida Herz, dankbar für ihre Empfänglichkeit.

München 5.XI.30
Thomas Mann.

152 *In: Hundert Jahre Reclam*

An Rudolf Alexander Schröder.
froh über seinen Besuch 4.XII.30

München Thomas Mann.

153 *In: Tonio Kröger*

Dem Katharineum zu Lübeck als Prämie gestiftet von
Thomas Mann.

154 *In: Buddenbrooks*

1901 - 1931

Dieses Jahr wird dies Buch ein
Menschenalter alt. Das ist viel und
wird wenigen zuteil. Vielleicht
nehmen auch Sie, lieber Herr Stumpp,
das Glücksbuch, in wieder einmal
neuem Gewande, noch einmal freundlich auf, sei es auch nur als den
Träger von Glückwünschen für 1931.

München 1.I.31
Thomas Mann.

155 *Auf einem Widmungsblatt*

„Gar selten tun wir uns selbst genug;
desto tröstender ist es, anderen genug
getan zu haben."

(G.)

München den 17.XI.31
Thomas Mann.

156 *In: Jaakobs Hochzeit*

Fräulein Ida Herz, Archivarin
Herzlich
München 4.XII.31 Thomas Mann.

157 *In: Goethe und Tolstoi*

An Benedetto Croce, hochachtungsvoll.

Vor den Wissenden sich stellen,
Sicher ist's in allen Fällen!
Wenn du lange dich gequälet,
Weiß er gleich, wo dir es fehlet;
Auch auf Beifall darfst du hoffen,
Denn er weiß, wo du's getroffen.
(W.Ö. Divan)

München, 7.III.32
Thomas Mann

158 *In: Die Forderung des Tages*

Herrn Otto Pick
gelegentlich eines erbaulichen,
ergiebigen Zusammenseins.

Prag 14.III.32
Thomas Mann.

159 *In: Buddenbrooks*

Zum Gedenken an das
Pen-Club-Frühstück
vom 14.III.32

Thomas Mann.

160 *In: Goethe als Repräsentant des bürgerlichen Zeitalters*

Herrn Professor
Anton Kippenberg
dankbar für seine „Worte"
vom 19. März

München 25.IV.32
Thomas Mann.

161 *In: Goethe und Tolstoi*

„Erkennen und Einsicht, hörte ich sagen,
seien im Hebräischen desselben Wort-
stammes wie <Zwischen>.“

an Philipp Witkop
ihm schon lange befreundet,

München 12.VI.32
Thomas Mann.

162 *In: Goethe als Repräsentant des bürgerlichen Zeitalters*

Auch hier ist Er hoffentlich ein wenig gegenwärtig.
An Robert Faesi
herzlich

Thomas Mann

163 *In: Goethe als Repräsentant des bürgerlichen Zeitalters*

La France a fêté la mémoire
de Goethe d'une manière vraiment
magnifique - surtout par vous, cher
et admiré Paul Valéry. Acceptez
avec indulgence ce discours qui finit
par un bon conseil très nécessaire au
monde européen en genéral et à notre
bourgeoisie surtout.

Nidden, Kur. Nehrung 13.VII.32.
Thomas Mann.

164 *In einem Gästebuch*

Humor ist die Humanisierung der
Wahrheit.

Essen den 10.XI.32
Thomas Mann.

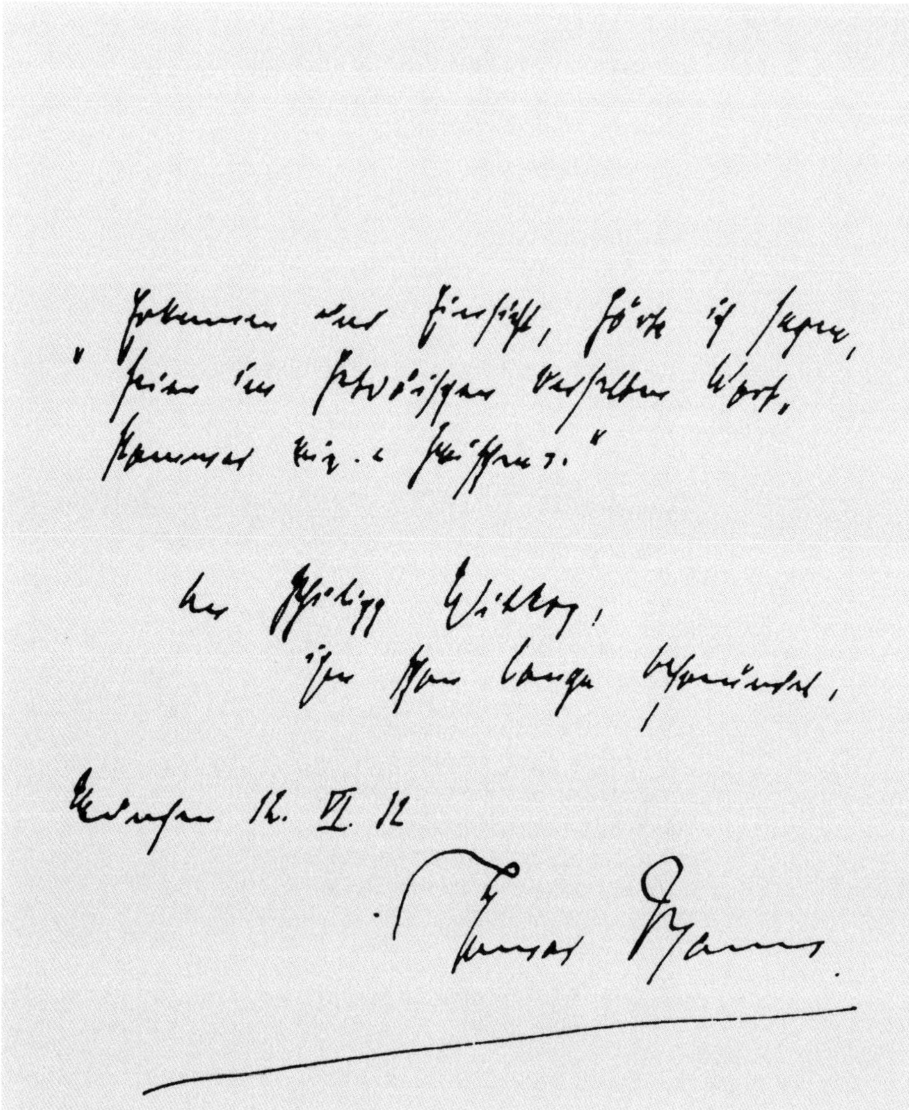

Widmung Nr. 161

165 *In: Buddenbrooks*

„Man macht was man ist und
Kunst ist Wahrheit, - die Wahr-
heit über den Künstler“
(Aus „Leiden und Größe
Richard Wagners“)

Herrn Julius Conrad
als Zueignung

Bandol s/mer den 12.V.33
Thomas Mann.

166 *In: Deutsche Ansprache*

Herrn Gustav Borst
sei dieser Versuch einer „Beilegung der
Leidenschaften durch ihre Analyse“, ein Versuch,
der mißlingen mußte, den gemacht zu haben
ich aber nicht bereuen kann, mit vielem Dank
für seine Anhänglichkeit zugeeignet.

Bandol sur Mer den 19.V.33
Thomas Mann.

167 *In: Souffrances et Grandeur de Richard Wagner*

Au grand Français et Européen
Paul Valéry -
témoignage d'une admiration
amicale et profonde.

Sanary, 4.VII. 33

Thomas Mann.

168 *In: Souffrances et Grandeur de Richard Wagner*

Ida Herz
dies kleine Buch,
das, wie sein Verfasser,
dankbar sein muß
für Schutz und Obdach
einer minderen Fremde.

Sanary, den 6. Juli 33
Thomas Mann.

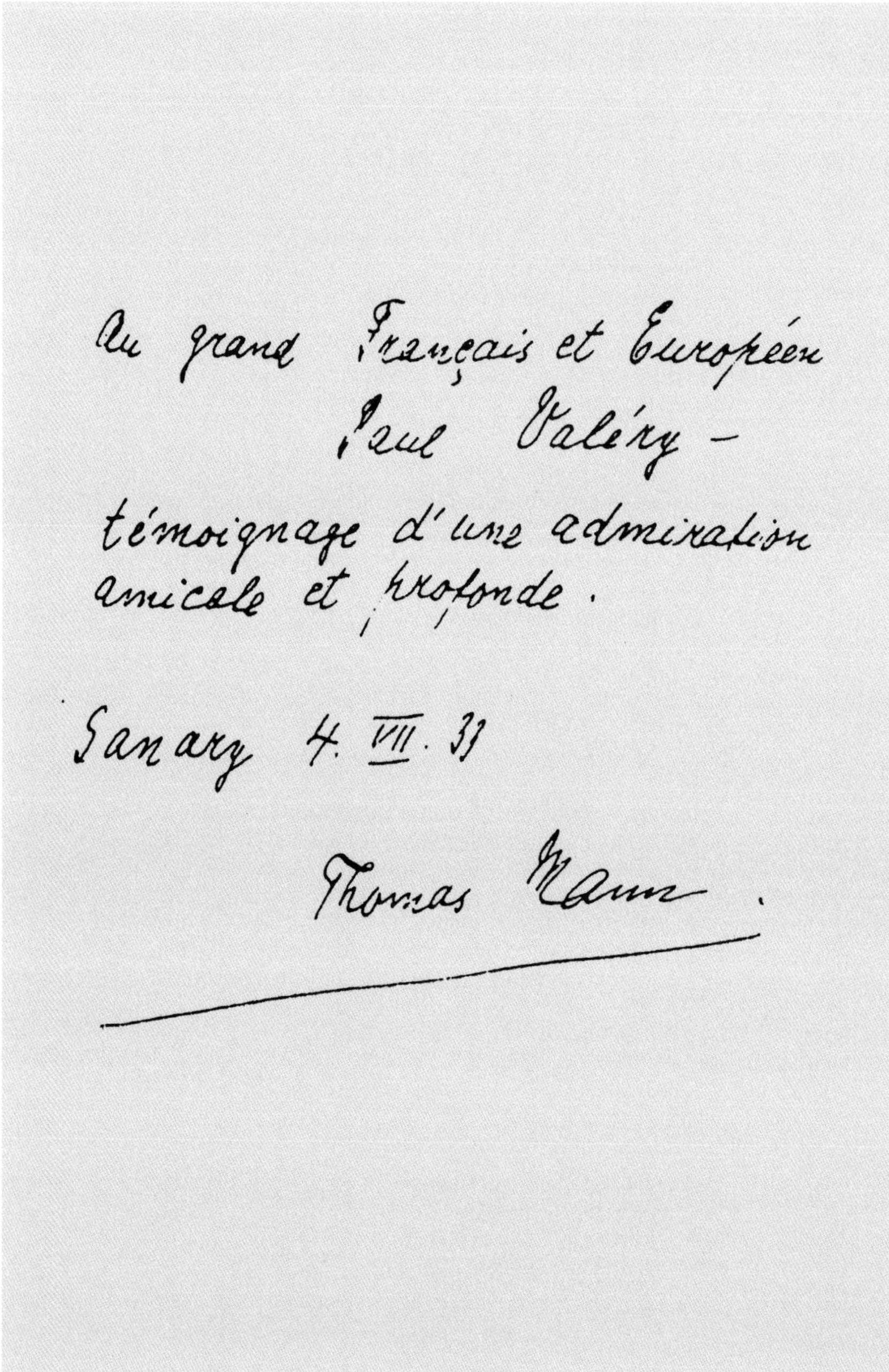

Au grand Français et Européen
Paul Valéry –
témoignage d'une admiration
amicale et profonde.

Sanary 4. VII. 33

Thomas Mann.

Widmung Nr. 167

169 *In: Die Geschichten Jaakobs*

An Ida Herz.
Die unzeitgemäßen Bücher waren immer die zeitgemäßen.
Zürich-Küsnacht den 12.X.33
Thomas Mann.

170 *In: Die Geschichten Jaakobs*

An Heinrich
Zum Gedenken an den Austausch
eines Sommers, den sie uns gönnen mußten.
Zürich-Küsnacht 12.X.33
T.

171 *In: Die Geschichten Jaakobs*

Alfred Neumann und
seiner Frau, den Freunden,
bei ihrem Besuch, über den wir
herzlich froh sind
Zürich-Küsnacht den 21.X.33
Thomas Mann.

172 *In: Die Geschichten Jaakobs*

An Félix Bertaux
in alter Sympathie, Freundschaft
und Dankbarkeit
Küsnacht b/ Zürich 10.XII.33
Thomas Mann

173 *In: Der junge Joseph*

Frl. Ida Herz
bei ihrem Besuch im Freien
zum Willkomm überreicht,
zum Abschied zugeeignet.
Küsnacht den 28.III.34
Thomas Mann.

174 *In: Der junge Joseph*

An Heinrich
mit herzlichem Ostergruß

Küsnacht-Zch den 1. April 34
T.

175 *In: Der junge Joseph*

Dem jungen Klaus
Ostern 1934

herzlich
Z.

176 *In: Tonio Kröger*

An Frau Kröger
Zum Gedenken an gemeinsame
Stunden in Sanary

Küsnacht den 10.IV.34
Thomas Mann.

177 *In: Der junge Joseph*

„Höchst anmutig ist diese natürliche Erzählung, nur erscheint sie zu kurz, und man fühlt sich berufen, sie ins Einzelne auszumalen.

Ein solches Ausmalen biblischer, nur im Umriß angegebener Charaktere und Begebenheiten war den Deutschen nicht mehr fremd ..."

(Dichtung und Wahrheit)

Herrn Victor Wittkowski
mit guten Wünschen zugeeignet

Küsnacht den 8.V.34
Thomas Mann.

178 *In: Der junge Joseph*

Dem lieben, großen
Bruno Walter

Küsnacht 18.V.34
Thomas Mann.

179 *In: Joseph and his Brothers*

x)
This is in truth the general
title of the entire work.
Volume I should and will
be entitled „The Tales of
Jacob".
Thomas Mann.

180 *In: Der Tod in Venedig*

Herrn
William A. Koshland

froh über seine Bekanntschaft
und aufrichtig dankbar für
seinen Beistand während meines
New Yorker Aufenthaltes
mit herzlichen Wünschen zugeeignet

New York den 7.VI.34
Thomas Mann.

180a *In: Die Geschichten Jaakobs*

„As the most felicitous result of this stay so rich in impressions and happy moments, I regard, dear Mr. Knopf, the human deepening and strengthening of the relationship between you, my american publisher, and myself - - a relationship which I ought now beg you to call friendship and to which I want to give expression when from the heart I dedicate to you this copy of your elegant edition of my most recent work as a remembrance of my first visit to New York which you transformed into an unique celebration."

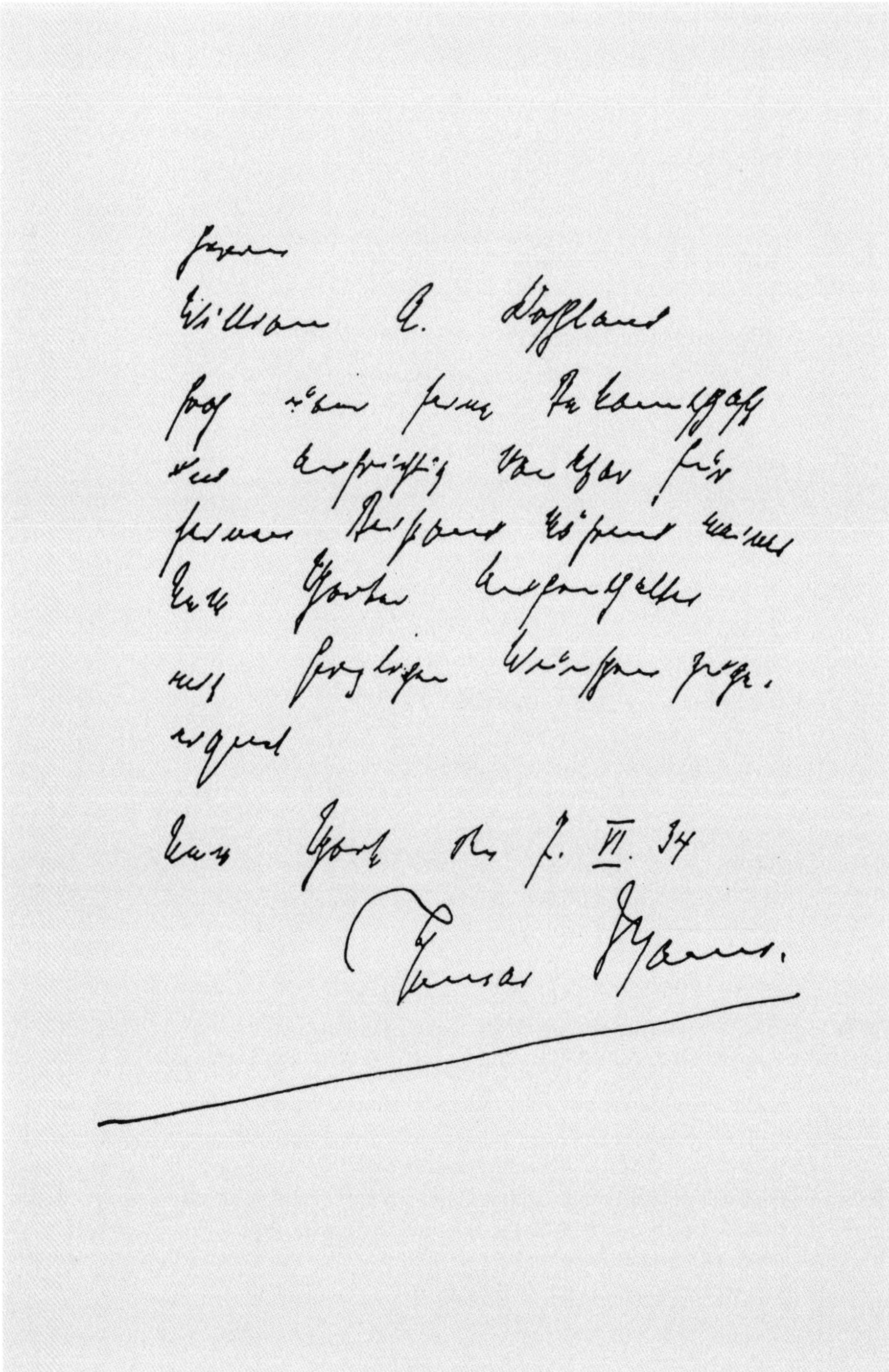

Widmung Nr. 180

181 *In: Joseph and his Brothers*

Frau Grace Schwarz

zum freundlichen Gedenken an
authors visit in New York
und in ihrem Hause

8.VI.34
Thomas Mann.

182 *In: Die Geschichten Jaakobs*

Anne-Marie Schwarzenbach
immer froh ihrer Gegenwart.

Küsnacht, 25.VI.34
Thomas Mann

183 *In: Der junge Joseph*

Unserer lieben Annette,

da sie kam, da sie ging,
daß sie bald wieder komme

Küsnacht den 10.VII.34
Thomas Mann

184 *In: Der junge Joseph*

Den Frankfurter Freunden
Herrn und Frau Dr. Liefmann
in alter und neuer Freundschaft
herzlich verbunden

Küsnacht den 19.VII.1934
Thomas Mann.

185 *In: Der junge Joseph*

Karl Loewenstein
dem Freunde in zwei Erdteilen,

Zürich-Küsnacht 21.VII.34

Thomas Mann.

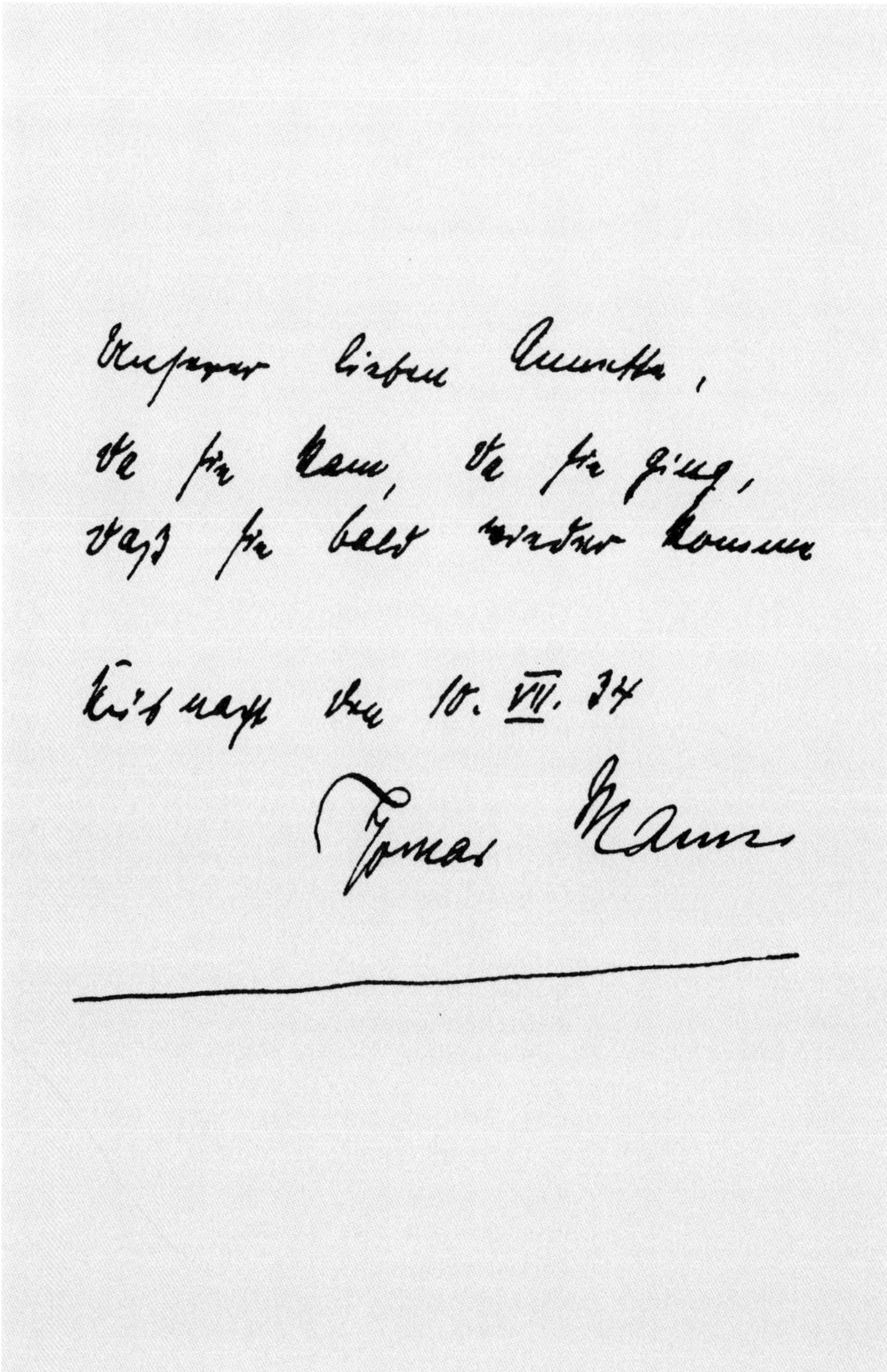
Unserer lieben Annette,
da sie kam, da sie ging,
daß sie bald wieder komme
Küsnacht den 10. VII. 34
Thomas Mann

Widmung Nr. 183

186 *In: Buddenbrooks*

Herrn Hakon
dem guten Leser
dankbar für die Bei-
steuer eines wichtigen
Buches

Küsnacht den 22.X.34
Thomas Mann

186a *In: Der junge Joseph*

Franz und Anne Marie
Beidler,
den Hausfreunden,
herzlich

Küsnacht den 19.XI.34
Thomas Mann.

187 *Zu einem Foto*

Mit Dank und Gruss
Dr. Ernst H. Brauer.
Thomas Mann

188 *In: Die Geschichten Jaakobs*

„Es ist ein großer Unterschied, ob ich, wenn die Klarheit mir nicht zusagt, mich mit einer gewissen Dämmerung zu umhüllen trachte, oder ob ich, in der Überzeugung, daß das Klare auf einem tiefen, schwer erforschten Grund ruhe, auch von diesem schwer auszusprechenden Grund das Mögliche mit heraufzunehmen bedacht bin."
(Goethe)

Herrn Victor Wittkowski,
nicht nach seinen Wünschen, aber gewiß
zu seinem Wohlgefallen,
mit guten Wünschen für seine
Studien in diesem Jahr

Küsnacht 10.I.35
Thomas Mann.

189 *In einem Gästebuch*

Daß auch Blacky gerade sterben
mußte, wo ich hier bin! Mit
Dir, liebe Clara, trauere ich herzlich
um den Guten. Dir aber wünsche
ich für Dein Leben alles Liebe
und Schöne.

Budapest 27.I.35
Thomas Mann.

190 *In: Der junge Joseph*

„Solch ein Inhalt deiner Sänge,
Der erbauet, der gefällt,
Und im wüstesten Gedränge,
Dankt's die stille, beßre Welt.

Frage nicht nach anderm Titel,
Reinem Willen bleibt sein Recht!
Und die Schurken laß' dem Büttel
Und die Narren dem Geschlecht."
(Goethe)

Herrn Dr. Paul Neubauer
mit herzlichem Gruß

Küsnacht 20. III.35
Thomas Mann.

191 *In: Leiden und Größe der Meister*

Meinem Bruder Heinrich,
der an dem, was der Titel sagt,
aufs edelste teilhat.

Küsnacht den 1.IV.35
T.

192 *In: Leiden und Größe der Meister*

„Alles Vortreffliche beschränkt uns für einen Augenblick, indem wir uns demselben nicht gewachsen fühlen; nur insofern wir es nachher in unsere Kultur aufnehmen, es unsern Geist- und Gemütskräften aneignen, wird es uns lieb und wert."
(Goethe)"

An Ida Herz
mit guten Grüßen und Wünschen

Küsnacht 2.IV.35
Thomas Mann.

193 *In: Leiden und Größe der Meister*

An Karl Kerényi,

seinem lebendigen und belebenden Geiste freundschaftlich verbunden,
mit dem Hinweis auf
S. 243

Küsnacht 2.IV.35
Thomas Mann.

194 *In: Leiden und Größe der Meister*

Den Freunden Liefmann
grüßend, Gutes wünschend,
nach einem Wiedersehen verlangend.

Küsnacht, den 2.IV.1935
Thomas Mann.

195 *In: Leiden und Größe der Meister*

Seinem Eißi-Klaus
zur Unterhaltung und Belehrung

Küsnacht den 2.IV.35
Z.

196 *In: Leiden und Größe der Meister*

An Robert Faesi
freundnachbarlich

Küsnacht 22.IV.35
Thomas Mann

„Was hat dich nur von uns entfernt?"
Hab' immer den Plutarch gelesen.
„Was hast du denn dabei gelernt?"
Sind eben alles Menschen gewesen. (G)

197 *In: Leiden und Größe der Meister*

Herrn Victor Wittkowski
als Willkommensgruß bei seiner
„Heimkehr" in die Schweiz

Küsnacht 9.V.35
Thomas Mann.

198 *In: Les Histoires de Jacob*

An Heinrich,

Dankbar für die schönen Tage von Nizza,
15.-20. Mai 35, zum Abschied.

Zur Erinnerung
T.

199 *In: Leiden und Größe der Meister*

„Es ist ein großer Unterschied, ob ich, wenn die Klarheit mir nicht zusagt, mich mit einer gewissen Dämmerung zu umhüllen trachte, oder ob ich, in der Überzeugung, daß das Klare auf einem tiefen, schwer erforschten Grund ruhe, auch von diesem schwer auszusprechenden Grund das Mögliche mit heraufzunehmen bedacht bin."
(Goethe)

An Arnold Zweig
in herzlicher Sympathie und Wertschätzung
Küsnacht den 23.V.35
Thomas Mann.

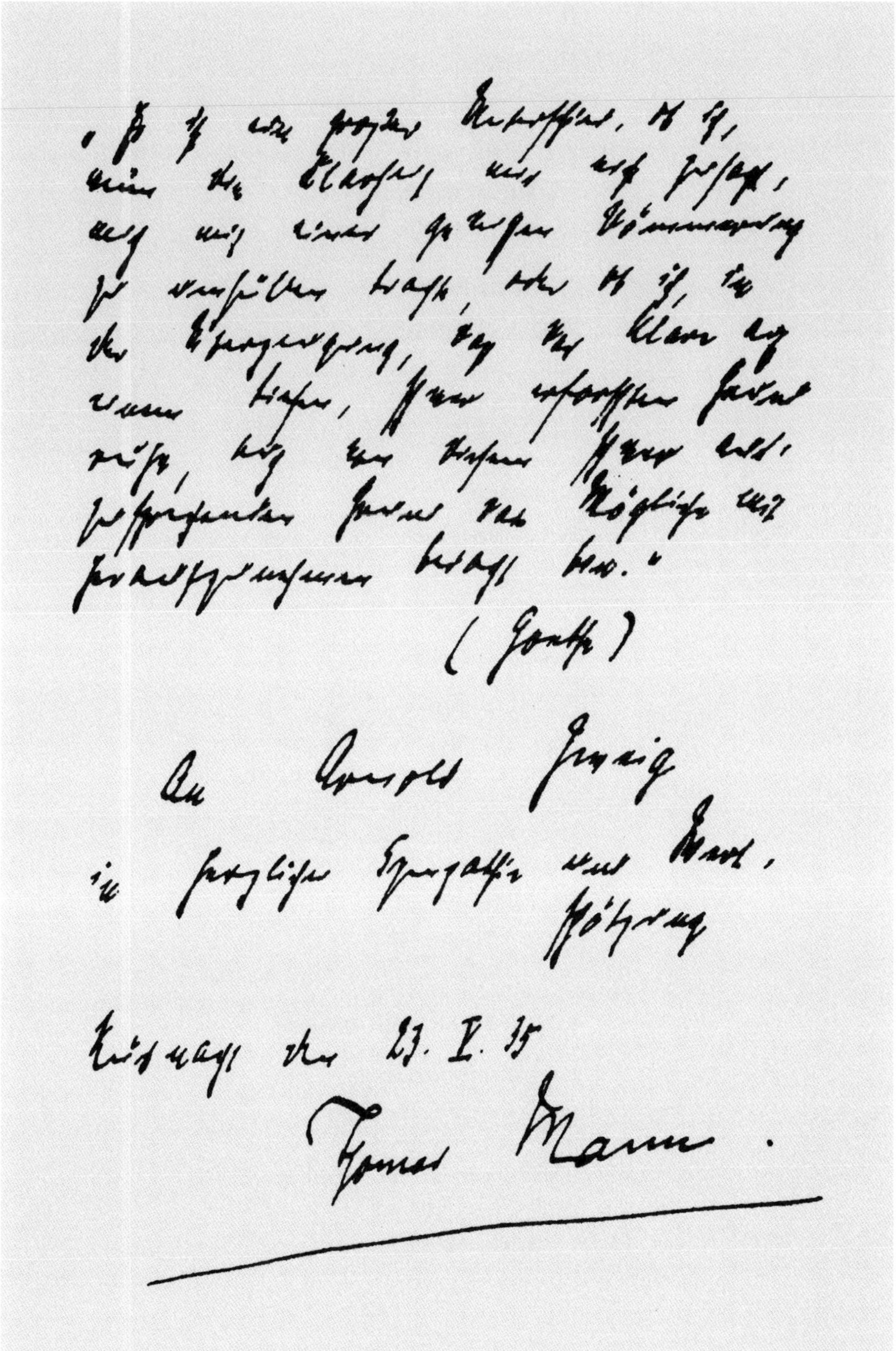

(Goethe)

An Arnold Zweig

Küsnacht den 23. V. 35

Thomas Mann.

Widmung Nr. 199

200 *In: Young Joseph*

To my friend Alfred
zum Abschied
thankfully and herzlich

N.Y. 5.VII.35
Thomas Mann.

201 *In: Young Joseph*

Henrik W. van Loon,

einem prächtigen, genialen Mann,
meinem Freunde,
zum Dank für rührendste
Freundlichkeit und amerikanische
Gastlichkeit

N.Y. 5.VII.35
Thomas Mann.

202 *In: Young Joseph*

William A. Koshland,

dem Mithelfer an einem großen
Werk, dem Verlage Alfred A. Knopf,
dem Betreuer also auch meines
Werkes in Amerika, dankbar und
in aufrichtiger Sympathie

Küsnacht den 27.VII.35
Thomas Mann.

203 *In: Die Geschichten Jaakobs*

Frau Jimmy van Loon,
der Wirtin wundermild,
bei der wir jüngst zu Gaste,

in Dankbarkeit und Verehrung

Küsnacht, 2.VIII.35
Thomas Mann.

204 *In: Die Geschichten Jaakobs*

Herrn A.O. Naegel

zum freundlichen
Gedenken an unseren
Aufenthalt im „Algonquin“,
der nicht der letzte
gewesen sein möge.

Küsnacht den 2.VIII.35
Thomas Mann.

205 *In: Leiden und Größe der Meister*

An
Félix Bertaux
an dem glücklichen Tage unseres
Wiedersehns nach langer, ereig-
nisreicher Zeit
herzlich

Sèvres 12.VIII.35

Thomas Mann

206 *In: An das Nobel-Friedenspreis-Comité, Oslo (Manuskript)*

Diese Handschrift eigne ich
Alfred Neumann,
dem Vierzigjährigen,
mit herzlichen Wünschen zu.

207 *In: Buddenbrooks*

An Heinrich

Als brüderliche Gabe
und bescheidener Grundstein
zu einer neuen Bibliothek

Küsnacht am Zürichsee
Weihnacht 1935
T.

208 *Zu einem Foto*

Dem Wiener Frauen-Not-Dienst
in Bewunderung für sein Wirken,
mit herzlichen Wünschen
Thomas Mann.

209 *In: Freud und die Zukunft (Manuskript)*

Freud und die Zukunft

Fest-Vortrag gehalten am 8. Mai 1936
zu Sigmund Freuds 80. Geburtstag
im Mittleren Konzerthaus-Saal zu Wien
von
Thomas Mann

dem Gefeierten verehrungsvoll
zugeeignet

210 *In: Le jeune Joseph*

Au cher et grand
André Gide
petit signe d'une grande admiration

Küsnacht 15. Mai 36
Thomas Mann .

"Je me penche par dela le présent
Je passe outre ..."
(L.N.N.)

211 *In einem Gästebuch*

Baronin Jolla Hatvanyi
der Herrin des gastlichsten
Hauses, das uns je beherbergt,
nach glücklichen Tagen dankbar scheidend -

Budapest den 13.VI.36
Thomas Mann.

212 *In: Freud und die Zukunft*

An Heinrich
Dankbar für sein befreiendes Kampfbuch
vom kommenden Tage

Küsnacht/Zürich den 20.VII.36
T.

213 *In: Paul Stefan „Bruno Walter"*

Otto Basler
dem Echten und Rechten
zum Geschenk

Küsnacht 31.VII.36 von
Thomas Mann.

214 *In: Freud und die Zukunft*

An Robert Faesi
diesen „Schritt vom Wege"
(aber nicht weit daneben)
freundnachbarlich.

St. Cyr s./Mer 3.IX.36
Thomas Mann.

215 *In: Freud und die Zukunft*

Ida Herz
zum Dank für ihre Pfirsiche diesen Apfel,
der nicht weit vom Stamme fiel.

Küsnacht 29.IX.36
Thomas Mann.

216 *In: Freud und die Zukunft*

Karl Kerényi
dem Wisser und dem Wissenden,
aufs neue herzlich verbunden durch
seinen großen Brief über den „Joseph“

Küsnacht den 29.IX.36
Thomas Mann.

217 *In: Joseph in Ägypten*

Dem deutschen Dichter
A.M. Frey
zum Zeichen herzlicher
Wertschätzung

Küsnacht 15.X.36
Thomas Mann.

218 *In: Joseph in Ägypten*

Frl. Ida Herz
Zur Erheiterung in trüben Stunden.

Küsnacht 16.X.36
Thomas Mann.

219 *In: Joseph in Ägypten*

Otto Basler
freundlich anvertraut
von
Thomas Mann

Küsnacht 17.X.36

220 *In: Freud und die Zukunft*

Hermann Hesse
in freundschaftlicher Verehrung

Küsnacht 17.X.36
Thomas Mann.

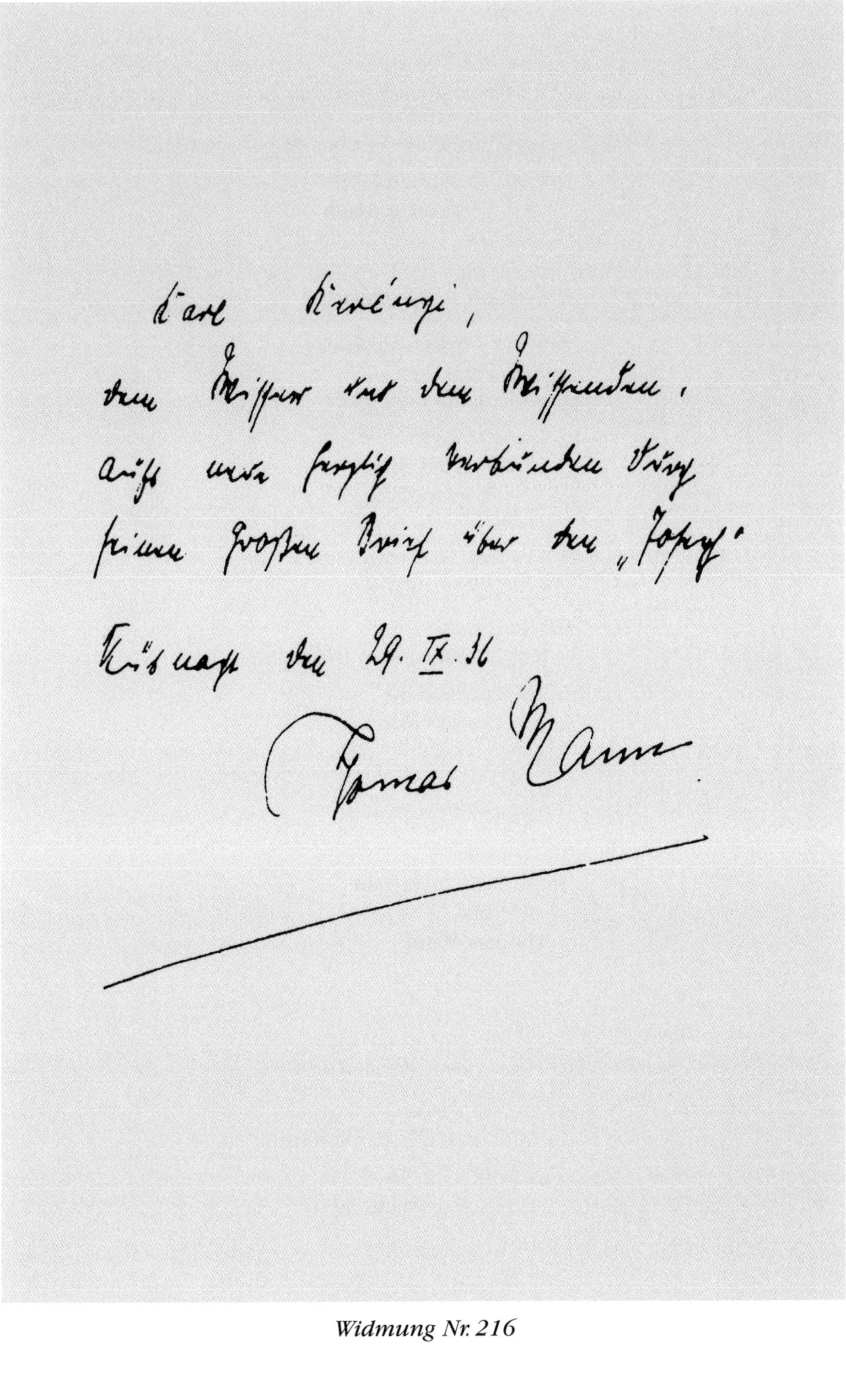
Karl Kerényi,
dem Wissenden von dem Wissenden,
auch mein herzlich verbundener Dank
seinen großen Brief über den „Joseph".
Küsnacht den 29. IX. 36
Thomas Mann

Widmung Nr. 216

221 *In: Joseph in Ägypten*

Der Autor Frau Potiphars
dem Autor Frau Cosimas
(Do ut des)

Küsnacht 18.X.36
Herzlich
Thomas Mann.

222 *In: Joseph in Ägypten*

Dies war meine Art, lieber Heinrich, den
letzten drei Jahren die Stirn zu bieten.
Möge auch sie nicht ganz verworfen sein!

Küsnacht 18.X.36
Dein Bruder T.

223 *In: Die Geschichten Jaakobs*

An René Schickele,
mit der Bitte um ein
freundliches Auge
für diese Spiele

Küsnacht 18. Oktober 1936
Thomas Mann

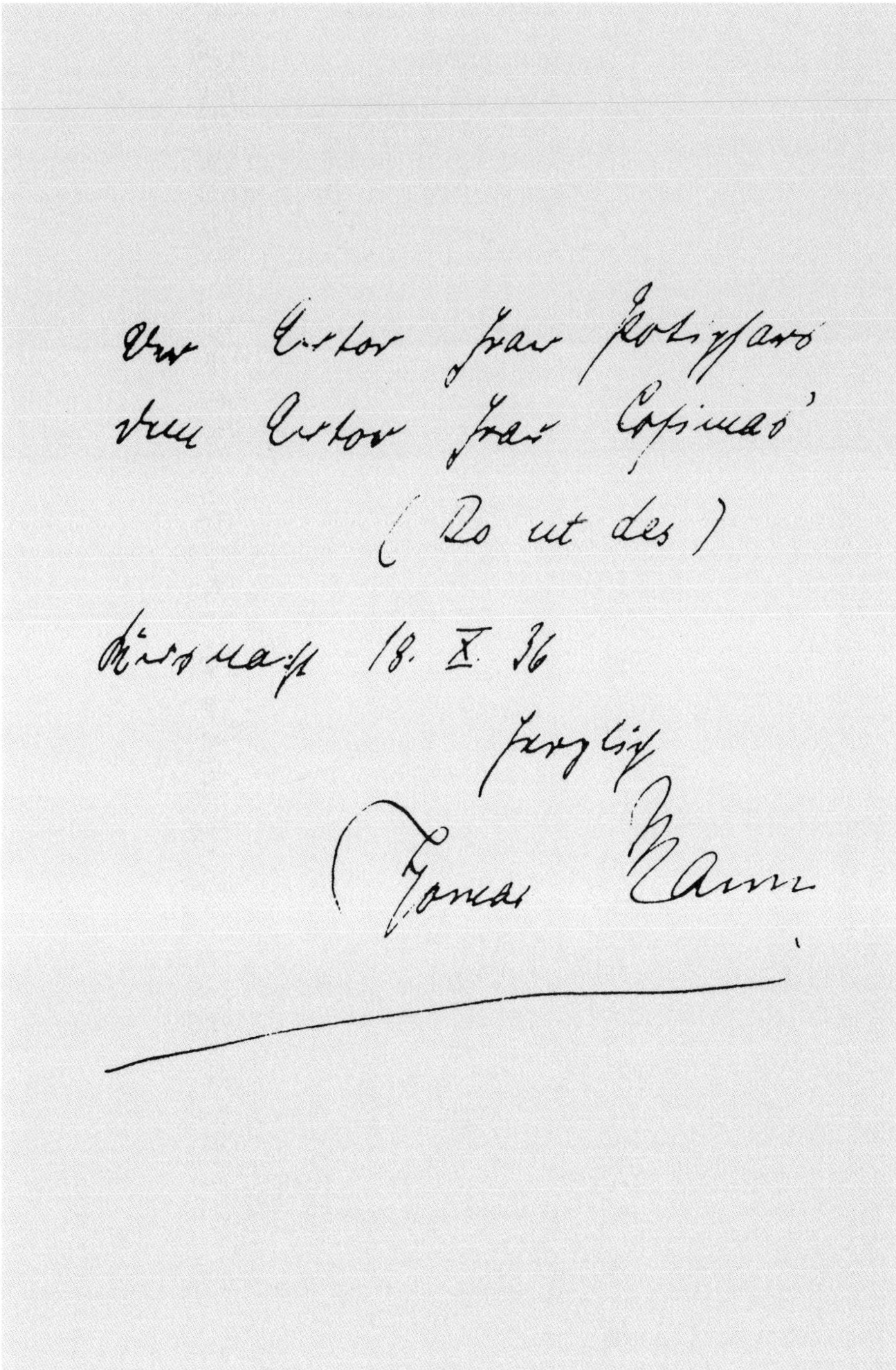
Der Autor Frau Potiphars
dem Autor Frau Cosimas
(Do ut des)

Küsnacht 18. X. 36

herzlich
Thomas Mann

Widmung Nr. 221

224 *In: Joseph in Ägypten*

An Karl Kerényi

in geistiger Verbundenheit,
zum Dank für Förderung,
Belehrung, Bestärkung

Küsnacht 19.X.36
Thomas Mann.

225 *In: Joseph in Ägypten*

Erika und Klaus
ihnen beiden
besorgt nach ihnen
spähend

Küsnacht, 23.X.36
der Vater

226 *In: Joseph in Ägypten*

Baron und Baronin
Ludwig Hatvanyi,
den Wirten wundermild,
freundschaftlich zugeeignet.

Küsnacht 11.XI.36
Thomas Mann.

227 *In: Joseph in Ägypten*

Seinem Freunde und Verleger
Alfred Knopf
in herzlicher Verbundenheit

Küsnacht 16.XI.36
Thomas Mann.

228 *In: Joseph in Ägypten*

An Mopp
herzlichst
Thomas Mann.

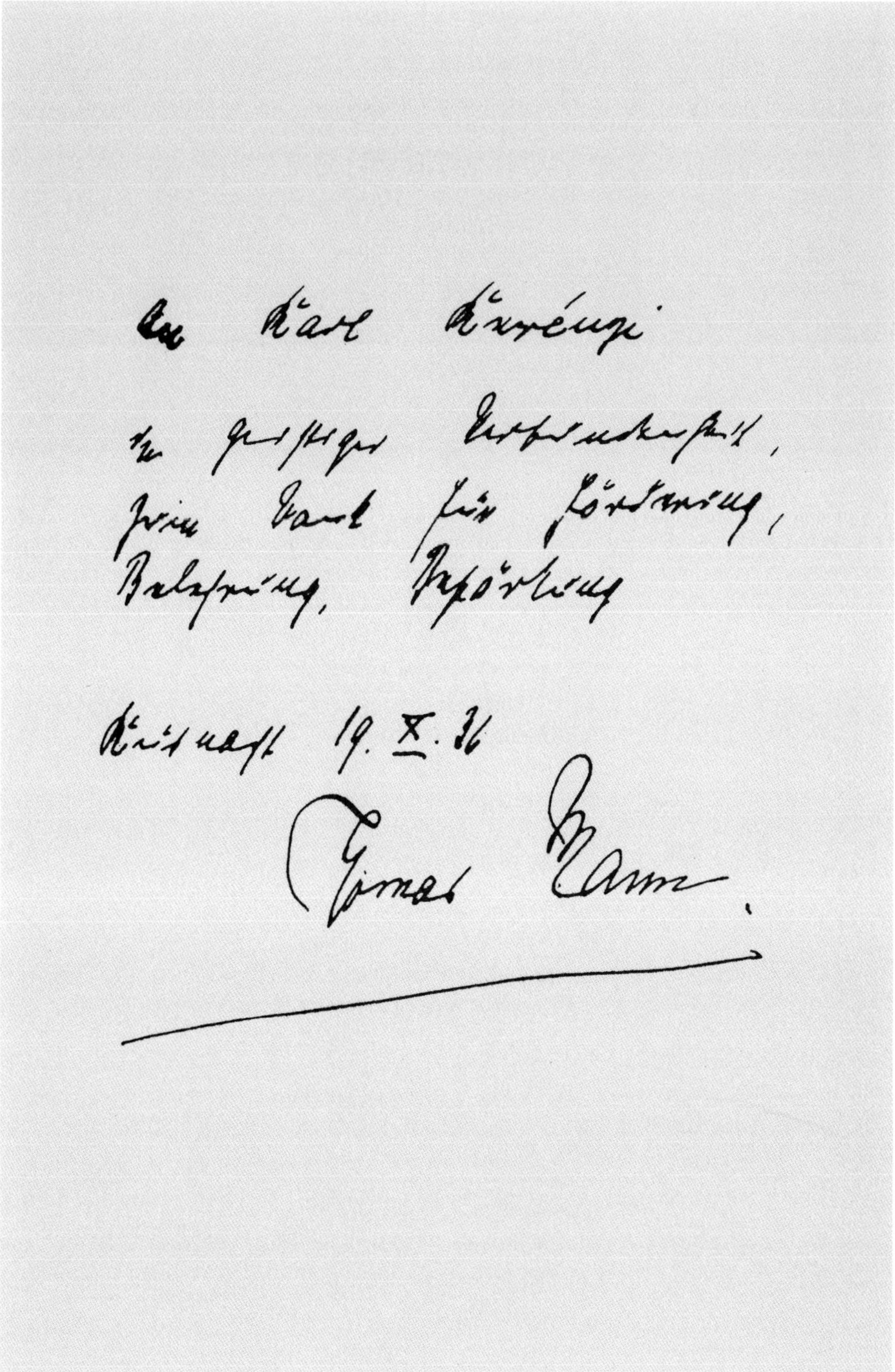
An Karl Kerényi
in geistiger Verbundenheit,
sein Dank für Förderung,
Belehrung, [illegible]

Küsnacht 19. X. 36

Thomas Mann

Widmung Nr. 224

229 *In: Novellen*

Dem jungen Dichter
Ernst Aszdalos
Zum Gedenken an unsere Begegnung am Abend des 13.I.37

Budapest
Thomas Mann.

230 *In einem Gästebuch*

Thomas Mann

Zum freundlichen Gedenken
Budapest 13.I.37

231 *In: Ein Briefwechsel*

„Ich fühle spät, ich fühle früh,
Es sei ein dauernd Recht;
Ihm geh' es, trotz Gewalt und Müh',
Ihm und den Seinen schlecht.“ G.

An Heinrich
mit herzlichem Gruß
T.

232 *In: Ein Briefwechsel*

Unserer lieben Annette
treu ergeben.

Arosa 29.I.37
Thomas Mann.

233 *In: Utrpení a velikost mistrů*

Herrn
V. Zizka

widmet dieses Buch ein stilles
Mitglied der Präsidenten-Partei

Küsnacht 21.II.37
Thomas Mann.

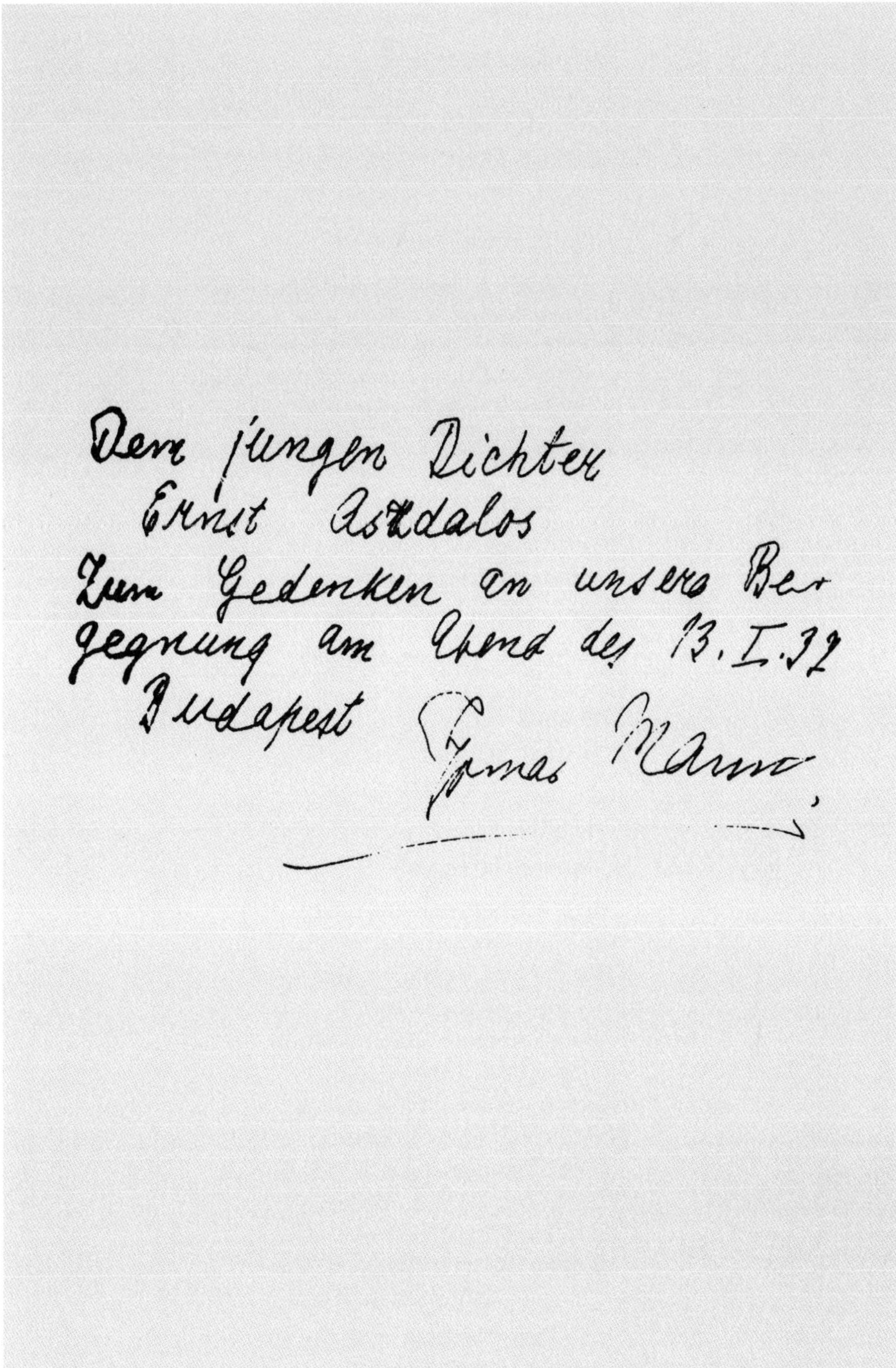

Dem jungen Dichter
Ernst Asztalos
Zum Gedenken an unsere Begegnung am Abend des 13.I.37
Budapest Thomas Mann

Widmung Nr. 229

234 *In: Leiden und Größe der Meister*

An Ludwig Marcuse
in aufrichtiger Wertschätzung

Küsnacht, den 3.IV.37
Thomas Mann.

235 *Auf einem Widmungsblatt*

I am happy to send my greetings and best wishes to the Washington Square College Revue. Your fight for academic freedom and your liberal attitude is highly commendable and for that I am proud that you dedicate this issue to my literary work.

Thomas Mann.

235a *In: Joseph in Ägypten*

Erik Schaal
dankbar für seine geschickten
Bemühungen um mein
Erdenbild

Küsnacht, Mai 1937
Thomas Mann

236 *In einem Gästebuch*

„Mir, die ich allein verständig,
Blieb das Ordnen zugeteilt;
Meine Weife, stets lebendig,
Hat noch nie sich übereilt.

Fäden kommen, Fäden weifen,
Jeden lenk' ich seine Bahn,
Keinen laß' ich überschweifen,
Füg' er sich im Kreis heran.

Könnt' ich einmal mich vergessen,
Wär' es um die Welt mir bang;
Stunden zählen, Jahre messen,
Und der Weber nimmt den Strang."
(Faust, Lachesis)

Den Freunden Oprecht
herzlich

Küsnacht, 1.VI.37
Thomas Mann.

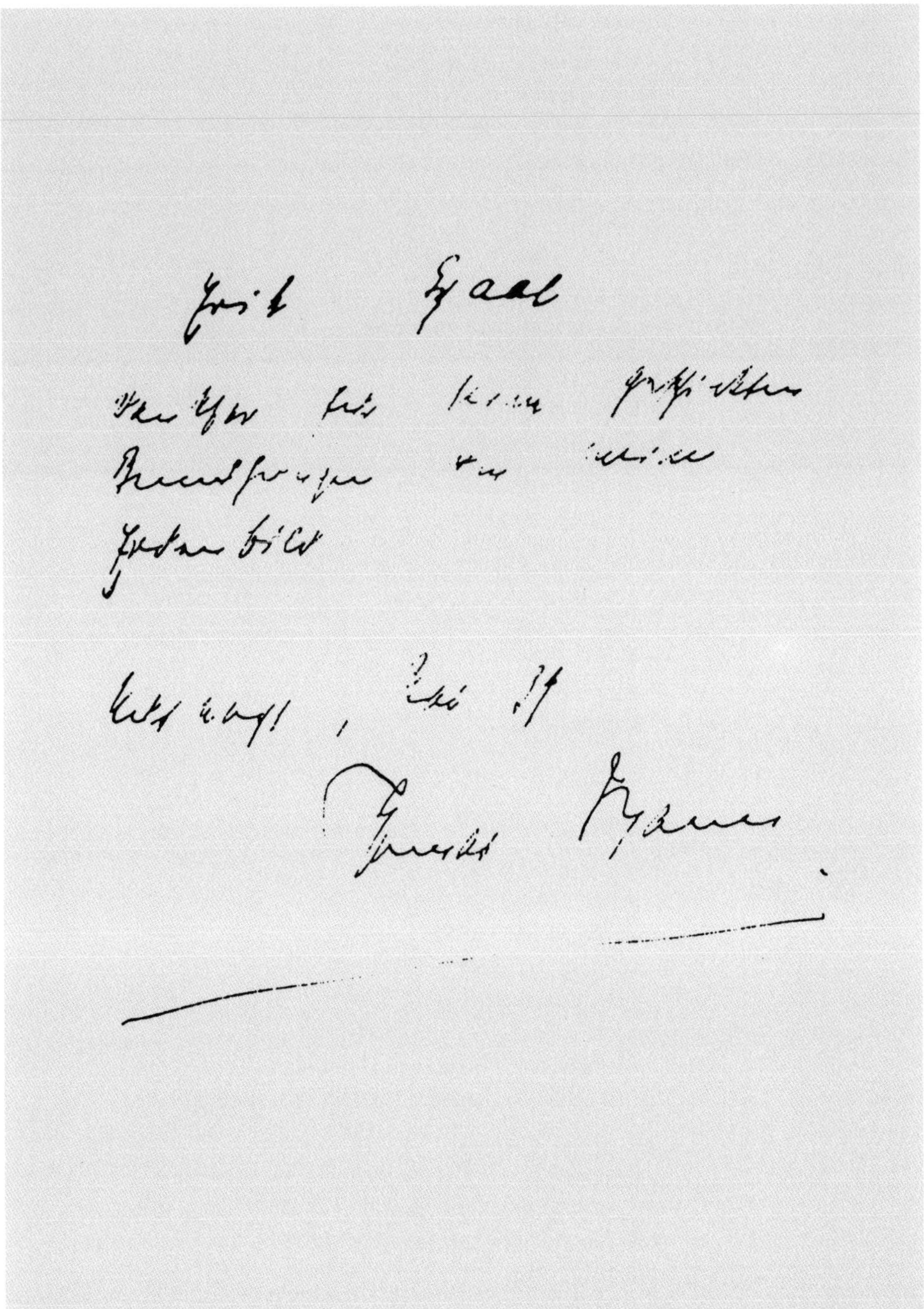

Widmung Nr. 235a

237 *In: Der junge Joseph*

Herrn Georg Motschan
zum freundlichen Gedenken
an seinen Besuch in Küsnacht
am 27. Juli 37

Thomas Mann
10.VIII.37

238 *In: Freud und die Zukunft*

Menno ter Braak.
Mit herzlichem Gruß

Küsnacht 29.VIII.37
Thomas Mann.

239 *In: Dorothy Thompson „To Thomas Mann“*

To Mr. Leonard Amster
with my best wishes.

Küsnacht, 6.IX.1937
Thomas Mann.

240 *In: Joseph in Egypt*

To Dr. John Bakeless
in remembrance of our
meeting in the Bedford

New York 21.II.38
Thomas Mann.

241 *In: Vorwort zu „Mass (Manuskript) und Wert“*

Mrs. Agnes E. Meyer,
der Freundin meiner Arbeit,
widme ich dies Manuskript,
dankbar für meisterhafte
Interpretation.

New York den 21. Febr. 1938
Thomas Mann.

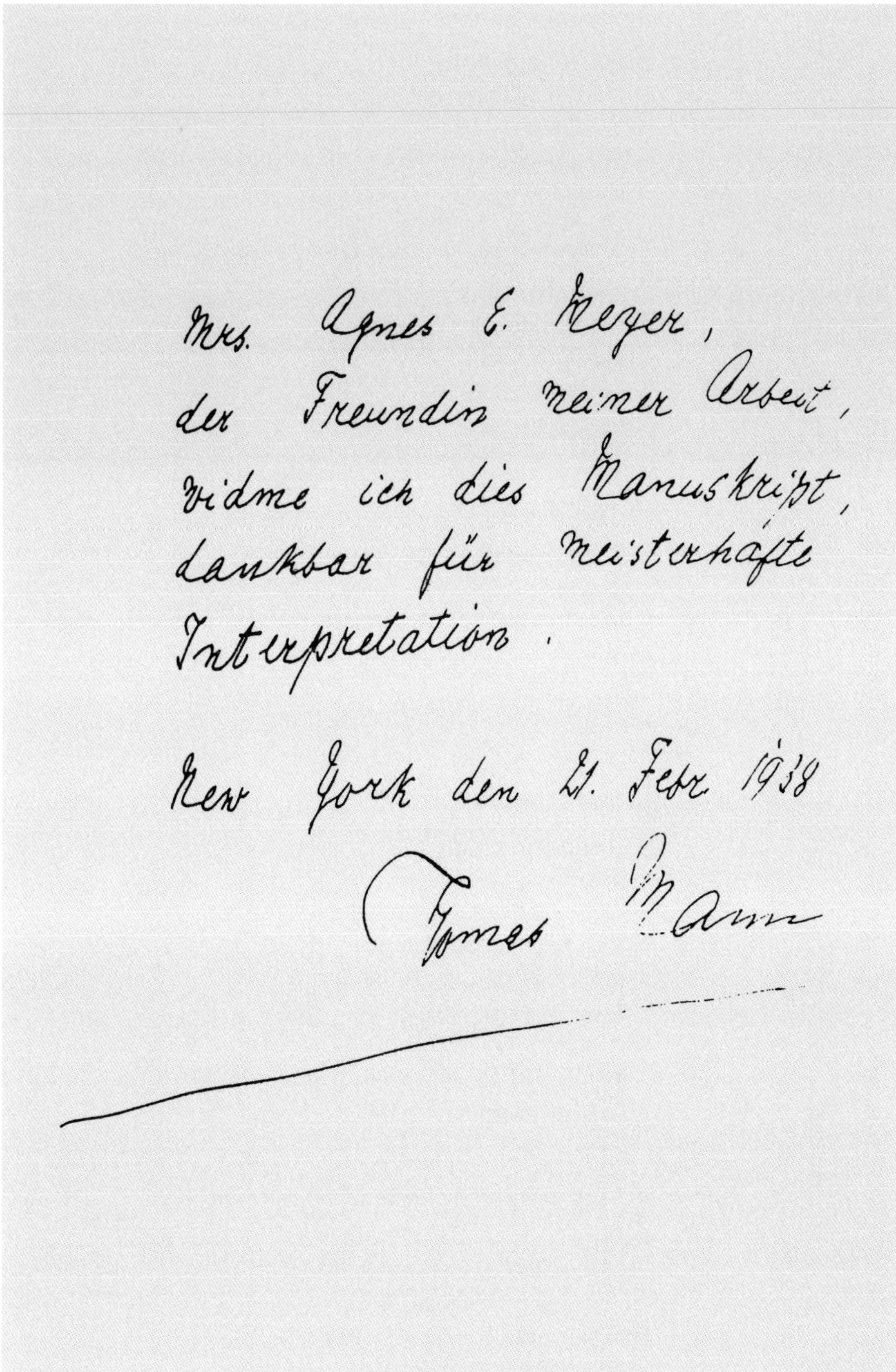
Mrs. Agnes E. Meyer,
der Freundin meiner Arbeit,
widme ich dies Manuskript,
dankbar für meisterhafte
Interpretation.

New York den 21. Febr. 1938

Thomas Mann

Widmung Nr. 241

242 *In: Der Zauberberg*

Herrn Thomas Brown
zum freundlichen Gedenken
New York 23.II.38
Thomas Mann.

243 *In: Bekenntnisse des Hochstaplers Felix Krull*

To Louis Nizer,
dem Freunde der Literatur,
dankbar in ihrem Namen
New York 21.V.1938
Thomas Mann.

244 *In: The Coming Victory of Democracy*

To the inspirator of this lecture
Harold R. Peat
who managed it in such a grand
manner
from
Jamestown 19.VI.38 Thomas Mann

245 *In: Der Zauberberg*

Wilhelm und Charlotte
Dieterle,
schöner, menschlich und künst-
lerisch reicher Stunden in
ihrem californischen Heim
dankbar eingedenk
Küsnacht am Zürichsee
den 22. Juli 1938
Thomas Mann.

246 *In: Vom zukünftigen Sieg der Demokratie*

Ida Herz
zur Herzensstärkung in einer Zeit,
wo es besser ist, in gedrückte
Hoffnung zu blicken statt in die
verzweifelte Wirklichkeit.
Princeton 25.X.38
Thomas Mann.

247 *In: Dieser Friede*

An Franz Beidler
in schweren Tagen
freundschaftlich vertrauend

Princeton 27.XI.38

Thomas Mann.

248 *In: Schopenhauer*

An Heinrich
mit herzlichem Weihnachtsgruß

Princeton N.J. 14.XII.38
T.

249 *In: This Peace*

To Joseph Angell
Christmas gift in a dark time

Princeton 15.XII.38
Thomas Mann.

250 *In: Theodor Fontane*

Serge Koussevitzky
mit herzlichen Weihnachtswünschen

Princeton, 19.XII.38
Thomas Mann.

251 *In: Die schönsten Erzählungen*

Otto Basler
mit herzlichem Weihnachtsgruss

Princeton N.J. 22.XII.1938
Thomas Mann.

252 *In: Dieser Friede*

An Ida Herz
Gabe des Leidens
zu Weihnachten 1938
Thomas Mann.

253 *In: Achtung, Europa!*

Der lieben, verehrten Freundin
Annette

zu Weihnachten 1938
Thomas Mann

„Bleibe bei uns, denn es will
Abend werden, und der Tag
hat sich geneiget."

254 *In: Achtung, Europa!*

An Heinrich
in brüderlicher Verbundenheit

Princeton, Weihnachten 1938
T.

255 *In: Dieser Friede*

An Heinrich
„im sicheren Bunde mit allen Besten"

Princeton N.J. Weihnachten 1938
T.

255a *In: Dieser Friede*

René Schickele,
einem jener Besten, mit denen
man sich in stärkendem Bunde fühlt

Princeton N.J. Weihnachten 1938
Thomas Mann

256 *In: Achtung, Europa!*

Hermann J. Weigand

mit freundschaftlichem Neujahrs-
gruß und der tröstlichen Ver-
sicherung, daß Heitereres in
treulichem Werden, - nur
bedarf's „epischer Zeitverhältnisse".

Princeton 28.XII.38
Thomas Mann.

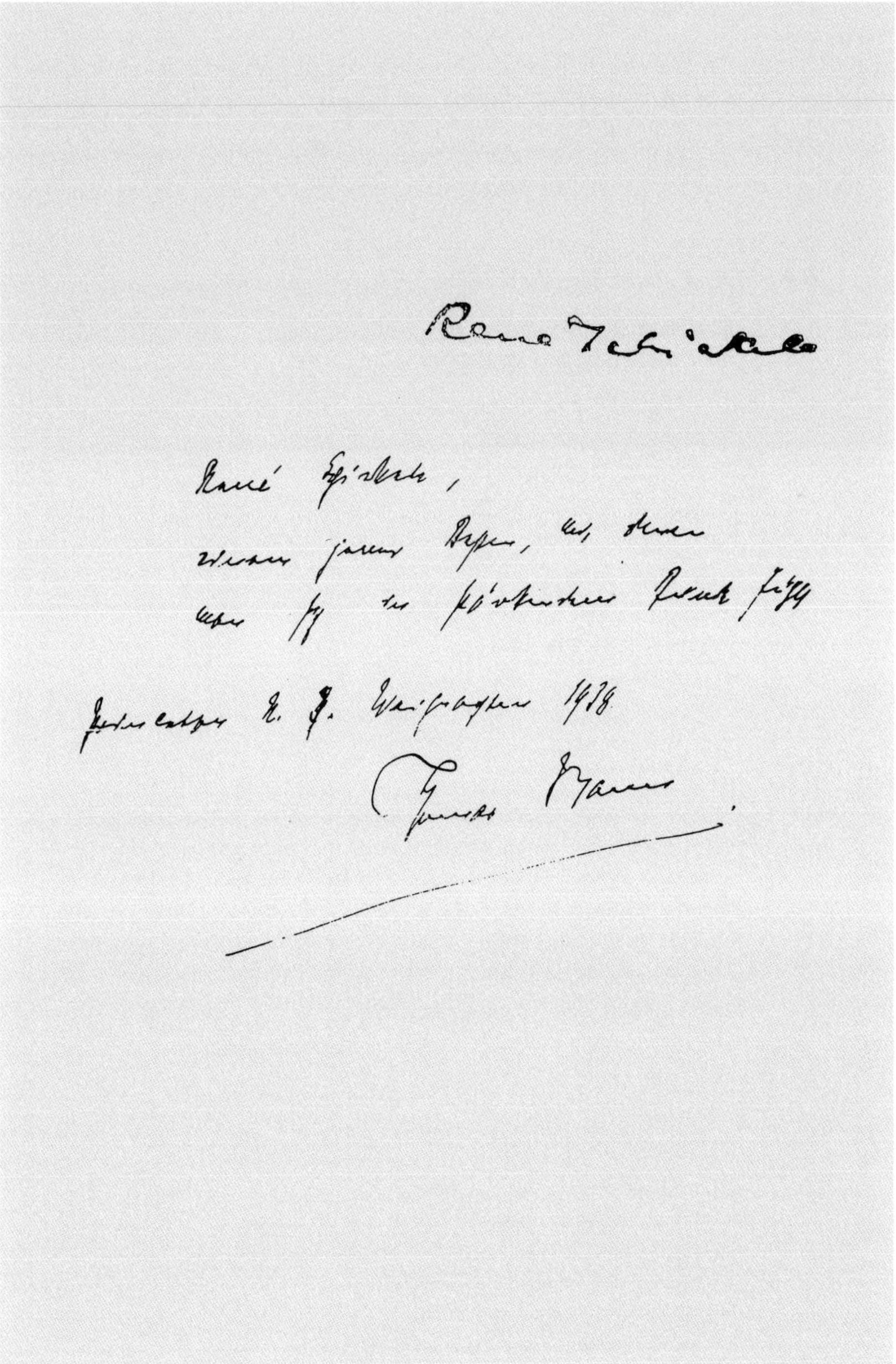

Widmung Nr. 255a

257 *In: This Peace*

To Miss Ida Herz

hoping that she will enjoy
this controlled vitrio
of
Dr. Mann

258 *In: Richard Wagner und der „Ring des Nibelungen"*

Monsieur Roger Commault
avec mes meilleurs souvenirs

Thomas Mann.

Noordwijk a.Z. 25.VI.39

259 *In: Achtung Europa!*

Thomas Mann

Zum Gedenken an den Nach-
mittag des 29. Juli 39
in den Haag.

259a *In einem Poesiealbum*

Nimm in dieses Stammbuch meinen herzlichen Abschiedsgruß, liebe Gabi, über einem Wiedersehen, bei dem ich mich an Deinem und Deiner Geschwister lieblichem Wachstum erfreute. Wachst fröhlich heran, liebe Kinder, in die bessere Welt, die wir als Ergebnis des grausigen Kriegsschreckens erhoffen, wenn das Böse besiegt ist, was auch mich aus der Heimat vertrieb!

Saltsjöbaden, den 7. September 39.

Thomas Mann

260 *In: Gesang vom Kindchen*

Niemals verleugn' ich das Lied
und seien auch holprig die Verse.
Lässig wird wohl die Kunst,
wenn wir das Leben beschenkt
Nimm es denn hin, mein Sohn,
am besten weisst Du's zu lesen!
Dem ich das Kindchen vertraut,
hege sein Loblied denn auch.

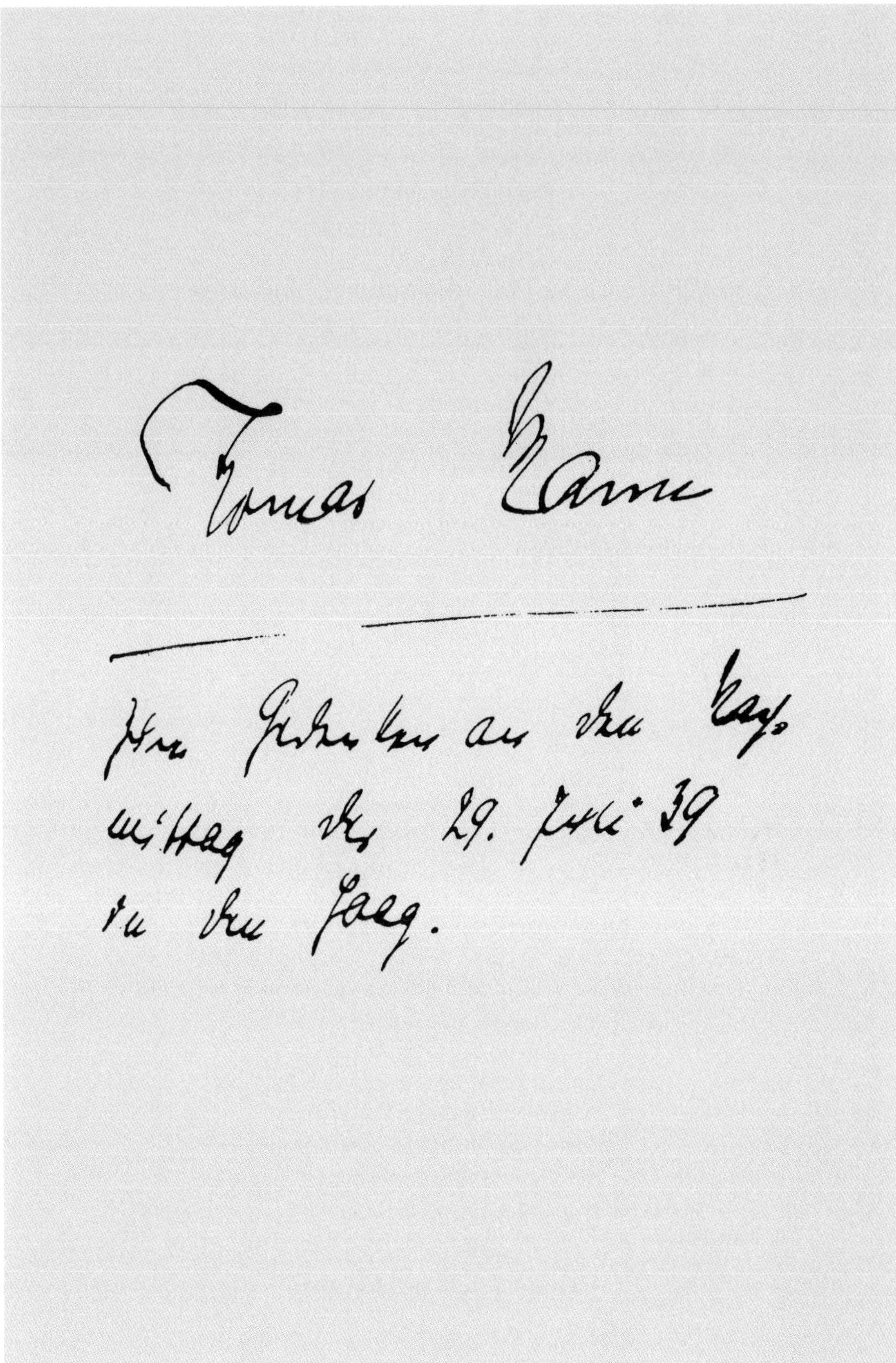

Thomas Mann

Im Gedenken an den Nach-
mittag des 29. Juli 39
in den Haag.

Widmung Nr. 259

261 *In: „A select collection of old plays“*

Dem lieben Kameraden
G.A. Borgese
am Tage seiner Hochzeit
mit Medi
in herzlichem Vertrauen

Princeton den 23. Nov. 1939
Thomas Mann

262 *In: Lotte in Weimar*

Agnes E. Meyer
sei diese vertrauliche Lobpreisung
als Zeichen der Dankbarkeit für
Ihre tiefe, hilfreiche Bemühung
um mein Werk zum Weihnachtsfest 1939 herzlich dargebracht

Princeton 20.XII.39

Thomas Mann

263 *In: Lotte in Weimar*

Seinem Erikind
zu Weihnachten 1939
liebevoll zugeeignet.

Z.

264 *In: Lotte in Weimar*

Angefangen an trautem Ort -
Schrieb in der Fremde daran fort, -
Einmal fehlt' ich, macht's einmal gut, -
Es wurde fertig in Deiner Hut.
Bleibe Du mir auf dieser Erden,
So soll alles fertig werden!

Meinem Katjulein
in Liebe

Princeton, Weihnachten 1939
T.

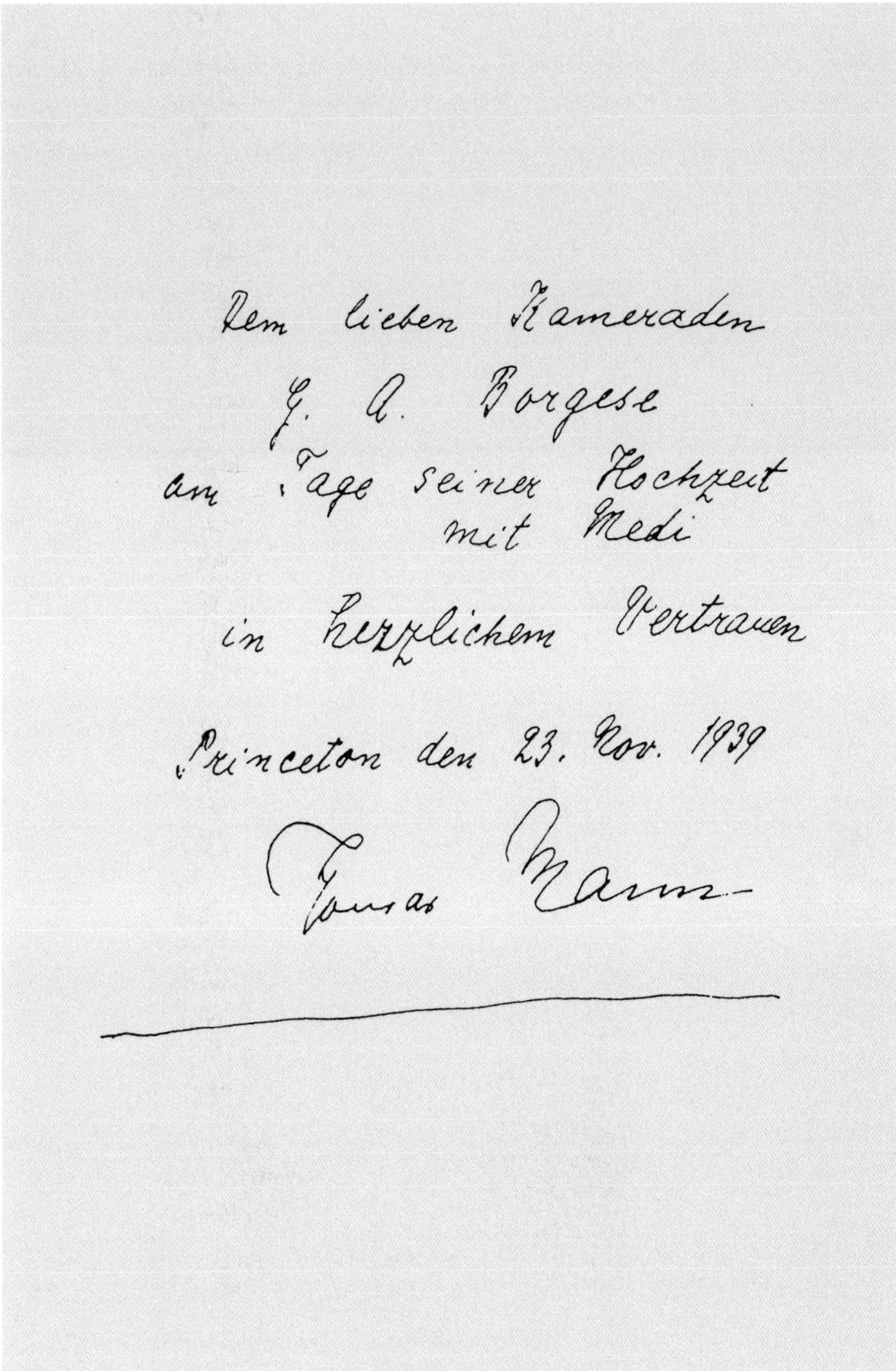
Dem lieben Kameraden
G. A. Borgese
am Tage seiner Hochzeit
mit Medi

in herzlichem Vertrauen

Princeton den 23. Nov. 1939

Thomas Mann

Widmung Nr. 261

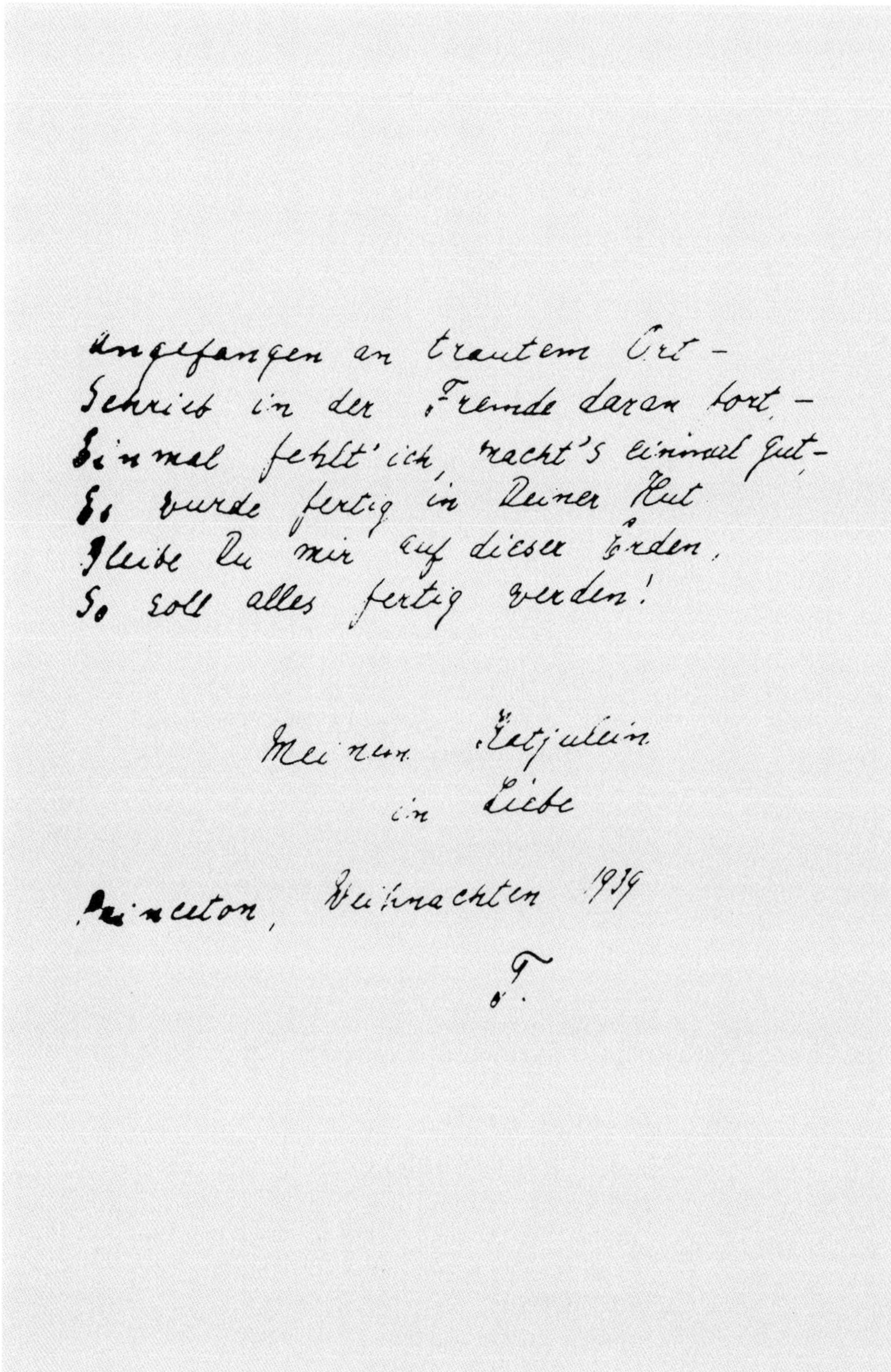

Angefangen an trautem Ort –
Schrieb in der Fremde daran fort. –
Einmal fehlt' ich, macht's einmal gut, –
Es wurde fertig in Deiner Hut.
Bleibe Du mir auf dieser Erden,
So soll alles fertig werden!

Meinem Kätzulein
in Liebe

Princeton, Weihnachten 1939

T.

Widmung Nr. 264

265 *In: Lotte in Weimar*

Joseph Angell

mit herzlichem Weihnachtsgruss,
im Austausch für herrliche
Musik und in der Hoffnung,
er möge ein wenig Musik
auch in diesen Blättern finden

Princeton 26.XII.39

Thomas Mann.

266 *In: Lotte in Weimar*

Curt Rieß,
dem Freunde des Hauses,
zur Jahreswende 1939/40

Princeton 30.XII.39

Thomas Mann.

267 *Zu einem Foto*

Caroline Newton - an einem jener schönen Tage
6/I.40 Thomas Mann

268 *In: Lotte in Weimar*

Unserer lieben, tapferen, lebensvollen Lavinia
in Freundschaft zugeeignet.

Princeton N.J.
2. März 1940
Thomas Mann.

269 *In: Lotte in Weimar*

„Uns ist für garnichts bang - „

Ida Herz
mit der Aufgabe, die Druckfehler, 18 an der Zahl,
von denen dies schöne Werk entstellt ist, selbst
zu verbessern.

Princeton den 3. März 1940
freundschaftlich
Thomas Mann.

270 *In: Lotte in Weimar*

Den lieben Liefmanns beim Wiedersehen.
Princeton am 15.III.1940

freundschaftlich
Thomas Mann.

271 *In: Royal Highness*

To Alfred A. Knopf,
great publisher and splendig
week-end host

Purchase May 12. - 40

Thomas Mann.

272 *In: The Living Thoughts of Schopenhauer*

To Alfred A. Knopf
in remembrance of a charming
week-end

Purchase May 12. - 1940

Thomas Mann.

273 *In: The Beloved Returns*

„But women are women, and all
of us, when need must, enter
into the man and his song ..."

To Agnes E. Meyer
deeply grateful for her heroic
entering

Brentwood, August 8. - 1940
Thomas Mann.

274 *In: The Beloved Returns*

To my friend Joseph Angell
happy, that he likes this book
and delighted to have met him
again

Brentwood, Aug. 29. - 1940
Thomas Mann.

275 *In: Die schönsten Erzählungen*

Mit Vergnügen sehe ich dieses
Buch in den Händen

Conny Katzenellenbogens,

des jungen Freundes vom Hause.

Brentwood den 31. Aug. 1940
Thomas Mann.

276 *In: The Beloved Returns*

To the happy young couple
Virginia and Konny
with warmest wishes

Brentwood Sept. 6. - 1940

Thomas Mann.

277 *In: Lotte in Weimar*

An Ernst Gottlieb
einem Stück München in Californien
mit herzlichen Grüßen

Brentwood 15.IX.1940
Thomas Mann.

278 *In: Lotte in Weimar*

Frau Wicky Baum
mit herzlichem Weihnachtsgruß

Princeton den 12.XII.1940
Thomas Mann.

279 *In: Die vertauschten Köpfe*

Für Heinrich und Nelly
eine kleine Unterhaltung

Princeton 9. Jan. 41
T.

280 *In: War and Democracy*

To Franklin D. Roosevelt
President of the United States
and of a coming better world

as a modest sign of deep
admiration

Washington, White House
Jan. 14. - 1941

Thomas Mann.

281 *In: Die vertauschten Köpfe*

An Erich von Kahler,

der so freundlich an der Entstehung
dieser Geschichte teilnahm,

Princeton 28. Jan. 1941
Thomas Mann

282 *In: Die vertauschten Köpfe*

Bibi und Gret,
dem Ehepaar,
zur Unterhaltung und
Belehrung

Princeton 29. Jan. 1941

von Fredolins Grandpa.

283 *In: Die vertauschten Köpfe*

An Bruno und Else Walter
recht herzlich,
nur so zwischenein

Princeton 29. Jan. 1941.

Thomas Mann.

284 *In: Die vertauschten Köpfe*

Für Karl Kerényi
eine kleine Unterhaltung

Princeton 12. Febr. 1941

Thomas Mann.

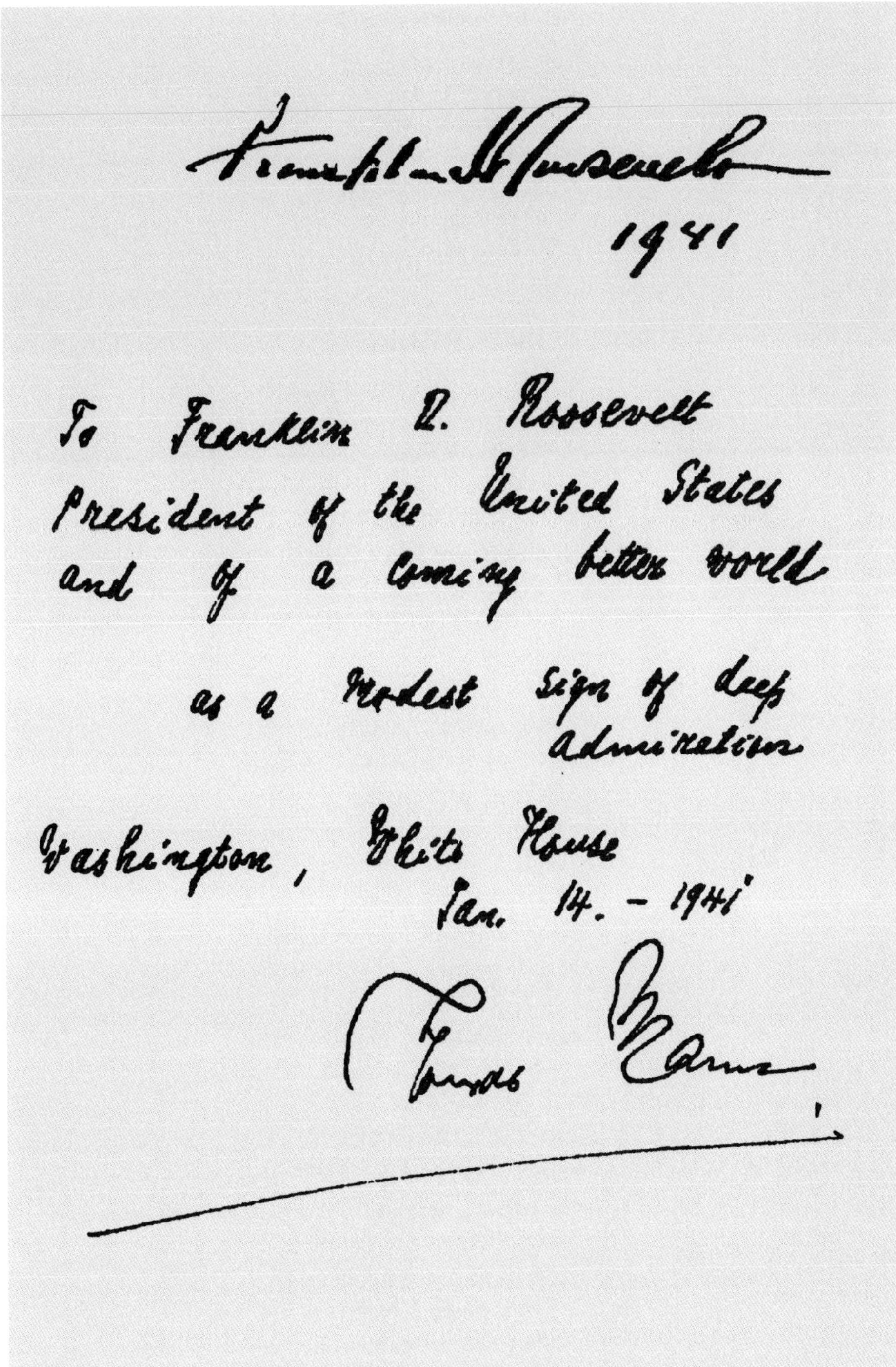
Franklin D Roosevelt
1941

To Franklin D. Roosevelt
President of the United States
and of a coming better world

as a modest sign of deep
admiration

Washington, White House
Jan. 14. – 1941

Thomas Mann

Widmung Nr. 280

285 *In: The Beloved Returns*

To George Seufert
the helpful collaborator of my son
and to Mrs. Seufert
with the warmest wishes
for their wedding-day
Princeton, March 5th, 1941
Thomas Mann.

286 *In: The Beloved Returns*

To Blanche and Alfred Knopf
grateful for this splendig edition
of „Lotte"
as a farewell in the moment
of departure

New York 18. März 1941

Thomas Mann.

287 *In: The Transposed Heads*

To HEINRICH ZIMMER,
THE GREAT INDIAN SCHOLAR,
Returned with thanks

288 *In: The Transposed Heads*

To Mr. and Mrs. Joseph Angell
in remembrance of a lovely day
in Claremont

Pacific Palisades, June 1. - 1941
Thomas Mann.

289 *In: Die vertauschten Köpfe*

Für Ludwig Marcuse
eine kleine Unterhaltung

Pacif. Palisades 14. Juni 1941
Thomas Mann.

290 *In: The Beloved Returns*

„This much at least I insist upon: to
have my say and sing my praises
with a difference, not in the same key
as all the unfamiliar throng."

To my friend and publisher
Alfred Knopf

New York 16.XI.1941
Thomas Mann.

291 *In: The Beloved Returns*

To my dear collegue
Robert Nathan
this book on a great collegue of ours
as a modest birthday-gift

Pacif. Palisades Thomas Mann.
January 25

292 *Zu einem Foto*

Seinem lieben
Alfred Neumann
nach einer schönen Vorlesung,
neugierig auf mehr -

21. März 1942
Thomas Mann.

293 *In einem Gästebuch*

Ernst Gottlieb,
der einen schmerzlos zu verewigen weiß -
was man selbst nicht konnte

Pacif. Palisades, 30. April 1942
Thomas Mann.

294 *In: Dieser Friede*

Dem lieben Schnürchen
Gret
von Fredo's Opapa

Pacif. Palisades 15. Juni 42

295 *In: Lotte in Weimar*

Frau Estella Katzenellenbogen
in herzlicher Verehrung und
Sympathie

Pacif. Palisades 26. Aug. 1942

Thomas Mann.

296 *In: Order of the Day*

To Heinrich
with brotherly love
(These are for the most part Olle Kamellen. I humbly recommend the Preface, Europe Beware, A Brother and Niemöller.)

Pacif. Palisades
Oct. 18. - 1942
T.

297 *In: Deutsche Hörer*

Agnes Meyer,
der hochsinnigen Frau
und Freundin,
einig mit ihr in Hoffnung
und Sorge

New York den 3. Dezember 1942
Thomas Mann.

298 *In: Thamar*

Felix Guggenheim, meinem neuen
deutschen Verleger,
herzlich zugeeignet

Pacif. Palisades 17.XII.1942
Thomas Mann.

299 *In: Listen, Germany!*

To Konni
who must have everything
especially this little book which owes to him
his splendid english shape

Pacif. Palisades Dec. 22. - 1942

Thomas Mann

300 *In: Listen, Germany!*

To Antonio and his good
little wife,
that they listen too

Christmas 1942

Mr. Papale

301 *In: Thamar*

Für Konni
diese rührende Rarität
zu Weihnachten 1942

Thomas Mann.

302 *In: The Theme of the Joseph Novels*

Erich v. Kahler
dem Freunde, fern und stumm,
in ebenfalls stummer Treue

Thomas Mann

303 *In: The Theme of the Joseph Novels*

An Jonas Lesser
freundlichst grüßend

Thomas Mann.

303a *In: The Theme of the Joseph Novels*

Dem Freunde Alfred Neumann
und seiner Kitty

P.P. 30.I.43 von
Thomas Mann

304 *Zu einem Foto*

Konrad Katzenellenbogen
dankbar für seine Hilfe

Thomas Mann.

305 *In: Deutsche Hörer! (30) (Manuskript)*

This text of one of my broadcasts to Germany
I dedicate to the War Bond Drive by the
We Fight Back Organization on April 3rd 1943

Thomas Mann

306 *In: Der Zauberberg*

George Marek

bestens zugeeignet

Thomas Mann

1.V.1943

307 *In: Joseph and His Brothers*

To John Eastman jr.
friend of literature
with my warmest greetings

Pacif. Palisades, Calif.
May 7, 1943

Thomas Mann .

308 *In: Buddenbrooks*

To John Eastman
a good reader
from
Thomas Mann.

309 *In: The Magic Mountain*

To John Eastman jr.
a faithful friend of my work

Pacif. Palisades
May 17, 43

Thomas Mann.

310 *In: Stories of Three Decades*

To John Eastman jr.
with sincere wishes for his
happiness
from
Thomas Mann.

311 *In: The Beloved Returns*

To John Eastman jr.
who deserves such a fine edition

Pacif. Palis. Calif.
May 17, 1943

Thomas Mann.

312 *In: Der Zauberberg*

Alfred Neumann
eines schönen Abends

Pacif. Palisades
20.VIII.43
Thomas Mann.

313 *In: Der Zauberberg*

Arnold Schönberg,
dem kühnen Meister,
zum 13. September 1943

von Einem, der auch
Musik zu bauen versucht.

Thomas Mann.

314 *In: The Magic Mountain*

Thomas Mann

Deeply grateful for the generous
hospitality of this house
Kansas City, Dec. 2. - 1943

315 *In: Thou Shalt Have No Other Gods Before Me*

To my young friend and most
receptive reader
John Eastman
with cordial wishes

Pacif. Palisades
Jan. 5, 1944

Thomas Mann.

316 *In: Buddenbrooks*

„Der Genius .... hatte ihn angetrieben, in vermögender Jugendzeit das Nächstvergangene festzuhalten, zu schildern und kühn genug zur günstigen Stunde öffentlich aufzustellen."
(Dichtung und Wahrheit)

An Franz Werfel,
weil er in zarten, kranken
Tagen Wohlgefallen daran hatte.

Pacif. Palisades
23. Jan. 1944

Thomas Mann.

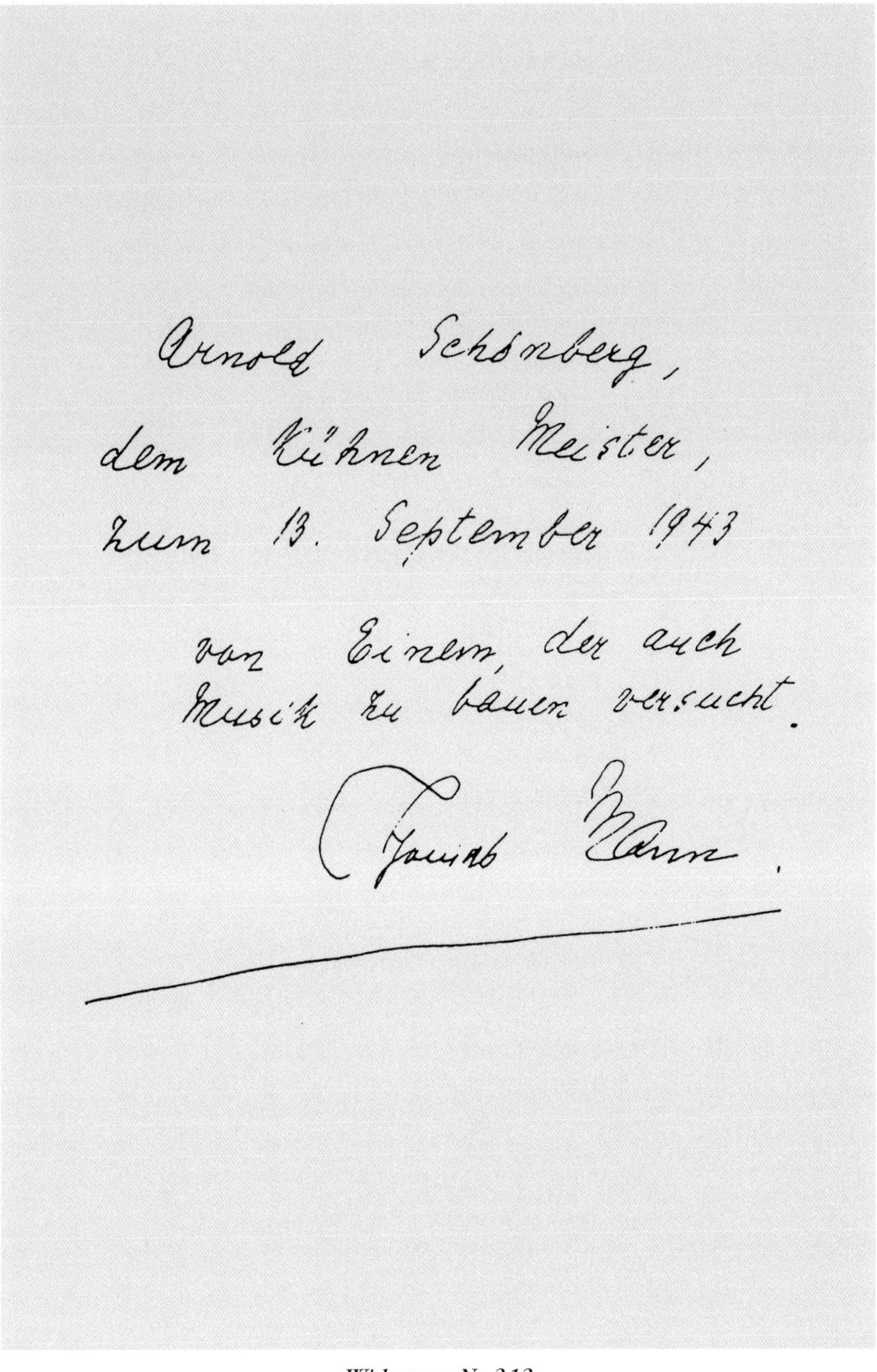
Arnold Schönberg,
dem kühnen Meister,
zum 13. September 1943

von Einem, der auch
Musik zu bauen versucht.

Thomas Mann.

Widmung Nr. 313

316a *In: Die Sendung der Musik (Manuskript)*

An Bruno Walter
zu seinem Fest
von seinem alten
Thomas Mann

317 *In: Vom Buch der Bücher und Joseph (Manuskript)*

This manuscript I dedicate to my young
friend John Eastman

Pacif. Palisades, May 9. - 1944
Thomas Mann.

318 *In: Die Geschichten Jaakobs*

Ernst Gottlieb,
dem freundlichen Gratulanten,
am 6. Juni 1944

Thomas Mann.

319 *In: Joseph, the Provider*

To my young friend
Jack Eastman
hoping that he will enjoy
these serious jests

Pacif. Palisades
June 26, 1944

Thomas Mann.

320 *Zu einem Foto*

Ernst Gottlieb
dieses beste je von
mir gemachte Bild

Pacific Palisades 18.VII.1944
Thomas Mann.

321 *In: Joseph, der Ernährer*

Meinem Bruder Heinrich
dies Spiel in Worten
für Stunden der Rast

Pacific Palisades 30. Juli 44
T.

322 *In einem Gästebuch*

Das war ein reicher, wunderschöner Abend.
Glücklicher und dankbarer bin ich selten
aus einer Gesellschaft geschieden.

31.VII.44
Thomas Mann.

323 *In: Joseph, der Ernährer*

Dem lieben Freunde
Erich von Kahler
dies Spiel in Worten

von seinem

Pacif. Palisades Thomas Mann
1. Aug. 1944

324 *In: Joseph, der Ernährer*

Klaus, dem soldier-boy, der es
auch wohl kann auf dem Saitenspiel mit Schalle

herzlich von seinem
Old Magician

Pacif. Palisades, 1. Aug. 1944

(viele, viele dumm-dumme kleine
Druckfehler)

325 *In: Joseph, der Ernährer*

Frau Hilde Kahn

dankbar für ihre Hilfe,
noch nicht hierbei, aber dann!

Pacif. Palisades
2. Aug. 1944 Thomas Mann.

326 *In: Joseph, der Ernährer*

Agnes Meyer,
dieser bewundernswerten Frau,
stolz auf ihre Freundschaft,
ihr dankbar immerdar
Pacif. Palisades
4. Aug. 1944 Thomas Mann.

327 *In: Joseph the Provider*

Joseph, the Provider
for Joseph Angell
soldier and poet
Pacif. Palisades,
Aug. 18. 44
Thomas Mann

328 *In: Joseph, der Ernährer*

Bruno Walter,
der dies dirigieren sollte,
herzlich zugeeignet
Pacif. Palisades Thomas Mann
23. Aug. 1944

329 *In: Deutsche Hörer*

An Bernard Guillemin
- man tat was man konnte
Pacif. Palisades 30. Oktober 1944
Thomas Mann

330 *In: The Bible*

I think this is the complete
englisch version of the manuscript
you possess. Obviously the editor
couldn't bring himself to cut it.
Thomas Mann.

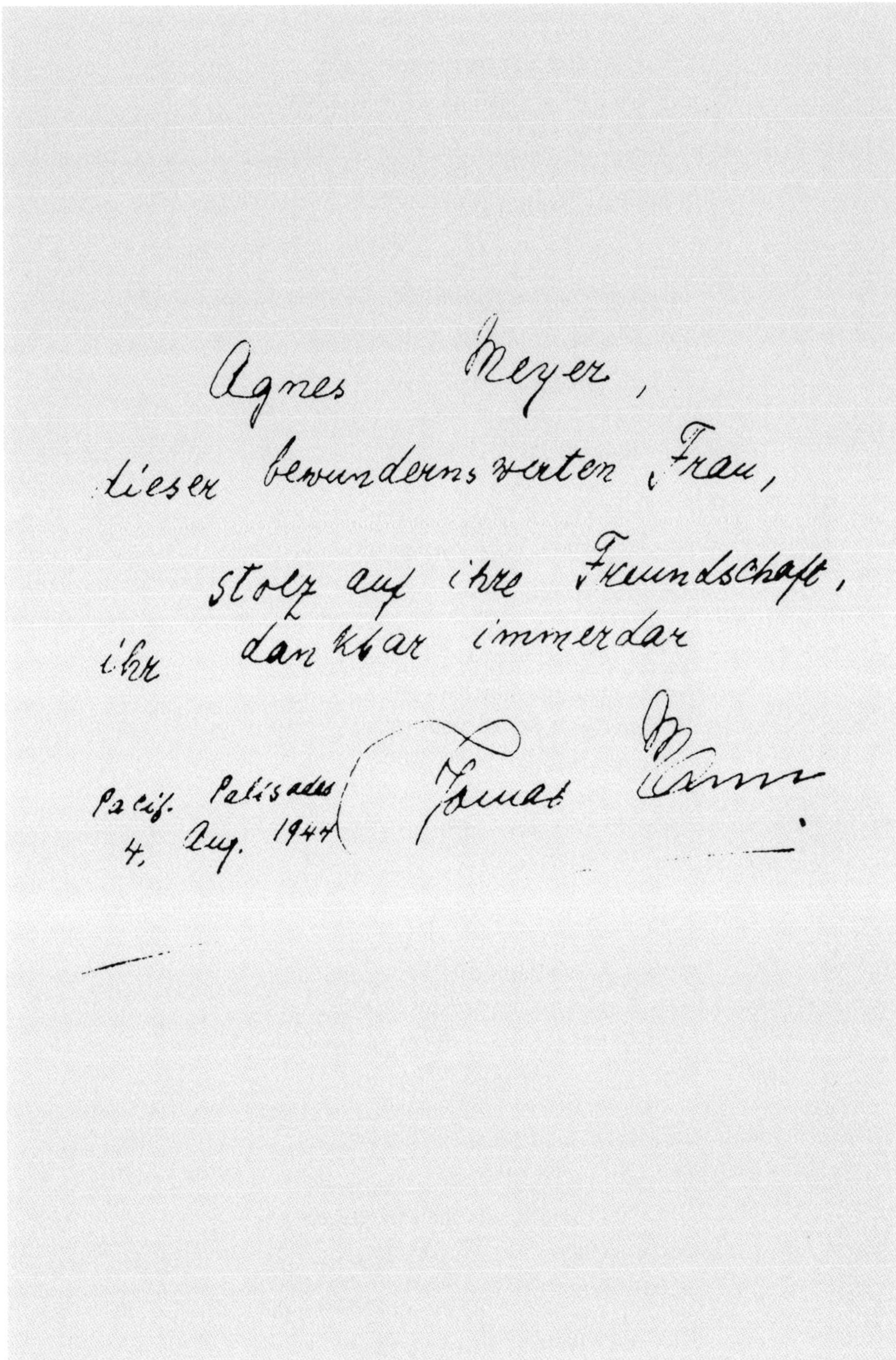
Agnes Meyer,
dieser bewundernswerten Frau,
stolz auf ihre Freundschaft,
ihr dankbar immerdar
Thomas Mann.
Pacif. Palisades
4. Aug. 1944

Widmung Nr. 326

331 *In: Richard Wagner and the Ring of the Nibelungen*

Even today this seems to me a nice
analysis and apology.

To Jack Eastman
Nov. 18, 44

Thomas Mann.

332 *In: Joseph Gerard Brennan „Thomas Mann's World"*

„Possible que j'ai eu tant d'esprit?!"

To Jack Eastman
18.XI.44

Thomas Mann.

333 *In: Das Gesetz*

An Ernst Gottlieb,

in dem glücklichen Augenblick,
als ich alle Exemplare signiert hatte,
herzlich zugeeignet, dankbar für seine
Betreuung dieses Buches.

Thomas Mann.

334 *In: Das Gesetz*

An Felix Guggenheim!

Wenn wir zwei uns zusammentun,
so muss es ja was Rechtes werden!

Pacific Palisades,
5. Dez. 1944 Thomas Mann.

335 *In: Joseph, der Ernährer*

Ida Herz, der langjährigen Gönnerin,
mit herzlichen Weihnachtsgrüssen

Pacif. Palisades
5. Dez. 1944

Thomas Mann.

336 *In: Das Gesetz*

Meinem lieben und verehrten Bruder Heinrich
zu Weihnachten 1944
T.

337 *In: Lotte in Weimar*

Dies ist ein ausserordentlich
deutsches Buch, darf aber in
Deutschland nicht gelesen werden.
Dass ein junger Amerikaner mit-
ten im Kriege mit einem furcht-
bar gewordenen Deutschland nach
der deutschen Ausgabe von „Lotte
in Weimar" verlangt ist ein
schönes Zeichen geistiger Freiheit.

An Jack Eastman
Pacif. Palisades
Neujahr 1945
Thomas Mann.

338 *In: Das Gesetz*

Frau Katzi, Estella,
unserer Freundin,
herzlich

Pacif. Palisades Thomas Mann.
31. Jan. 45

339 *In: Das Gesetz*

An Tutti,
die ich auf den Knieen wiegte,
herzlichst

Thomas Mann.

340 *In: Unordnung und frühes Leid*

An Barthold Fles
bei einer angenehmen
Wiederbegegnung
New York 8. Juni 1945

Thomas Mann.

341 *In: The Tables of the Law*

To Paul Rand

this book to which he gave
such a wonderful shape

N.Y. 11. June 1945
Thomas Mann.

342 *In: Joseph, der Ernährer*

Herrn O.E. Naegel
dankbar für seine Gast-
freundschaft im St. Regis
mit den besten Wünschen

New York 26. Juni 1945
Thomas Mann.

343 *In einem Gästebuch*

Ein herrlicher Abend
("O holde Kunst, ich danke dir dafür")

31.VII.1945
Thomas Mann.

344 *In: Das Gesetz*

Hilde Kahn

dankbar für ihre treue, intelligente
Hilfe

Pacif. Palisades
20. Aug. 1945 Thomas Mann.

345 *In: The Tables of the Law*

To my young friend and faithful
reader.

John Eastman jr.

who will recognize behind the jokes
and jests of this story its hidden
seriousness whose aim is the defence
of human civilization.

Pacif. Palisades, Calif.
Dec. 8, 1945

Thomas Mann.

346 *In: The Short Novels of Dostoevsky*

To Jack Eastman
with heartiest greetings
from Fjodor and Thomas

Pacif. Palisades
29. Jan. 1946

347 *In: Leiden an Deutschland*

Dear young friend,
I am glad to inscribe for you this
small book that contains a piece
of personal history and that shows
how mother Germania is wont to trouble
her sons. - This is not a book meant
for a large public but for a circle of
friends which includes
Jack Eastman

Pacific Palisades, Calif.
24 July 1946

Thomas Mann.

348 *In: Leiden an Deutschland*

An Ernst Gottlieb

der viel Verantwortung für das Erscheinen dieses überflüssigen Buches trägt

Thomas Mann.

349 *In: Leiden an Deutschland*

An Felix Guggenheim
sein dankbarer Autor

4.IX.1946 Thomas Mann

350 *In: Novellen*

So schön gebunden besass ich alle meine Bücher. 1933 sind sie buchstäblich zum Teufel gegangen. Das Wiedersehen mit dem blauen Leder hat mich gefreut. Und Ihnen gönne ich den Besitz, guter Jack!

Pacif. Palisades, Calif.
den 22. Sept. 1946

Thomas Mann.

Jack Eastman
Zugeeignet
von
Thomas Mann.

351 *In: Die Geschichten Jaakobs*

Jack Eastman
dem getreuen Leser und findigen Sammler, der diese raren Ausgaben aufzutreiben wusste

Pacif. Palisades
22. Sept. 1946

Thomas Mann.

352 *In: Der junge Joseph*

Undoubtedly, it has more melody than
any translation. Either you should
learn German or I should learn to write English!

To Jack Eastman

Thomas Mann.

353 *In: Die vertauschten Köpfe*

Dr. Heinz Stroh

ein eigenhändig korrigiertes Exemplar
dieser liederlichen Ausgabe

nach Deutschland
mit besten Grüssen

Pacific Palisades, Calif.
3. November 1946
Thomas Mann.

354 *In: Adel des Geistes*

To Jack Eastman

with all my best Christmas wishes!
These essays will appear in English
very soon and I shall sign them
for you, young friend and collector,
as well.

Pacif. Palisades, Calif.
Dec. 18, 1946
Thomas Mann.

355 *In: Der junge Joseph*

Für Sonny
zu Weihnachten 1946
von seinem Onkel
Thomas Mann.

356 *In: Bemühungen*

To Jack Eastman,
the insatiable collector of
T.M. editions
with sincere respect for his stubbornness

P.P. Febr. 16, 47
Thomas Mann.

357 *In: Bekenntnisse des Hochstaplers Felix Krull*

To Jack Eastman

This is a little more than the
story which you may read in
the volume „Stories of Three Decades."

Pacif. Palisades
Febr. 16, 1947

Thomas Mann.

358 *In: Die vertauschten Köpfe*

To Miss Edda Hörz

(handschriftlich korrigiertes Exemplar,
sehr selten. Kuriosum!)

Überreicht vom Verfasser
London, 18. Mai 47 T.M.

359 *In: A Sketch of My Life*

To Roger Senhouse
very glad to have made his
acquaintance

London May 19. 1947

Thomas Mann.

359a *In: Der Zauberberg*

Frau Greta Braunsberg

Zum Gedenken an
Flims, Juni / Juli 1947

Thomas Mann

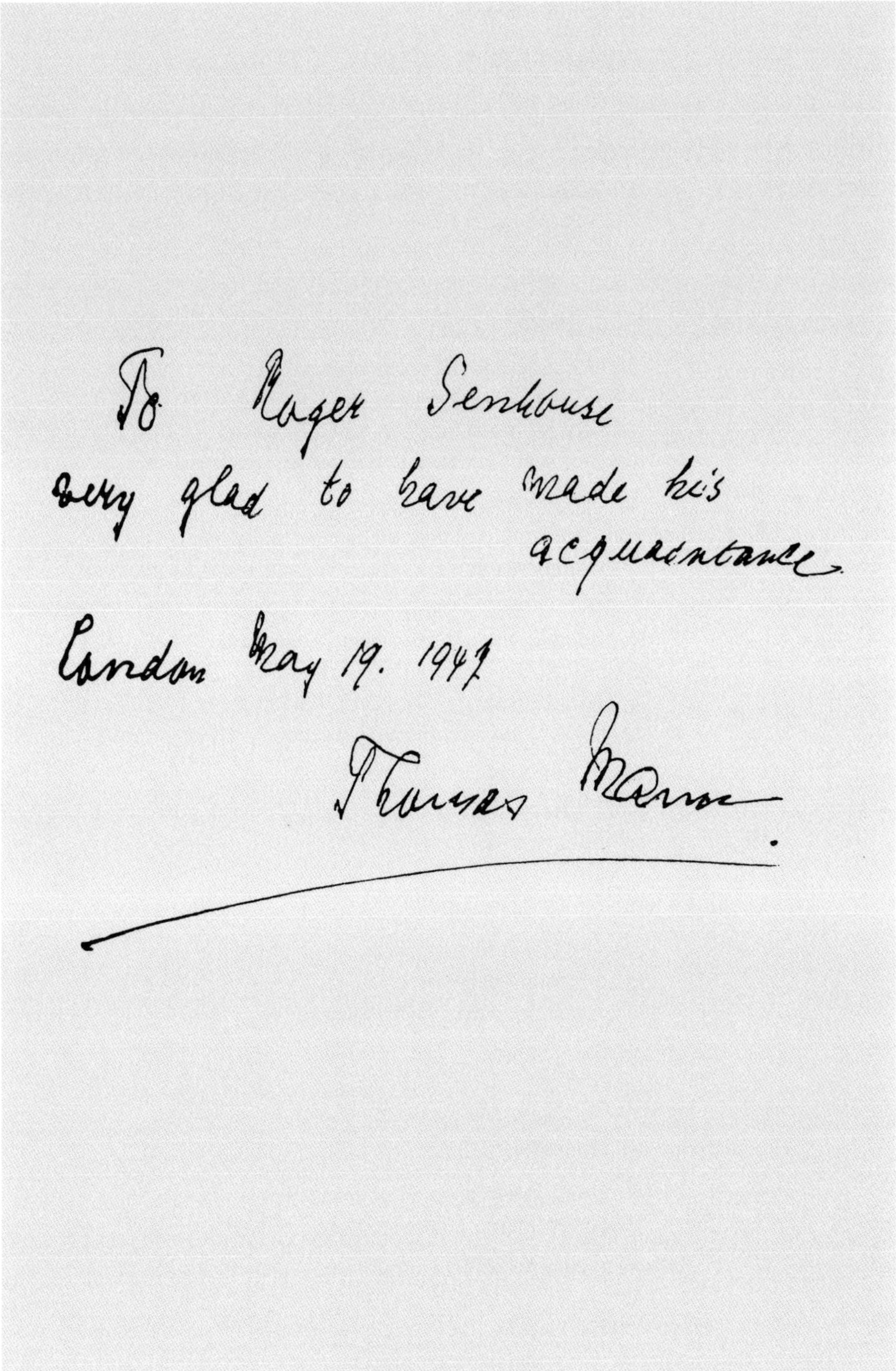

To Roger Senhouse
very glad to have made his
acquaintance.

London May 19. 1947

Thomas Mann

Widmung Nr. 359

360 *In: Buddenbrooks*

Siegmund Pollag

„ein altes Buch, vom Ahn vermacht“.
Zum Gedenken an meinen Besuch
in seiner herrlichen Bibliothek

7. August 1947
Thomas Mann.

361 *In: Bilse und ich*

Die polemische Ader war immer da,
schlug immer, war immer mit im Spiel.
Ich schäme mich nicht ihrer Reizbarkeit,
denn es war Dummheit, die sie springen macht.

An Dr. S.Pollag.

362 *In: Zwei Festreden*

Ein bürgerliches Menschentum, das sich
im Überklassenmäßig-Künstlerischen
ironisch bewährt, ist unfähig der Renitenz
gegen das sich verjüngende Leben.

An Dr. S. Pollag
Thomas Mann

363 *In: Ein Briefwechsel*

Ist weit herumgekommen,
in alle möglichen Sprachen
übersetzt, kam auch vom Herzen.

An Dr. S. Pollag.

364 *In: Deutsche Hörer!*

Buch des Zornes

7. August 1947
Thomas Mann

365 *In einem Gästebuch*

Ich bin damals, im Jahre 1938, ungern von der Schweiz geschieden. Ich wäre gern in diesem schönen, mir lieben Lande geblieben und vielleicht mit der Zeit sein Bürger geworden. Aber ohne die auch mir heilige Neutralität der Schweiz zu verletzen, hätte ich hier so frei und kämpferisch nicht reden können gegen die Verführer Deutschlands, wie es mir in dem weiten Amerika dort drüben möglich war.
Das soll wahrhaftig nicht heissen, dass nicht die Schweiz in der moralischen Prüfung, die damals aller Welt auferlegt war, ihren Mann gestanden hätte wie irgendeiner. Die Schweiz hat selbstverständlich während des Krieges ökonomische und politische Zugeständnisse machen müssen, aber kulturell hat sie sich immer reichlich schadlos dafür gehalten, und es gab keine Presse in der neutralen Welt, die eine so freie und unabhängige Sprache geführt hätte wie die schweizerische, und besonders kein Theater, das Tyrannei so kühn und unverängstigt die Stirn geboten hätte wie dasjenige, in dem ich heute zu sprechen die Ehre habe: das Zürcher Schauspielhaus. Lassen Sie uns hoffen, meine Herren und Damen, dass dieser gute Geist diesem Hause erhalten bleiben möge.

Thomas Mann.

366 *In: Doktor Faustus*

Dem alten Freunde Reisi
dies Lebensbuch u. öffentliche
Geheimwerk, worin, was vom
Unmenschen auch in mir ist,
schonungslos zu Tage kommt.
Sonst siehe den Brief vom Schiff.
Und sonst das Herzlichste.

Thomas Mann.

367 *In: Essays of Three Decades*

An Richard Schweizer,

dem hilfreichen jungen Freund,
mit herzlichen Wünschen, in
der Hoffnung auf baldiges
Wiedersehen

New York 10. Sept. 1947
Thomas Mann

368 *Auf einem Widmungsblatt*

Zum freundlichen Gedenken
an unsere Begegnung in
Holland.

20.IX.1947
Thomas Mann.

369 *In: Doktor Faustus*

You are quite a frivolous prodigal, my
dear Jacky, to spend so much money
for this cross-breed of a book and of
a manuscript which you even can not read.
But I like this sort of squandering, I find
it very moving and am sincerely proud
of it. Thank you for your faithfulness!

To Jack Eastman

Pacif. Palisades, Calif.
Nov. 6, 1947
Thomas Mann.

370 *In: Doktor Faustus*

Erich Kahler,
dem längst schon Eingeweihten,
in Freundschaft

Pacif. Palisades Thomas Mann.
15. Nov. 1947

371 *In: Doktor Faustus*

Agnes E. Meyer
in dankbarer Verehrung und
Freundschaft dargebracht.

Pacific Palisades 3. Dezember 1947
Thomas Mann.

372 *In: Pfitzners Palestrina*

Very rare!
I wouldn't write it today, but
it's well written.

To Jack Eastman,
great collector

Thomas Mann
7 Dec. 1947

373 *In: A Man and His Dog*

To Jack Eastman
who indefatigably finds out
more books to be signed
with kindest personal regards

Thomas Mann.

374 *In: Joseph, der Ernährer*

This is the gayest volume of the
four, gayer in German than in
English, though English is gayer
than German.

To Jack Eastman

P.P. Dec. 7, 1947
Thomas Mann.

375 *In: Israel Stands Before Pharaoh*

This is a nice little scene, even separated from
the whole.

To Jack Eastman
Thomas Mann.

376 *In: What is German?*

A very fragmentary answer
to the question!

Thomas Mann.

(Bad writing paper).

377 *In: In My Defense*

Once for all and never again!
To Jack Eastman
Thomas Mann.

378 *In: Das Gesetz*

The jokes of a poet are more serious than the gravity of a philistine.
To Jack Eastman
Thomas Mann.

379 *In: The End*

To Jack Eastman
who wants to have this melancholy piece too in his collection.
Thomas Mann.

380 *In: Germany and the Germans*

To Jack Eastman - with my regrets, that these poor inscriptions for the time being must take the place of letters. I am too pressed to write.
Thomas Mann.

381 *In: From: Diaries (1933-1934)*

To Jack Eastman
these notes de profundis
Thomas Mann.

382 *In: Doktor Faustus*

To Jack Eastman
cordially
(amplification of this dedication
follows in the English edition)
P.P. 7.XII.47
Thomas Mann.

383 *In: Harry Slochower „Mann's Latest Novels"*

To Jack Eastman
who is interested not only in what I write, but also in
things intelligent people write on me.

T.M.

384 *In: Harry Slochower „Thomas Mann"*

This marks my way pretty well. But the whole
book indicates a way - and my place is on
the end where it transcends into something
new.
T.M.

385 *In: David Daiches „Joseph the Provider"*

Now, then, every thing seems to be all right,
thank you so much for your benevolence!

T.M.

386 *In: Walter H. Perl „Thomas Mann, 1933-1945"*

This is quite good, not very
good, but pretty good.

To Jack Eastman
the hero of this nice booklet
T.M.

387 *In: Albert Léon Guérard „What We Hope from Thomas Mann"*

Don't hope too much! - But this is a fine
article, greatly superior to the banal
denunciation of Mr. Peyre - do you remember?

To Jack Eastman
Thomas Mann.

388 *In: Doktor Faustus*

Meiner Eri
in Dankbarkeit für ihre
Mitsorge und Mitfreude

Zu Weihnachten 1947
Z.

389 *In: Nietzsches Philosophie im Lichte unserer Erfahrung*

An Samuel Singer,
im Zuge unseres Aus-
tauschs gelehrter Schriften

Weihnachten 1947
Thomas Mann.

390 *In: Doktor Faustus*

Für Mönchen,
sie wird es schon verstehen.
Z.

391 *In: Doktor Faustus*

An Hanns Eisler
im Gedenken an manches gute, mir
lehrreiche, erheiternde musikalische
Gespräch,
mit herzlichsten Wünschen
für seine Zukunft

Pacific Palisades,
11. Januar 1948 Thomas Mann.

392 *In: Doktor Faustus*

Hilde Kahn,
der Ersten, die es Wort für
Wort gelesen und es der Welt
leserlich gemacht hat,

Pacific Palisades
12. Jan. 1948
Thomas Mann.

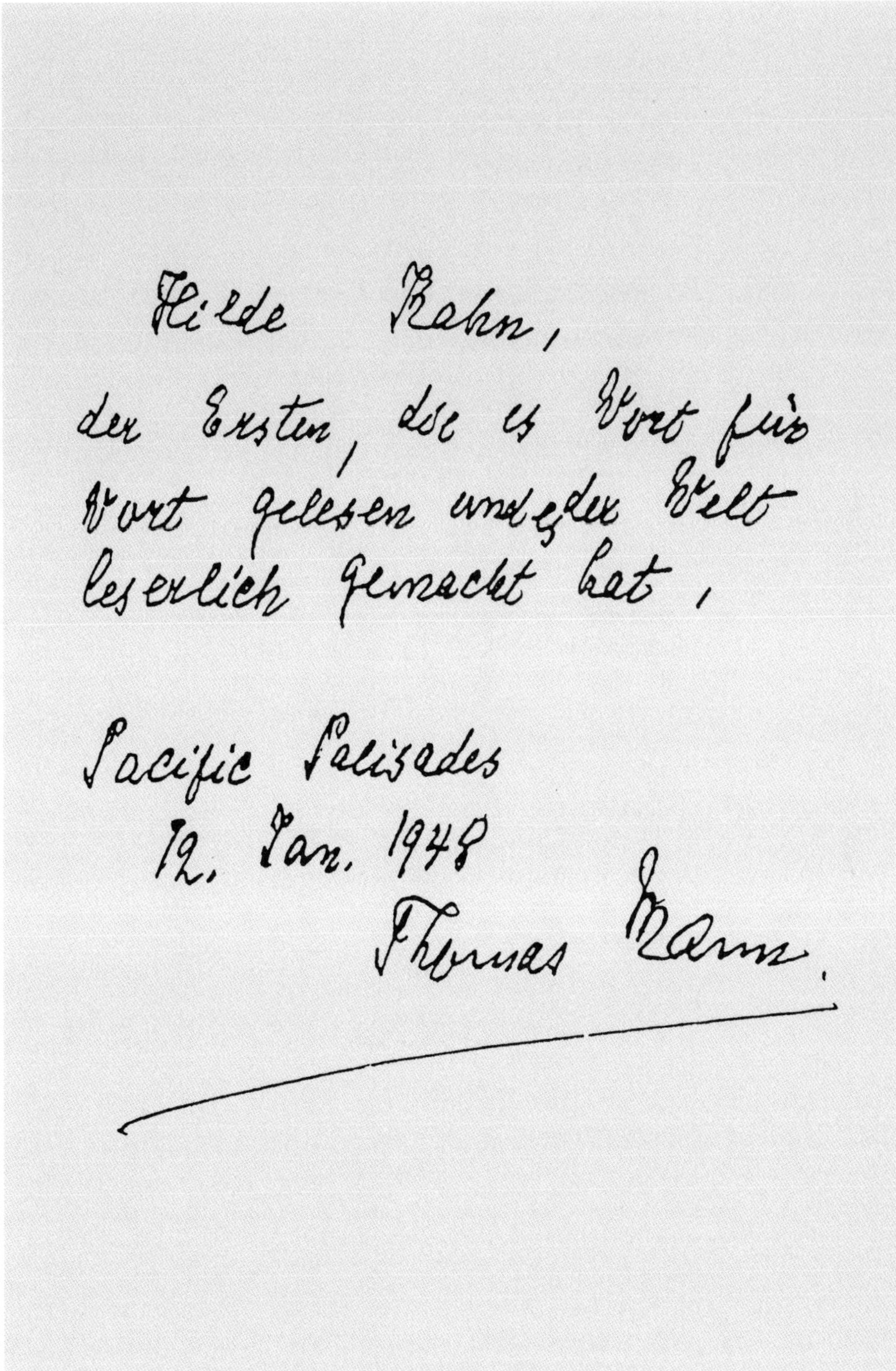

Hilde Kahn,
der Ersten, die es Wort für
Wort gelesen und der Welt
leserlich gemacht hat,

Pacific Palisades
12. Jan. 1948
Thomas Mann.

Widmung Nr. 392

393 *In: Doktor Faustus*

Schwager Läusele,
genannt Onkel Nett,

später einmal zu lesen

Pacif. Palisades
12. Jan. 1948 T.

394 *In: Doktor Faustus*

Lion Feuchtwanger
der auch noch deutsch schreibt,
von Burg zu Burg

Pacif. Palisades
15. Januar 1948 Thomas Mann

395 *In: Doktor Faustus*

„Sehr" heisst versehrend, schmerzlich, wund,
und dies ist ein „sehr" deutsches Buch.
Ich eigne es der Tochter Nürnbergs,
Ida Herz, der alten, treuen Freundin meiner Arbeit,
mit allen guten Wünschen zu.

Pacif. Palisades, Calif.
den 15. Januar 1948
Thomas Mann.

396 *In: Doktor Faustus*

Hermann Hesse

dies Glasperlenspiel mit
schwarzen Perlen

von seinem Freunde

Pacif. Palisades
15. Jan 1948 Thomas Mann

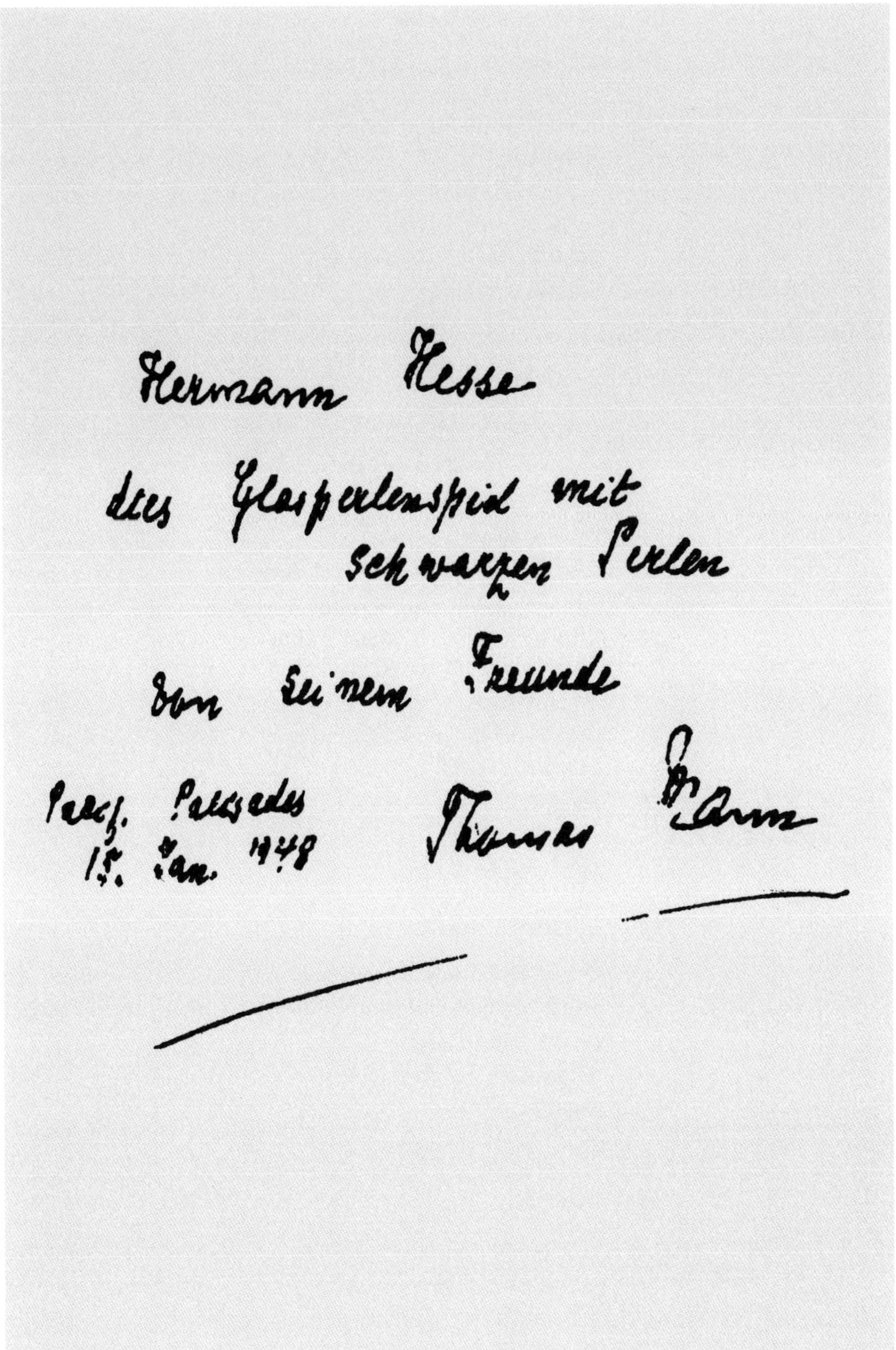
Hermann Hesse

das Glasperlenspiel mit
schwarzen Perlen

von seinem Freunde

Pacif. Palisades
15. Jan. 1948

Thomas Mann

Widmung Nr. 396

397 *In: Doktor Faustus*

Michael, dem Musiker, und
seiner Gret, den lieben
Leuten und Eltern lieber
Bübchen,
väterlich zugeeignet
vom alten
Pacif. Palisades Zauberer
15. Januar 1948

398 *In: Doktor Faustus*

Arnold Schönberg,
dem Eigentlichen,
mit ergebenem Gruss
Pacif. Palisades
15. Januar 1948 Thomas Mann.

399 *In: Doktor Faustus*

Ernst Toch,
der den Teufel nicht nötig hat,
nachbarlich zugeeignet
Pacif. Palisades
16. Jan. 1948 Thomas Mann.

400 *In: Doktor Faustus*

Der alten Freundin Constanze
als Gastgeschenk beim Wochenende in
Pacific Palisades
31. Januar - 1. Februar 1948
Thomas Mann.

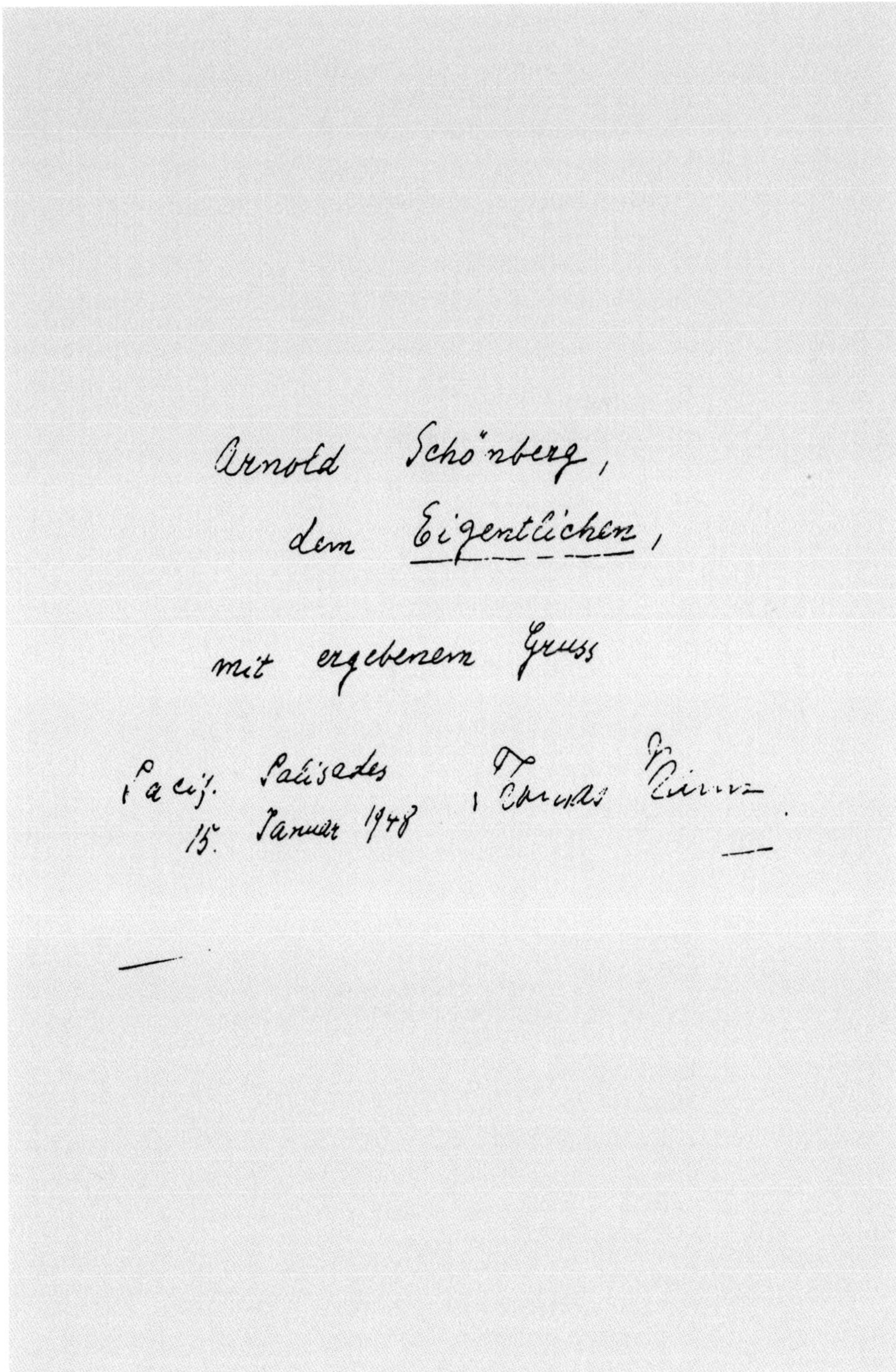

Arnold Schönberg,
dem Eigentlichen,

mit ergebenem Gruss

Pacif. Palisades
15. Januar 1948, Thomas Mann.

Widmung Nr. 398

401 *In: Buddenbrooks*

To George Cukor

grateful for many stimulating
impressions which I owe to
his art

Pacif. Palisades Cordially
March 19, 1948
Thomas Mann.

402 *In: Meistererzählungen*

An Heinrich
zu seinem Geburtstag 1948
von T.

403 *In: Neue Studien*

Dies kleine Buch, das in einem Jahr
schmerzlich großen historischen Gedenkens erscheint,
widme ich der Stadt Frankfurt am Main,
in der der Geist der Paulskirche niemals erstarb
und die ihn weiter in deutsche Zukunft tragen möge.

Pacific Palisades, California, März 1948
THOMAS MANN

404 *In: Joseph and His Brothers*

Agnes Meyer
in Treuen
von ihrem langjährigen europäischen
Schützling.

Pacific Palisades,
Mai 1948
Thomas Mann.

405 *In: Neue Studien*

Heinrich
für seine unerschütterlich am Platz
verharrende Bibliothek

P.P. den 18. Juni 1948
T.

406 *In: Neue Studien*

Für Ida Herz
auch diese zugehörigen Nebendinge

Pacific Palisades
14. Juli 1948

Thomas Mann.

407 *In: Okkulte Erlebnisse*

This is a fine book indeed! Is it written as well as it is printed and bound? Don't say anything, young man, you cannot judge! But a piece of experience it is - rendered faithfully. That's why it is amusing if not worthy of such an outfit.

To Jack Eastman, the great
collector

Pacif. Palisades, Calif.
28 July 1948
Thomas Mann.

408 *In: A Sketch of My Life*

You may take this as a rather helpful supplement to my writings - so far as it goes. Time will bring some additional fragments of this kind.

To Jack Eastman

Pacif. Palisades
28 July 1948
Thomas Mann.

409 *In: Deutschland und die Deutschen*

This is a layer of Dr. Faustus
whom you do not know, poor fellow!
Hasten to become a member of the
Book of the Month Club who made
it its choice for one of the next
month!

(I like this sort of correspondence in the form of informal dedications.)

To Jack Eastman

Pacif. Palisades
July 28, 1948
Thomas Mann.

410 *In: Foreword (in Hermann Hesse „Demian")*

I like to bow and to admire
and so do you. Let us this
time appreciate and admire
together!

To Jack Eastman

Pacif. Palisades
28 July 1948
Thomas Mann.

411 *In: The Permanent Goethe*

This is not my best hommage to
Goethe, but it is one of them after
all and I enjoy it more than
any Philologist ever did to see
my mortal name connected with his
Immortality.

To Jack Eastman

Pacif. Palisades
28 July 1948
Thomas Mann.

412 *In: Charles Neider „The Stature of Thomas Mann"*

This strange book has amazed
and irritated many people - a
certain sort of people. Perhaps
it was not wise to publish it.
It is just a book for friends, a
book for you.

To Jack Eastman

Pacif. Palisades, Calif.
July 28, 1948
Thomas Mann.

413 *In: Doktor Faustus*

Karl Kerényi

in dankbar freundschaftlicher
Gesinnung

Pacif. Palisades, Calif.
12. Sept. 1948

Thomas Mann.

414 *In: Lotte in Weimar*

Lala Pringsheim
Der schönen
Frau Schwägerin
herzlich zugeeignet

Pacif. Palisades, Calif.
1. Oktober 1948

Thomas Mann.

415 *In: Doctor Faustus*

To Jack Eastman
hoping that he may not yawn
so much as the American reviewers

Pacif. Palisades, Calif.
4 November 1948
Thomas Mann.

416 *In: Neue Studien*

To Jack Eastman
with friendly greetings
„Dostojewski“ and „Nietzsche“
are layers of „Faustus.“

Pacif. Palisades, Calif.
Nov. 4, 1948
Thomas Mann.

417 *In: Bekenntnisse des Hochstaplers Felix Krull*

Wilhelm Speyer
Sylvester 1948
bei uns

herzlichst

Thomas Mann.

418 *In: Doctor Faustus*

To Pierre Monteux
the great musician
I dedicate this book dealing
with music and its destiny.

Pacific Palisades
Febr. 6, 1949
Thomas Mann.

419 *In: Doktor Faustus*

Dr. Friedrich Rosenthal
in dankbarem Gedenken an seinen
kundigen Beistand in schwerer Zeit.

Pacific Palisades,
11. Februar 1949.
Thomas Mann

420 *In: Meistererzählungen*

Thomas Peter Fischer,
dem enthusiastischen
Buchhändler,
erfreut seine Bekanntschaft
gemacht zu haben

N.Y. 9. Mai 1949

Thomas Mann

421 *In: Doctor Faustus*

To William Coshland

grateful for his interest in
this strange piece of work
very glad to have met
him again

N.Y. May 9. 1949

Thomas Mann.

422 *In: Adel des Geistes*

Josef Paul Hodin,
dankbar für schöne
literarische Eindrücke.

London 17. Mai 1949.
Thomas Mann.

423 *In: Der Zauberberg*

Herrn und Frau

Professor Olle Holmberg
dankbar für die reizende Gastfreundschaft ihres Hauses,
Zum freundlichen Gedenken

Lund den 30. Mai 1949

Thomas Mann.

424 *In: Wälsungenblut*

Froh, Herrn Dr. Sigmund Pollag, dieses
schicksalreiche Buch persönlich zueignen
zu können.

Zürich 18. Juni 1949

Thomas Mann

425 *In: Die vertauschten Köpfe*

Herrn Dr. Sigmund Pollag
auch diesen Scherz

18. Juni 1949

Thomas Mann

426 *In: Doktor Faustus*

Dr. Sigmund Pollag,
wieder an seinem Teetisch, in seiner schönen
Bibliothek, mit guten Wünschen.

18. Juni 1949

Thomas Mann

427 *In: Doktor Faustus*

To Alfred

for his collection of rare
items
from his old friend

Zurich Thomas Mann.
25.VI.49

428 *In: Die Entstehung des Doktor Faustus*

An Olle Holmberg
und seine liebe Frau
in dankbarem, freundschaftlichem
Gedenken

Zürich den 26.VI.49

Thomas Mann .

429 *In: Die Entstehung des Doktor Faustus*

An Heinrich
ungeduldig ihn wiederzusehen

Zürich 26.VI.49
T.

430 *In: Die Entstehung des Doktor Faustus*

An Ida Herz

da sie ja zu den Freunden gehört,
für die dies Büchlein geschrieben ist.

Vulpera-Tarasp, Engadin
9. Juli 1949
Thomas Mann

431 *In: Die Entstehung des Doktor Faustus*

Dem lieben alten Freund
Bruno Walter
in Verehrung

Vulpera-Tarasp
9. Juli 1949
Thomas Mann.

432 *In: Die Entstehung des Doktor Faustus*

Dem Zwillingsschwägerle,

der über denselben Gegenstand
wie keiner geschrieben

herzlich

Vulpera, Engadin
11. Juli 1949
T.

433 *In: Ansprache im Goethejahr 1949*

Frankfurter Ansprache
im Goethe-Jahr

George Motschan
dankbar für viele gute Freundesdienste
herzlich zugeeignet.

Zürich, 20. Juli 1949
Thomas Mann

433a *In: Die Entstehung des Doktor Faustus*

An
Gottfried Bermann - Fischer
in nun schon alter
Freundschaft

Frankfurt, 26. Juli 49

Thomas Mann .

434 *Auf einem Widmungsblatt*

Thomas Mann

Gruss an die "Lübecker Nachrichten"
Frankfurt 26.VII.49

435 *In: Lotte in Weimar*

Herrn Karl Haerzer,
dem ich wohl viel Arbeit gemacht habe,
zum trotzdem freundlichen Gedenken an
meinen Aufenthalt im Frankfurter Gästehaus
vom 24. bis 27. Juli 1949

Thomas Mann.

436 *In: Joseph, der Ernährer*

Unserm Reisi

des Wiedersehens mit ihm
herzlich froh

Frankfurt, 27.VII.49

Thomas Mann.

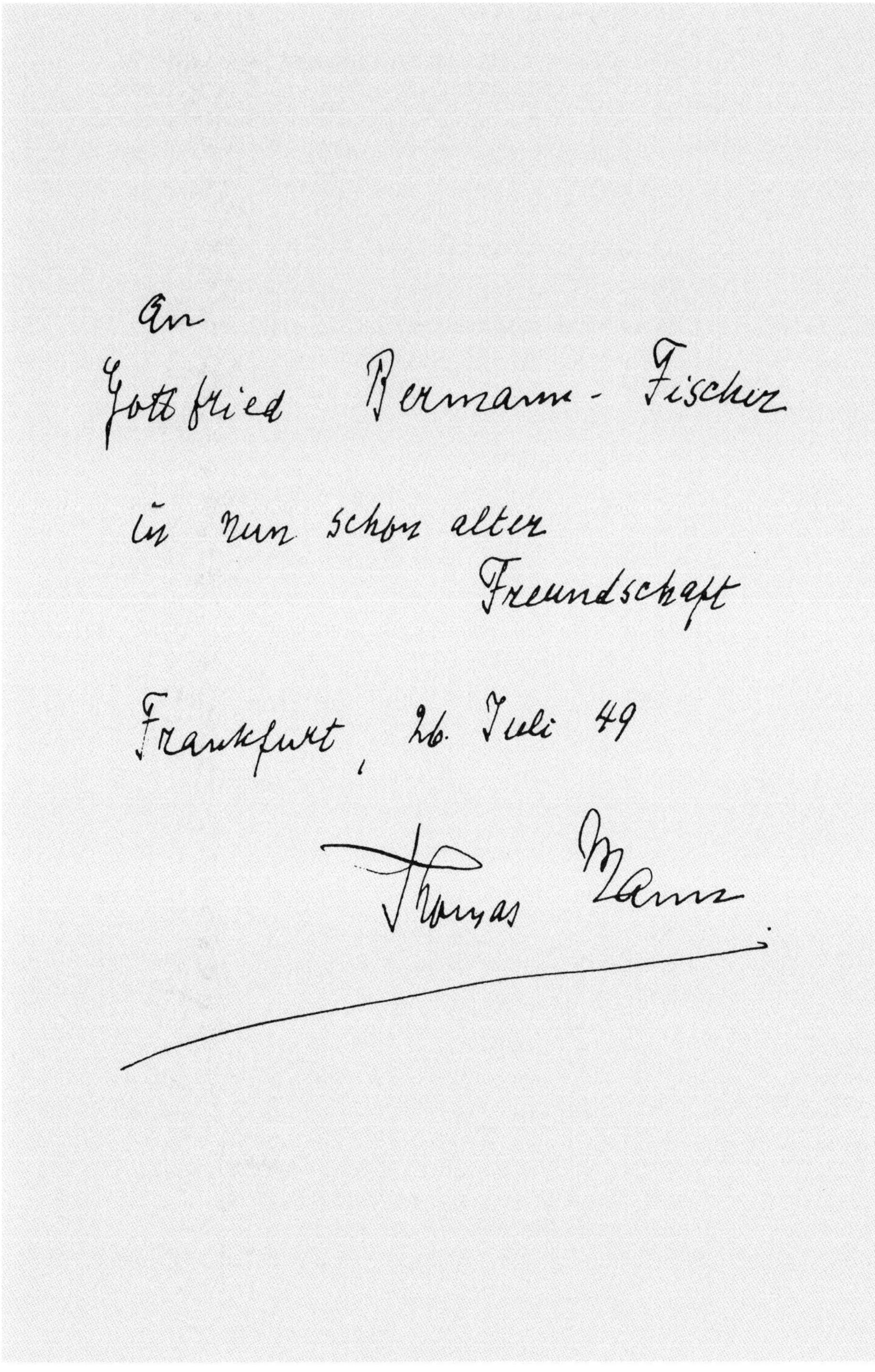
An
Gottfried Bermann-Fischer
in nun schon alter
Freundschaft
Frankfurt, 26. Juli 49
Thomas Mann

Widmung Nr. 433a

437 *In einem Gästebuch*

Verblödet von einer Pressekonferenz habe ich doch noch Seelenstärke genug, mich meines ersten Besuchs im Suhrkampverlag in Frankfurt von Herzen zu freuen.

Thomas Mann

438 *In einem Beschwerdenbuch*

Habe leider vergebens über Beschwerden nachgedacht, die ich hier vorbringen könnte. Bitte um Entschuldigung.

den 31. Juli 1949

Thomas Mann.

als Besucher verschiedener sächs. HO-Gast.

439 *In einem Gästebuch*

Herzlich bewegt von der schönen Feier, der ich beiwohnen und zu der ich beitragen durfte.

Weimar den 1. Aug. 1949

Thomas Mann .

440 *In: Ansprache im Goethejahr 1949*

An Dr. Hans Mayer
dankbar für seine geistvolle Anteilnahme an meiner Arbeit

Weimar, 1. Aug. 49

Thomas Mann.

441 *In einem Gästebuch*

Nach einem überreichen, unvergesslichen Festtage dankbar scheidend grüss ich diese Stadt unsterblichen Ruhmes mit tausend guten Wünschen.

Weimar, den 2. August 1949

Thomas Mann .

442 *In einem Gästebuch*

Beim Abschluss eines an Erlebnissen überreichen, unvergesslichen Aufenthalts im Lande Thüringen bin ich glücklich das schöne, ruhmreiche Eisenach wiederzusehen und danke von Herzen für den ehrenden, gütigen Empfang, den man mir hier bereitete.

Den 2. Aug. 49

Thomas Mann .

Katia Mann

443 *In: Joseph und seine Brüder*

Frau Ellen Bychowska,
der unermüdlichen Ordnerin
und Bewahrerin,
dankbar zugeeignet

Pacific Palisades
18. Aug. 1949
Thomas Mann.

444 *Auf einem Widmungsblatt*

Pacific Palisades zum 31. August 1949

Liebe Alma!

Dies schöne Blatt bekomme ich, gerade von abenteuerreicher Reise zurück, in einem Augenblick, wo der Buchbinder schon ungeduldig darauf wartet, an der Fülle der Glückwünsche sein Werk zu tun. Schnell also ein Wort auch von mir zu dem überraschenden Erscheinen Ihres 70. Geburtstags.

Ein sehr einfaches. Ich war Ihr Freund von je, ein Verehrer, wenn Sie wollen, der Erquickung fand in jedem Zusammensein mit Ihnen, - die heitere Belebung, die ausgeht von einer Persönlichkeit, einer Menschennatur in Weibsgestalt, einer großen Frau. Dies alles sind Sie, ich bezeuge es mit Freude und Dankbarkeit, heute wie immer. Daß Sie zudem die Witwe zweier großer Männer und Zeitgenossen sind, erhöht die Ehrerbietung, mit der ich Ihnen zu Ihrem Fest meine herzlichsten Glückwünsche darbringe.

Ihr
Thomas Mann.

445 *In: Ansprache im Goethejahr*

Ida, der Getreuen

Pacific Palisades 21. Sept. 49

Thomas Mann.

446 *In: Goethe und die Demokratie*

Ida Herz auch dies, mit guten Wünschen.

Pacif. Palisades

21. Sept. 49

Thomas Mann.

447 *In: Das Gesetz*

dies Buch aus guter
Kampfzeit
mit freundlichem Gruß

Pacif. Palisades. Calif.
18. Nov. 1949

Thomas Mann .

448 *In: Bekenntnisse des Hochstaplers Felix Krull*

Seinem guten Neffen
Klaus Hubert
zu Weihnachten 1949
von seinem ebenso guten
Onkel
T.

449 *In: Lotte in Weimar*

Helmut Gätjens
in trauerndem Gedenken
an seinen Freund
Paul Landsberg,
den ruchlos Gemordeten,
mit herzlichen Wünschen
für den Ueberlebenden und
sehr ernsten Wünschen für
Deutschland

Pacific Palisades, Calif.
21. Febr. 1950
Thomas Mann

450 *In: Joseph W. Angell „The Thomas Mann Reader"*

To Alfred

grateful for this
magnificent birthday-gift

New York, April 1950

Thomas Mann

451 *In: Tristan*

Thomas Mann,
der nicht immer so streng
dreinschaut
Zürich, 3. Juni 1950

452 *In: Lotte in Weimar*

Herrn Kurt Düby
zur Erinnerung an unsere
Begegnung im Hause Oprecht
anno 1939

Zürich, 17. Juni 1950
Thomas Mann.

453 *In: Doktor Faustus*

Jean Rudolf von Salis

eines wunderschönen Abends bei ihm,
sehr glücklich über seine Empfänglichkeit für dieses Buch,
wie über seine Anteilnahme an meinem Lebenswerk,

Schloss Brunegg, 3. Juli 1950,
Thomas Mann.

454 *In: Buddenbrooks*

Sehr selten! Gratuliere!
Es dauerte ein Jahr, bis
hiervon 1000 Exemplare verkauft waren. Dann wurde
das Buch einbändig und wohl-
feil. Der antiquare Preis ist
viel zu niedrig.

An Dr. Pollag
Zürich, 5. Juli 1950
Thomas Mann.

455 *In: Das Eisenbahnunglück*

Wie dies anfängt, könnten alle
meine Geschichten anfangen.

An Dr. S. Pollag, den getreuen Sammler

5. Juli 1950

Thomas Mann

456 *In: Bekenntnisse des Hochstaplers Felix Krull*

Ist fortzusetzen.

An Dr. S. Pollag

5. Juli 1950

Thomas Mann

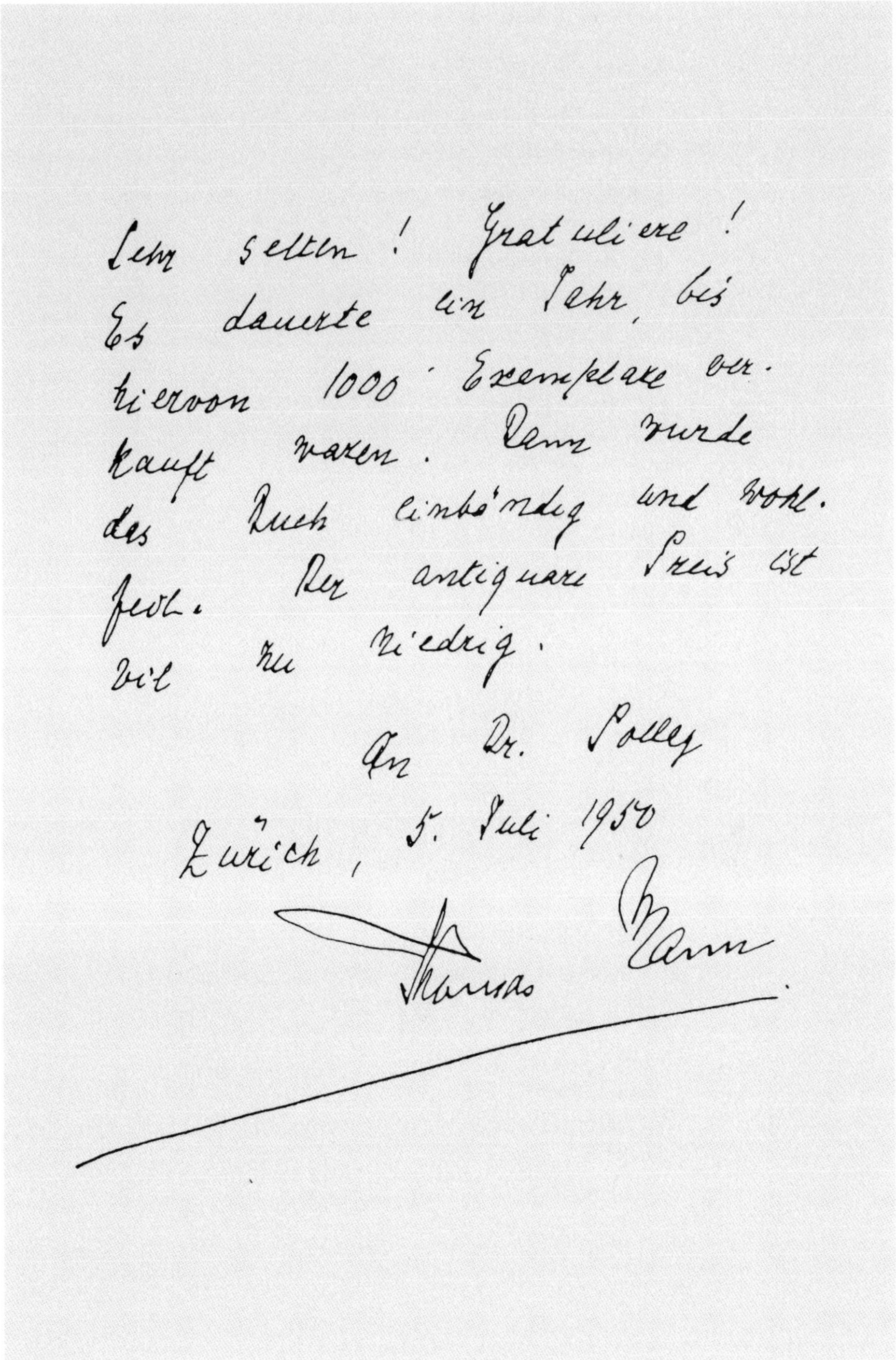
Sehr selten! Gratuliere!
Es dauerte ein Jahr, bis
hiervon 1000 Exemplare verkauft waren. Dann wurde
das Buch einbändig und wohl-
feil. Der antiquare Preis ist
viel zu niedrig.

An Dr. Polley

Zürich, 5. Juli 1950

Thomas Mann

Widmung Nr. 454

457 *In: Bekenntnisse des Hochstaplers Felix Krull*

Etwas fortgesetzt. Auf altem Papier steht
noch mehr, und auf neuem könnte viel mehr
noch zu stehen kommen - bei Leben und
Gesundheit.

An Dr. S. Pollag

5. Juli 1950
Thomas Mann

458 *In: Kino*

Kleine Episode aus dem 'Zauberberg'.
Wozu der Sonderdruck gerade hiervon?
Aber ein schöner Druck ist es ja.

An Dr. S. Pollag.

5. Juli 1950
Thomas Mann

459 *In: Dieser Friede*

Dies ist ein gutes politisches Pamphlet,
besser als der 'Briefwechsel',
der weiter herumgekommen ist.

An Dr. Pollag

5. Juli 1950
Thomas Mann

460 *In: Leiden an Deutschland*

Das 'Leiden' wird nie enden.

An Dr. S. Pollag

Juni 1950
Thomas Mann

461 *In: Goethe und die Demokratie*

Die Politik dieser Welt - ein Wirrwar
von Irrtümern und Gewalt - ganz meine
Meinung. Um wirklich ein Demokrat zu sein,
müßte man wohl anders von der Politik denken.

An Dr. S. Pollag

5. Juli 1950
Thomas Mann

462 *In: Ansprache im Goethejahr 1949*

Doch bleib' ich gern das
fernste seiner Kinder!

An Dr. S. Pollag

Juli 1950
Thomas Mann

463 *In: Doktor Faustus*

Otto Basler,

dem Treuesten der
Treuen,

bei meinem ersten Besuch
in seinem schönen Heim

Burg 6. Juli 1950
Thomas Mann.

464 *In: Meine Zeit*

Otto Basler und seinem
Hause
freundschaftlich zugeeignet

St. Maurice, 2. Aug. 1950
Thomas Mann

465 *In: Meine Zeit*

Dem lieben, grossen
Hermann Hesse
freundschaftlich verbunden

St. Moritz, 2. Aug. 1950
Thomas Mann.

466 *In: Meine Zeit*

Agnes, der alten Freundin.

Besitzen muss sie doch auch dies,
Ob sie's erfreu', ob sie's verdriess'!

St. Moritz, Suvretta House
2. August 1950

Thomas Mann

467 *In: Neue Studien*

Konstanze Hallgarten,

der Frau Nachbarin von einst und immerdar, zum freundlichen Gedenken an ihren vom Schicksal neckisch verlängerten Besuch im internationalen Hause der „Welt" vom 3.-5. September 1950

Thomas Mann.

468 *In: Meine Zeit*

Ida Herz
der treuen Seele diese Geburtstagsrede
mit allen guten Wünschen

Pacific Palisades
29. Sept. 1950.
Thomas Mann.

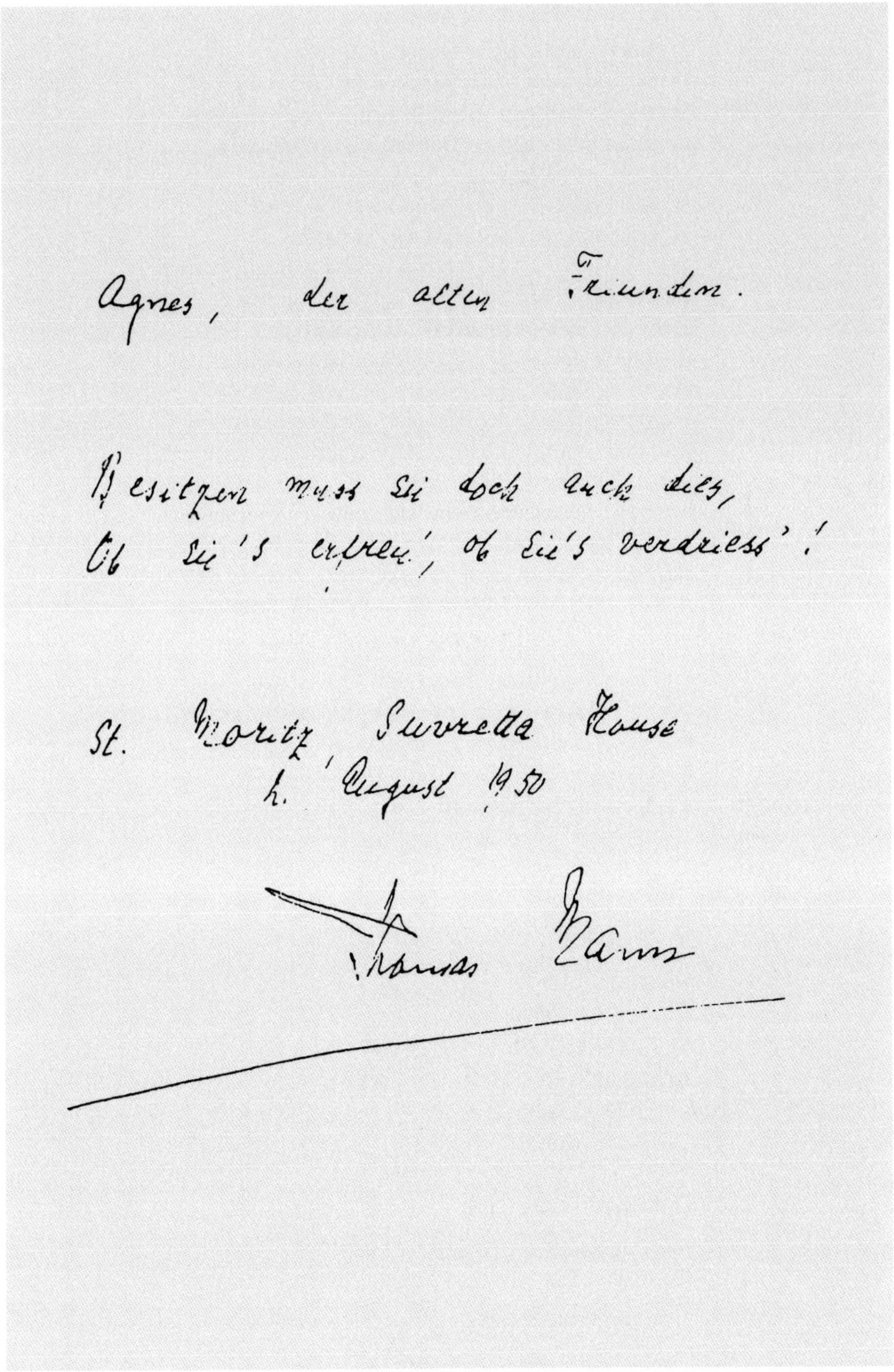

Agnes, der alten Freundin.

Besitzen muss sie doch auch dies,
Ob sie's erfreu', ob sie's verdriess'!

St. Moritz, Suvretta House
4. August 1950

Thomas Mann

Widmung Nr. 466

469 *Auf einem Widmungsblatt*

„Ja und ja, liebe Gesellen, dass die Kunst stockt und zu schwer worden ist und sich selbsten verhöhnt, dass alles zu schwer worden ist und Gottes armer Mensch nicht mehr aus und ein weiss in seiner Not, das ist wohl Schuld der Zeit. Lädt aber Einer den Teufel zu Gast, um darüber hinweg und zum Durchbruch zu kommen, der zeiht seine Seel und nimmt die Schuld der Zeit auf den eigenen Hals, dass er verdammt ist. Denn es heisst: Seid nüchtern und wachet! Das aber ist manches Sache nicht, sondern, statt klug zu sorgen, was vonnöten von Erden, damit es dort besser werde, und besonnen dazu zu tun, dass unter den Menschen solche Ordnung sich herstelle, die dem schönen Werk wieder Lebensgrund und ein redlich Hineinpassen bereite, läuft wohl der Mensch hinter die Schul und bricht aus in höllische Trunkenheit: so giebt er sein Seel daran und kommt auf den Schindwasen."

(„Doktor Faustus", Oratio ad amicos)

Wieder aufgezeichnet für Herrn Professor Eppelsheimer in Frankfurt am Main zu seinem 60. Geburtstag am 17. Oktober 1950, in wahrer Hochachtung
von

Thomas Mann

470 *In: Foreword (Gordon Kahn „Hollywood on Trial")*

Short and pithy!
To the UnAmerican
Committee - right into its heart!

To Jack Eastman
TM

471 *Zu einem Foto*

Der Grundschule „Thomas Mann"
von ihrem Paten

Thomas Mann.

472 *In: Neue Studien*

Für Gärbchen Löl
von seinem treuen Onkel
zu Weihnachten 1950
T.M.

473 *Zu einem Foto*

An Henri Temianka
dankbar, bewundernd, freundschaftlich
Thomas Mann

474 *In: Meine Zeit*

An Hilde Kahn,
die alles haben muss,
auch dies
von ihrem alten boss
11. Jan. 1951 Thomas Mann.

475 *In: The Magic Mountain*

To Dr. Wallace Dyer
friend of Caroline Newton
which certainly is only <u>one</u> of his
great qualities
with kindest personal regards
Pacif. Palisades, Febr. 27. 1951
Thomas Mann.

476 *In: Doktor Faustus*

Herrn Willy Bauer
dies Buch, das mir
teuer vor seinen Geschwistern.
Pacif. Palisades, Calif. 9. März 1951
Thomas Mann.

477 *In: Der Erwählte*

Der lieben, klugen, leiderfahrenen und tapferen
Erika
dankbar für ihre Treue
in väterlicher Verehrung

von ihrem
Zauberer

4. April 1951

478 *In: Der Erwählte*

An Lion Feuchtwanger
diesen „historischen Roman"
mit nachbarlichem Gruss

P.P. 9. April 1951

Thomas Mann

479 *In: Der Erwählte*

An Hilde Kahn,

die am genauesten dieses
Buch kennt, Wort für Wort
und Tipp für Tipp

P.P. 9. April 1951

Thomas Mann

480 *In: Königliche Hoheit*

Man soll nur nicht so tun, als ob dies so ganz billige Ware wäre. Es gehört auch dazu. Im übrigen „muss ja nicht immer alles über alle Begriffe sein", wie Goethe über „Clavigo" sagte.

An Willy Bauer
Pacific Palisades 7. Mai 1951

Thomas Mann.

481 *In: Der Zauberberg*

Seinem vortrefflichen Neffen
Klaus Hubert
zum 28. Geburtstag
mit allen guten Wünschen
von

good old uncle Thomas

Pacif. Palisades
21. Mai 1951

482 *In: Der Erwählte*

An Karl Kerényi

eine kleine mythische Gegengabe einmal wieder für alles
Gute, das ich von ihm
empfing.
Auf dem Steine die Busse
ist sein.

Pacif. Palisades, Calif.
25. Mai 1951
Thomas Mann

483 *In: Der Erwählte*

Dem lieben, grossen
Bruno Walter
in alter Freundschaft
und Bewunderung

Pacif. Palisades
25. Mai 1951
Thomas Mann

484 *In: Karl Kerényi „Romandichtung und Mythologie"*

Herrn Richard Braungart
für sein Archiv,
mit guten Wünschen und Grüßen.

Pacif. Palisades, Calif. 29.V.1951

Thomas Mann

485 *In: Der Erwählte*

An Konstanze Hallgarten

Der lieben Frau Nachbarin
dieses Fläschchen...

Pacif. Palisades
7. Juni 1951
Thomas Mann.

486 *In: Leiden an Deutschland*

An Frank Hirschbach
dankbar für seinen Besuch

Pacif. Palisades, 23. Juni 1951
Thomas Mann.

487 *In: Der Zauberberg*

Joseph Angell
dem treuen Freunde meiner
Arbeit,
einem lieben Freunde uns allen
herzlich zugeeignet.

Pacif. Palisades
2. Juli 1951
Thomas Mann

488 *In: Der Zauberberg*

Läusele,
dem grossen japanischen Musiker,
zum Abschied
und
auf Wiedersehen

Pacif. Palisades
3. Juli 1951 T.

489 *In: Der Erwählte*

Der Freundin Lavinia beim Wiedersehen
in Zürich am 26.VII.1951.
Hoffentlich noch manches Mal!

Thomas Mann.

490 *In einem Gästebuch*

Thomas Mann
sehr gut gelaunt nach einer vorzüglichen Wiener
Mahlzeit

Katia Mann, in die schönsten alten Zeiten
zurückversetzt

491 *In: Bekenntnisse des Hochstaplers Felix Krull*

Pierre Duby
erfreut, seine Bekannt-
schaft gemacht zu haben,
mit allen guten Wünschen

Zürich, 26. Sept. 1951

Thomas Mann.

492 *In: Der Erwählte*

An Arnold Zweig

zum Dank für sein packendes
Romangedicht vom „Beil von
Wandsbeck"

Zürich, 28. Sept. 1951

Thomas Mann.

493 *In: Henry Hatfield „Thomas Mann"*

He means well, this man, and
he is right with his „between
tradition and experiment".

To Jack Eastman
with friendly greetings

Oct. 28, 1951

Thomas Mann.

494 *In: Meine Zeit*

This man means well too,
especially for such a good
old young friend as
Jack Eastman

P.P. Oct. 28, 1951
Thomas Mann.

495 *In: Der Erwählte*

This was done by a better
writer than the teller of
that story „The Holy Sinner“,
whom I will not blame.

To Jack Eastman
with all my good wishes

Oct. 28, 1951
Thomas Mann.

496 *In: The Holy Sinner*

To Jack Eastman
for whom a new life
perhaps life itself
now begins.

With sincere congratulations.
Thomas Mann.
Oct. 28, 1951.

497 *In: The Holy Sinner*

To Laura Delano Adams
beautiful and learned like Joseph
with heartfelt wishes for her future
may she be happy and give happiness

Thomas Mann.
Oct. 28, 1951

498 *Auf einem Widmungsblatt*

„Die Kunst ist ein ernsthaftes Geschäft,
am ernsthaftesten, wenn sie sich mit edlen,
heiligen Gegenständen beschäftigt; der Künstler
aber steht über der Kunst und dem Gegenstande:
über jener, da er sie zu seinen Zwecken braucht,
über diesem, weil er ihn nach eigner Weise behandelt."
(Goethe).

Pacific Palisades 19.XII.1951

Thomas Mann.

499 *In: Meistererzählungen*

An Lion Feuchtwanger,

als er unter den Augen der
Oeffentlichkeit den Weihnachts-
abend bei uns verbrachte.
Wenn er gefragt wird, was
er geschenkt bekam, wird er
die Antwort verweigern.

Pacif. Palisades
24. Dezember 1951
Thomas Mann.

500 *In: Die vertauschten Köpfe*

Hilde Kahn
als spätes kleines Weih-
nachtsgeschenk,
dargebracht am zweiten
Feiertage
dankbar für ihre Hilfe

27. Dez. 51
Thomas Mann.

501 *In: Lotte in Weimar*

„Das will ich doch wenigstens davon haben, dass ich mitreden und ein wenig vertraulicher lobpreisen darf, als die unzugehörige Menge!“
(Neuntes Kapitel)

Erich Kahler
herzlich zugeeignet

Pacif. Palisades, Calif.
1. Jan. 1952
Thomas Mann.

502 *In: Joseph und seine Brüder*

„... Ausgezogen, um es dem Monde, der Gottheit von Ur, gleichzutun und zu wandern, weil er das als das Richtigste und seinem unzufriedenen, zweifelvollen, ja gequälten Zustande Angemessenste empfunden hatte.“

An Erich Kahler
in Freundschaft

Pacif. Palisades, Calif.
1. Jan. 1952
Thomas Mann

503 *In: Deutschland und die Deutschen*

Dies gefällt mir noch heute

Januar 1952
Thomas Mann.

504 *In: Meine Zeit*

Dies gefällt mir nicht mehr

Januar 1952
Thomas Mann.

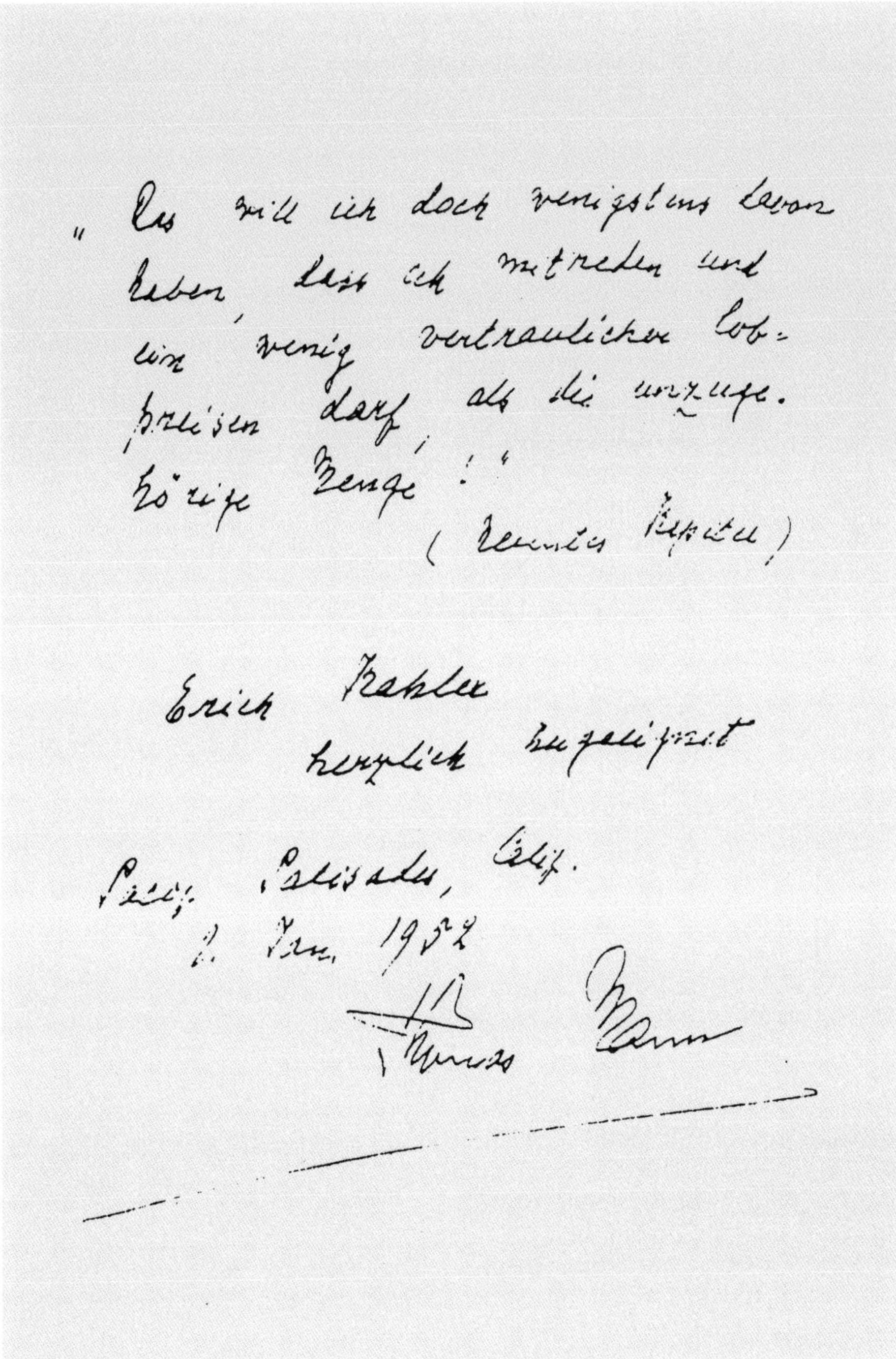
„Das will ich doch wenigstens davon haben, dass ich mitreden und ein wenig vertraulicher lobpreisen darf als die unzugehörige Menge!“
(Tonio Kröger)

Erich Kahler
herzlich zugeeignet

Pacific Palisades, Calif.
1. Jan. 1952

Thomas Mann

Widmung Nr. 501

505 *In: Karl Schmid „Hermann Hesse und Thomas Mann"*

„Wohlwollen unsrer Zeitgenossen,
Das bleibt zuletzt erprobtes Glück."
G.

An Klaus W. Jonas,
den erstaunlichen Sammler und
Bibliographen

Januar 1952 Thomas Mann.

506 *In: Der Erwählte*

Martha Steinitz
zum Dank für Ihre liebevolle
Bemühung um mein Frühestes
- dies Späteste

Pacific Palisades, Calif.
18. Jan. 1952

Thomas Mann

507 *In: Neue Studien*

Herrn D. Chenaux - Repond
zum Dank für seinen
lieben, schönen Brief

Pacif. Palisades, Calif.
20. Jan. 1952

Thomas Mann

508 *In: Meistererzählungen*

Klaus W. Jonas
herzlich zugeeignet
dankbar für seine
allachtsame Treue

Pacif. Palisades, Calif.
30. Jan. 1952
Thomas Mann.

509 *In: Lotte in Weimar*

Hildegard, der Unent-
behrlichen,
spät aber herzlich
zugeeignet

P.P. 8. März 1952
Thomas Mann.

510 *In: Doktor Faustus*

Herrn Pfarrer Walther Krause

dankbar dafür, dass er klug und freundlich zu den Menschen von diesem Buche spricht, dem der Geist christlicher Theologie nicht so fern ist, wie das Misswollen meint.

Pacific Palisades, Calif.
den 14. März 1952

Thomas Mann.

511 *In: An Exchange of Letters*

Even in English it is pretty good

To Klaus W. Jonas
with cordial greetings
Thomas Mann.

512 *In: Goethe und die Demokratie*

An Klaus W. Jonas
der wirklich alles hat!
Thomas Mann.

513 *In: Der Erwählte*

José Chapiro
zur Vervollkommnung
seiner Altersweisheit

Pacif. Palisades
29. April 1952

Thomas Mann.

514 *In: Joseph und seine Brüder*

Dem lieben alten Freunde
Reisi
mit vielen herzlichen Grüssen
zugeeignet

Pacif. Palisades, Calif.
29. April 1952
Thomas Mann.

515 *In: Buddenbrooks*

An Hildegard,

die doch auch diese revolutionäre Ausgabe des Jünglingsbuches mit dem Greisenbilde besitzen muss!

P.P. 12. Juni 1952
Thomas Mann

516 *In: Ein Briefwechsel*

Dies ist meine beste „politische" Schrift
An Klaus W. Jonas
mit guten Wünschen
Thomas Mann.

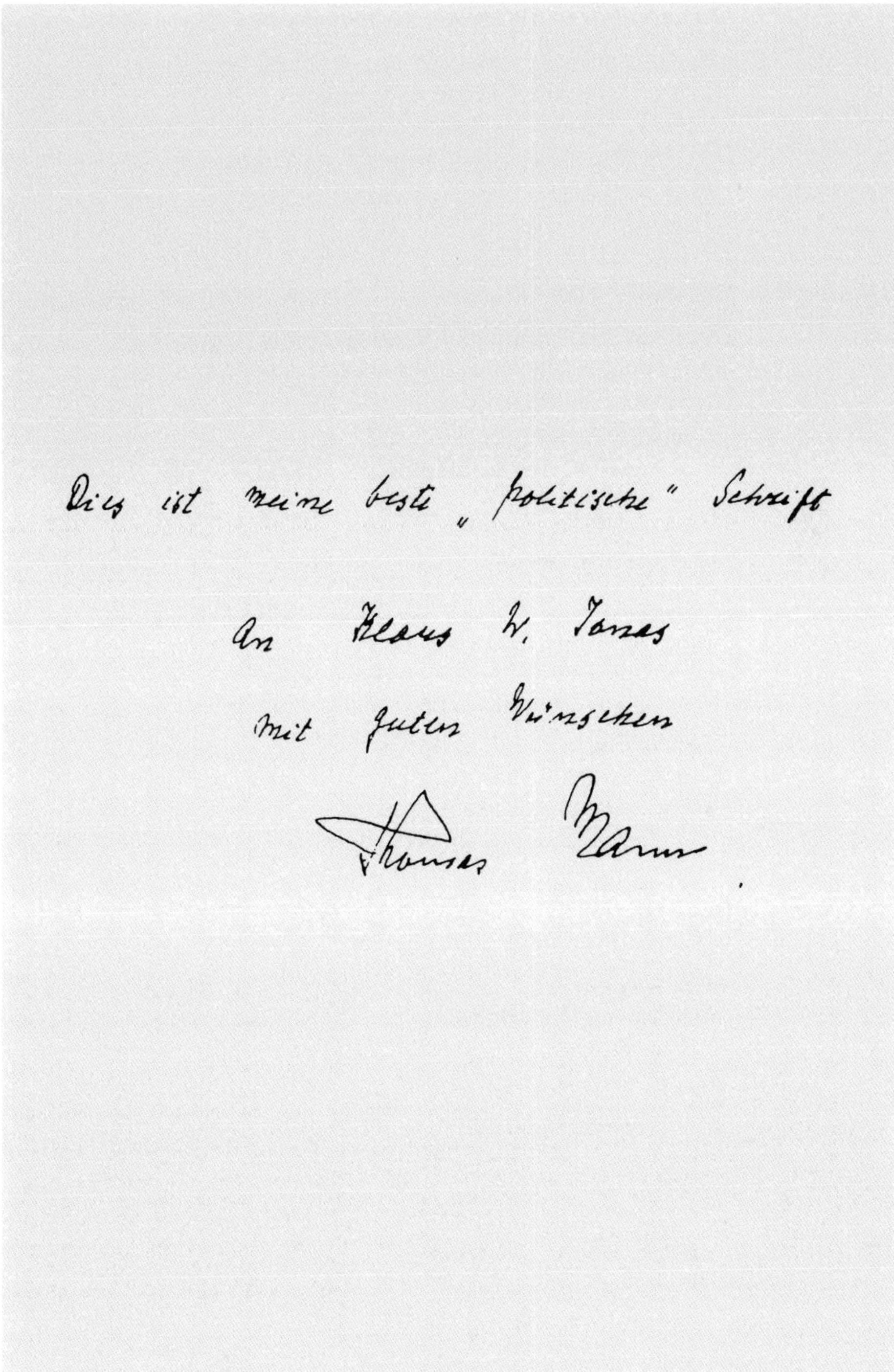

Dies ist meine beste „politische" Schrift

An Klaus W. Jonas
mit guten Wünschen

Thomas Mann

Widmung Nr. 516

517 *In: „Adresses at the Dinner in honor of Dr. Thomas Mann"*

The best possible substitute for not having been there!
So, keep it close to your heart!

Thomas Mann
who was there and suffered
a little

518 *Zu einem Foto*

An Klaus Jonas meinen bienenfleissigen Bibliographen froh, endlich seine und seiner lieben Frau persönliche Bekanntschaft gemacht zu haben.

New York, 28. Juni 1952

Thomas Mann.

519 *In einem Gästebuch*

Zum zweitenmal schon, wieder drei Wochen lang, waren wir Gäste dieses schönen Hauses, haben die wohnlichen Zimmer, die aufmerksame Betreuung wieder sehr geschätzt und wünschen dem Hause Gerke Ruhm und Gedeihen.

Gastein, 10. Sept. 1952

Thomas Mann
mit Frau und Tochter

520 *In: Der Zauberberg*

Willi Schuh
in herzlicher Wertschätzung
zugeeignet

Zürich, 17. Sept. 1952

Thomas Mann.

521 *In: Der Erwählte*

Herrn
Adolf J. Gauch

dankbar für seine Anteilnahme
an meiner Arbeit

dies kleine Buch, das ein
kluger Mann kürzlich ein
„hintergründiges Scherzo"
nannte

Zürich, 18. Sept. 1952
Thomas Mann.

522 *In: Jonas Lesser „Thomas Mann in der Epoche seiner Vollendung"*

An Erika
Zur genaueren Kenntnis
ihres Dad

am 9. November 1952

523 *In: Buddenbrooks*

Herrn Hans-Werner Eggers,
dem Eroberer dieses Buches in
Frankreich (da es in Deutschland
nicht zu haben war)
mit allen guten Wünschen

Frankfurt den 11. Nov. 1952

Thomas Mann.

524 *In: Doktor Faustus*

„— ob nicht aller Schein, auch der schönste, und gerade der schönste, heute zur Lüge geworden ist."
So wird gefragt im „Doktor Faustus", einem Buch, darin viel gefragt wird.

Wien, 20. Nov. 1952 Thomas Mann.

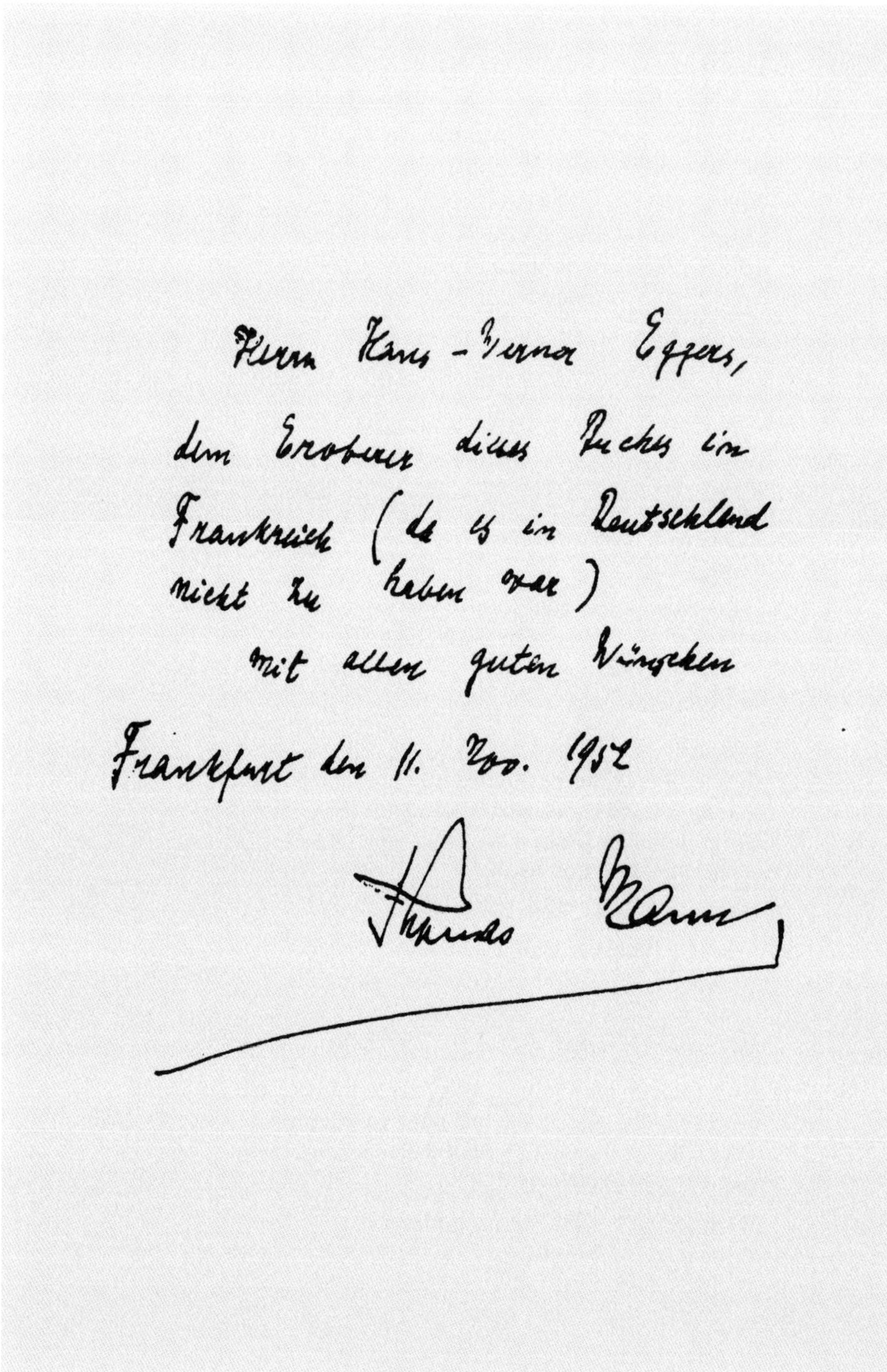
Herrn Hans-Werner Eggers,
dem Eroberer dieses Buches in
Frankreich (da es in Deutschland
nicht zu haben war)
mit allen guten Wünschen

Frankfurt den 11. Nov. 1952

Thomas Mann

Widmung Nr. 523

524a *In: Lob der Vergänglichkeit*

FRAU HEDWIG FISCHER
ZUM GEDENKEN

525 *In: Lob der Vergänglichkeit*

Agnes Meyer
von ihrem alten Freunde
zum neuen Jahr.
Thomas Mann.

526 *In: Gerhart Hauptmann*

An
Hermann J. Weigand,
der es besser gemacht hat!

Erlenbach-Zch
März 1953
Thomas Mann.

527 *In: Altes und Neues*

„Geradeheraus: ich habe nicht viel
Glauben, - glaube aber auch nicht
sehr an den Glauben, sondern
weit mehr an die Güte, die ohne
Glauben bestehen und geradezu das
Produkt des Zweifels sein kann."
(S. 441)

An Otto Basler
herzlich angesprochen hierinnen

Erlenbach - Zch.
12. März 1953
Thomas Mann

528 *In: Altes und Neues*

„Ewig menschlich ist die Welt
der Dinge, die man überhaupt
nicht ausdrückt, es sei denn, man
drückte sie gut aus."

Seinem lieben Hermann Hesse
in Freundschaft

Erlenbach-Zch.
12. März 1953

Thomas Mann.

529 *In: Altes und Neues*

Eri, der Helferin,
so umsichtig, treu und
eingeweiht,

liebevoll - dankbar

Erlenbach, 19. März 1953
Z.

530 *In: Altes und Neues*

Für Karl Kerényi

auch dieses Buch, worin
einmal von der „prästa-
bilisierten Freundschaft unserer Sphären" die Rede
ist

Erlenbach - Zch
25. März 1953
Thomas Mann

531 *In: Altes und Neues*

An Klaus W. Jonas

dies Buch, containing some
information on T.M.,

in dankbarer Verbundenheit

Erlenbach - Zch.
26. März 1953

Thomas Mann

532 *In: Altes und Neues*

Peter de Mendelssohn
zum Dank für sein be-
wundernswert wahres Buch
„Der Geist in der Despotie“

Erlenbach - Zürich
28. März 1953
Thomas Mann.

533 *In: Altes und Neues*

Ida,
dem treuen Herzen
recht herzlich

Erlenbach-Zch.
31. März 53
Thomas Mann.

534 *In: Der Erwählte*

An Manuel Gasser
erfreut von seiner Empfänglichkeit
für diese nicht ganz unernsten Scherze.

Erlenbach, 16. April 1953

Thomas Mann.

535 *In: Joseph in Ägypten*

Victor Wittkowsky
bei unserer Wiederbegegnung in Rom
am 23. April 1953
mit guten Wünschen

Thomas Mann.

536 *In: Die Betrogene*

Herzlich gern gebe ich den Vorabdruck dieser Erzählung im Faksimile der Handschrift frei zu Gunsten bedürftiger Kinder und Jugendlicher in Israel.

Erlenbach bei Zürich
Mai 1953
Thomas Mann.

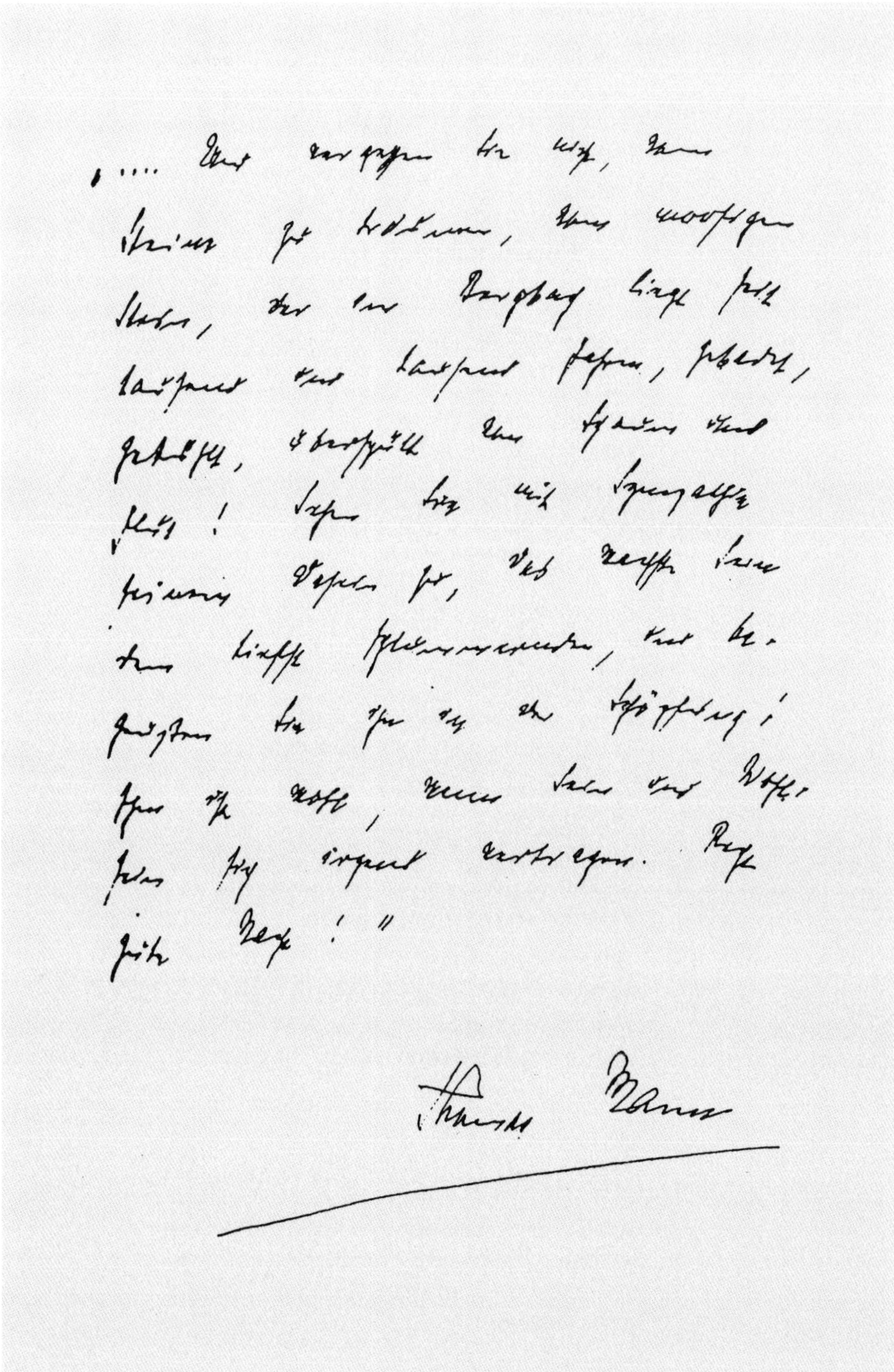

Widmung Nr. 537

537 *In: Die Begegnung*

„... und vergessen Sie nicht, vom Steine zu träumen, vom moosigen Stein, der im Bergbach liegt seit tausend und tausend Jahren, gebadet, gekühlt, überspült von Schaum und Flut! Sehen Sie mit Sympathie seinem Dasein zu, das wachste Sein dem tiefst schlummernden, und begrüßen Sie ihn in der Schöpfung! Ihm ist wohl, wenn Sein und Wohlsein sich irgend vertragen. Recht gute Nacht!"

Thomas Mann

538 *In: Altes und Neues*

Dr. S. Pollag,

dem getreuen Sammler,
mit Druckfehler-Verbesserungen
zugeeignet

Erlenbach, 29. Juni 1953

Thomas Mann

539 *In: Altes und Neues*

Lavinia Mazzucchetti
in alter freundschaftlicher Verehrung

Erlenbach, 10. Juli 1953
Thomas Mann.

540 *In: Altes und Neues*

Herrn
Professor Klaus Pringsheim
Musiklehrer und Dirigent,
in Ehrerbietung
unter mühevoller Verbesserung
der Druckfehler.

Erlenbach
10.VII.53
der Verfasser

541 *In einem Gästebuch*

Es war ein ausserordentlich angenehmer
Aufenthalt

13./14. September 53

Thomas Mann
mit Frau und Tochter

542 *In: Die Betrogene*

Hermann Hesse

diese späte Novität
in freundschaftlicher Verehrung

Lugano, 17. Sept. 1953

Thomas Mann

543 *In: Die Betrogene*

Ida Herz
zum Wegstellen, nur damit sie's hat.
Ist doch ein hübsches Bändchen.

Lugano, 29. Sept. 53
Thomas Mann.

544 *In: Die Betrogene*

An Karl Kerényi

diese kleine Mythe von
Mutter Natur

Lugano, 29. Sept. 53

Thomas Mann

545 *In: Die Betrogene*

Unserm Lion in die Hand.
Manche finden's degoûtant.
Aber ob's den Künstler gibt,
Der nicht das Gewagte liebt?

Erlenbach - Zürich
9. X. 53

Herzlich

Thomas Mann

546 *In: Die Betrogene*

An Eri
in Liebe und Dankbarkeit

Erlenbach, 10.X.53
Z.

547 *In: Die Betrogene*

Herrn
Dr. Rudolf Oberloskamp

dankbar für seine informatorische
Unterstützung bei dieser kleinen
Arbeit und unter lebhaften Ent-
schuldigungen weges des Missbrauchs
seines Namens zu dekorativen
Zwecken.

Erlenbach-Zürich
12. Okt. 53
Thomas Mann

548 *In: Die Betrogene*

Für Ellen und Nina
zu Eri's Geburtstag 1953

Thomas Mann

549 *In: Lotte in Weimar*

Dieses Buch schenkt
Klaus Sommer
seiner lieben Mutter zu
Weihnachten,
und der Verfasser schliesst sich
mit herzlichen Festgrüssen an.

Erlenbach-Zürich
22. Nov. 1953
Thomas Mann

550 *In: Die Betrogene*

Ilschen und Käthchen,
den lieben Mädchen

von Ihrem guten Vetter

Erlenbach, Dez. 53
T.M.

551 *In: Die Betrogene*

An
Onkel Nett
genannt Läuselé

„Der Alte will nicht herunter
von seinem Standard."
(Ausspruch Bibi's)

Erlenbach, 6. Dez. 53
T.

552 *In: Königliche Hoheit*

Meinem wahren und wirklichen
echten und rechten
Klaus Heinrich,
wie er im Buche steht,
mit Dank und Glückwunsch

Erlenbach, 20. Dez. 1953
Thomas Mann.

553 *In: Königliche Hoheit*

Der reizenden
Ruth Leuwerik,
der lieblichen Film-Imma
mit herzlichem Gruss

Erlenbach, 20. Dez. 53
Thomas Mann.

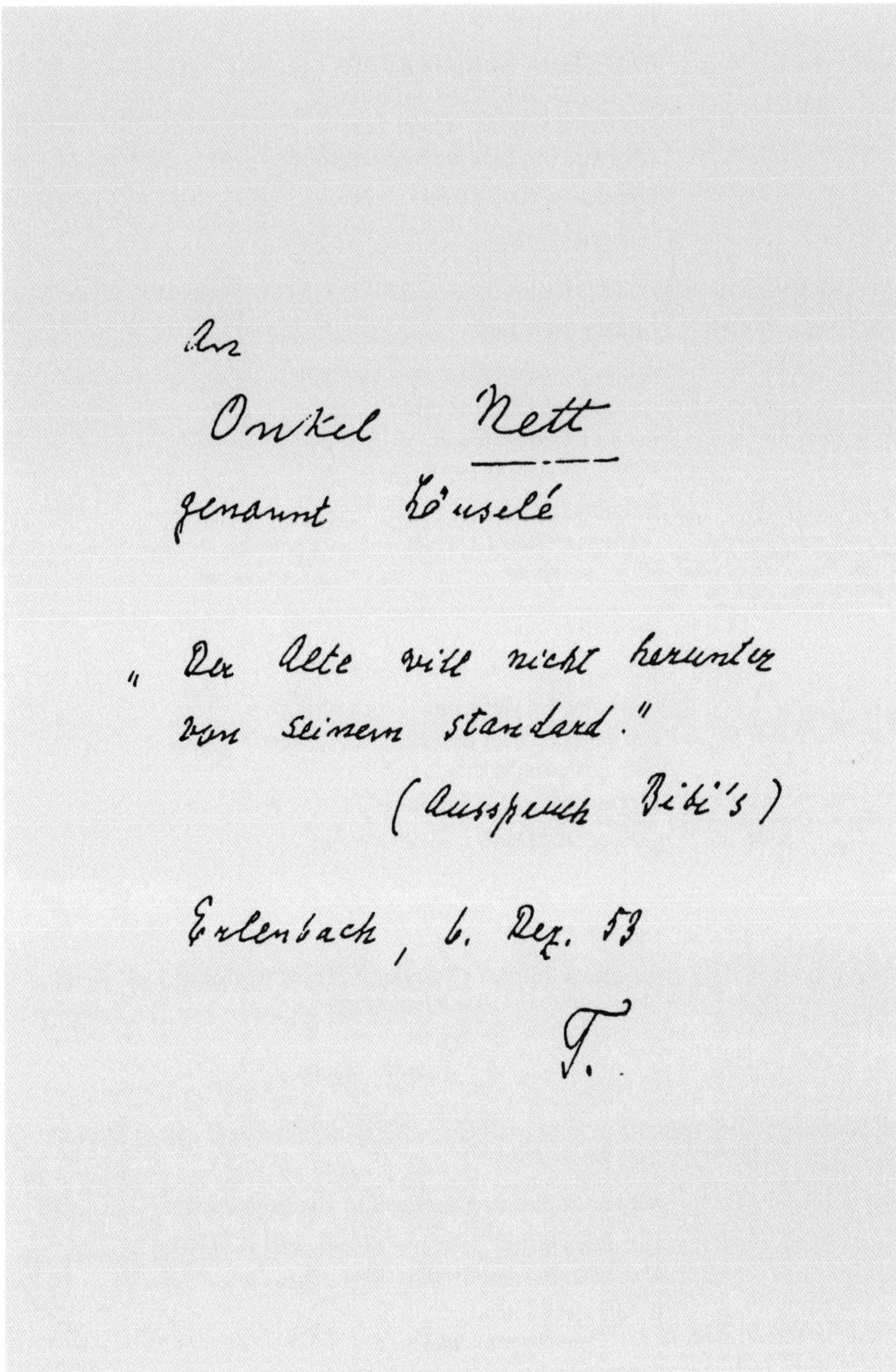

An

Onkel Nett

genannt Zäuselé

„Der Alte will nicht herunter
von seinem standard."

(Ausspruch Bibi's)

Erlenbach, 6. Dez. 53

T.

Widmung Nr. 551

554 *In: Die Betrogene*

Dr. Wolfgang Steinbrüchel
mit herzlichen Festwünschen,
dankbar für seine selbstlose
Fürsorge um meine Wohnungsnot

Erlenbach, 22. Dez. 53

Thomas Mann

555 *In: Die Betrogene*

Seinem wirklichen Geheimen Rat
Dr. Friedrich Rosenthal
mit herzlichem Gruß
zu Weihnachten 1953.

Erlenbach-Zürich
Thomas Mann.

556 *Zu einem Foto*

Klaus Jonas
dem um das Werk eines wunderlichen
Lebens so emsig und treu Bemühten
aufrichtig dankbar

Erlenbach, Januar 1954
Thomas Mann.

557 *Zu einem Foto*

So ganz einfach neben dem? Mir schwindelt.
An Klaus W. Jonas
Erlenbach, 29. Jan. 54
Thomas Mann

558 *Zu einem Foto*

Schlechte Haltung, lecturer in the humanities!

Der Princetoner Lebensepisode gern gedenkend,
nun grüssend aus Switzerland,

lieber Herr Jonas
Ihr Thomas Mann.
29. Jan. 54.

559 *In: Die Betrogene*

Bibi, dem Revolutionskinde,
(daher die böse Fertigkeit in
moderner Musik)

zu seinem 35. Geburtstag
überreicht

vom Z.

Kilchberg, 21. April 1954

560 *In: Altes und Neues*

Hans Mayer

in dankbarer Wertschätzung

Kilchberg den 18. Mai 1954
als er bei uns war

Thomas Mann

561 *In: Die Betrogene*

Elsie von Salis

der lieben Frau, die tapfer und
frei genug ist, diese angefochtene
Geschichte gutzuheißen.

Kilchberg, 6.VI.54
Thomas Mann.

562 *In: Der Erwählte*

Fritz Eschen,

meinem vorzüglichen Portraitisten,
sei dies kuriose Buch zum Dank für
die Mühe, die ich ihm mit der Reproduktion meiner Bildnisse mache,
- weil sie so gut sind -, aufs
freundlichste zugeeignet

Kilchberg-Zürich,
23. Juni 54

Thomas Mann.

563 *In: Gerhart Hauptmann*

An Maxa Mück
zum Gedenken an ihren
Besuch in Kilchberg

am 18. Aug. 1954
Thomas Mann.

564 *In: Ausgewählte Erzählungen*

An Klaus Sommer
mit allen guten Wünschen

Kilchberg, 20. Aug. 1954
Thomas Mann

565 *In: Fiorenza*

Thomas Mann
Düsseldorf den 26. Aug. 54

Ich bin stolz, mich mit meiner
Arbeit in dieser Bibliothek
vertreten zu wissen.

566 *In: The Black Swan*

Mr. Sidney Reach
with all good wishes
from dear Hilde's old boss

Kilchberg, 4. Sept. 1954
Thomas Mann

567 *In: Altes und Neues*

Frau Erika Düby
mit allen guten Wünschen
von Herzen

Kilchberg den 5. September 1954

Thomas Mann

568 *In: Bekenntnisse des Hochstaplers Felix Krull*

An Eri,
deren Wachsamkeit vieles in
diesem Buch zu danken ist,
vor allem „the Lord“
in Liebe und Dankbarkeit

Kilchberg, 3. Okt. 54
Z.

569 *In: Bekenntnisse des Hochstaplers Felix Krull*

Otto Basler
in Burg
ist Nummer Eins, wenn
es ans Widmen geht.
Mög' es ihn unterhalten!

Kilchberg, 6. Okt. 54
Thomas Mann

570 *In: Königliche Hoheit*

Ein froher Händedruck zum Dank
für den Genuss eines schönen, bunten
geistvoll betreuten Werkes

Thomas Mann

571 *In: Bekenntnisse des Hochstaplers Felix Krull*

Der Freundin Lavinia -
möge sie einiges Vergnügen finden
an diesen früh begonnenen und sehr
spät fortgesetzten Scherzen!

Kilchberg, Oktober 1954
Thomas Mann.

572 *In: Bekenntnisse des Hochstaplers Felix Krull*

An Herzchen, 60 x 365 jung
von ihrem älteren Freunde

Kilchberg, Okt. 1954
Thomas Mann.

573 *In: Bekenntnisse des Hochstaplers Felix Krull*

Pierre Düby
quand il aura vingt ans
herzlich
Zürich, 16.X.54
Thomas Mann.

574 *In: Bekenntnisse des Hochstaplers Felix Krull*

Jella Lepman

eigne ich diese Scherze
etwas zaghaft zu.

Zürich, 16.X.54
Thomas Mann.

575 *In: Bekenntnisse des Hochstaplers Felix Krull*

„... Ça finissait par n'être
plus indécent. Il y en a plusieurs,
Carragheus ... Il s'agit seulement
de montrer le plus possible de
phallus. Le plus grant avait un
grelot qui, à chaque mouvement
de reins, sonnait; cela faisait
beaucoup rire."

An Karl Kerényi,
ihm, so scheint es sein zu
sollen, immer verbunden

Kilchberg, Okt. 54
Thomas Mann

576 *In: Bekenntnisse des Hochstaplers Felix Krull*

Dem Lion

auf seine Duldsamkeit
hoffend für diese
„picaresken" Spässe

freundschaftlich

Kilchberg, Okt. 54
Thomas Mann

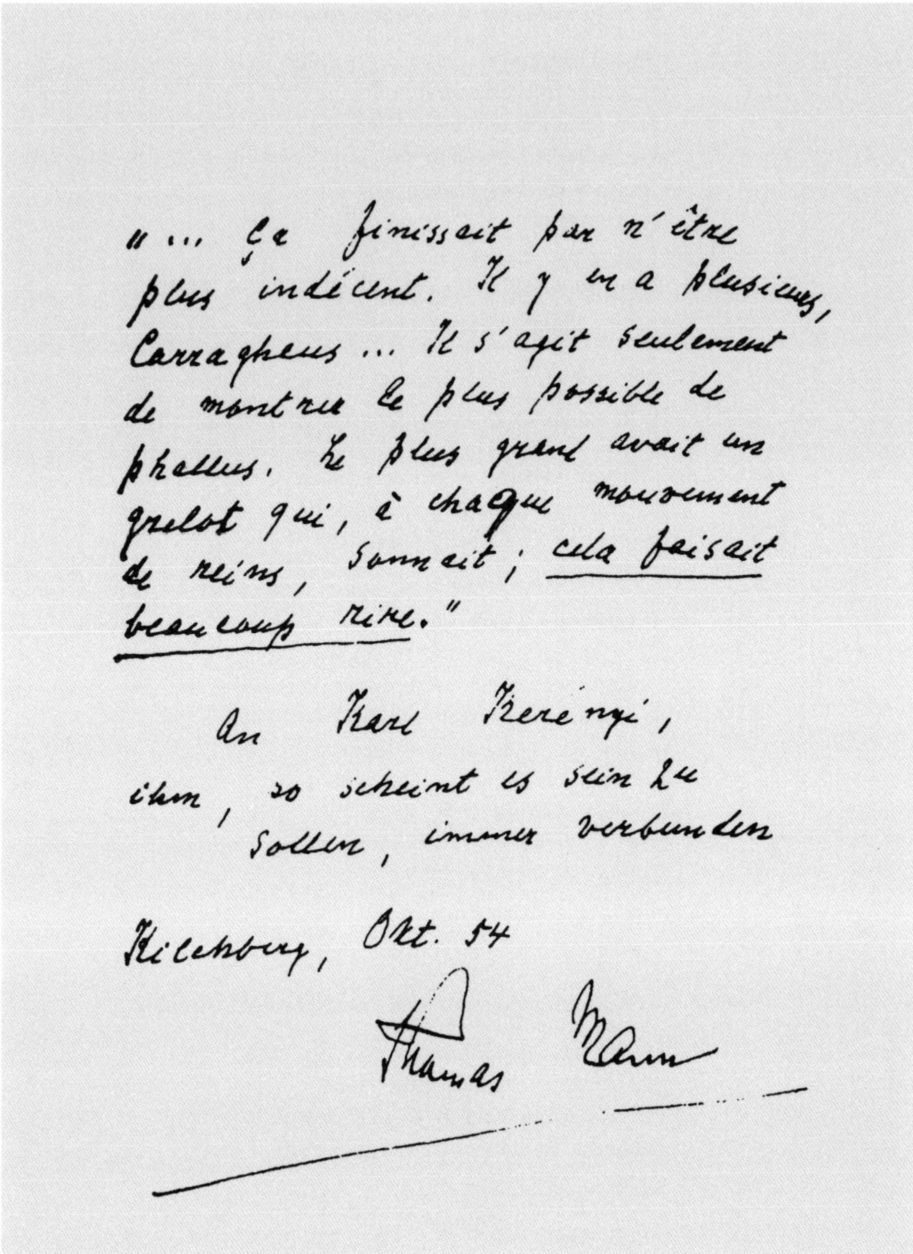

"… Ça finissait par n'être plus indécent. Il y en a plusieurs, Carragheus … Il s'agit seulement de montrer le plus possible de phallus. Le plus grand avait un grelot qui, à chaque mouvement de reins, sonnait; cela faisait beaucoup rire."

An Karl Kerényi, ihm, so scheint es sein zu sollen, immer verbunden

Kilchberg, Okt. 54

Thomas Mann

Widmung Nr. 575

577 *In: Bekenntnisse des Hochstaplers Felix Krull*

Erich Kahler,
dem Freunde überm Meer,
auch dieses Buch, weit offen
wie es steht für weitere
Ungehörigkeiten - wenn ich
dazu komme

Kilchberg - Zürich
Oktober 54
Thomas Mann

578 *In: Bekenntnisse des Hochstaplers Felix Krull*

Bibi und Gret

zur Förderung ihrer Weltkenntnis,
immer auf ihre Bildung bedacht

vom guten Vater Z.

Kilchberg, Okt. 54

579 *In: Bekenntnisse des Hochstaplers Felix Krull*

Freund Läusele

für den Zeitpunkt, wenn er mit
„Königliche Hoheit" fertig ist

Kilchberg, Oktober 1954
T.

580 *In: Bekenntnisse des Hochstaplers Felix Krull*

Mr. John F. Oppenheimer
der durch diese „Ausgabe" dem
Buch in Amerika den Weg bereitete,
dankbar für seine aktive Sympathie

Kilchberg, 22. Okt. 1954
Thomas Mann

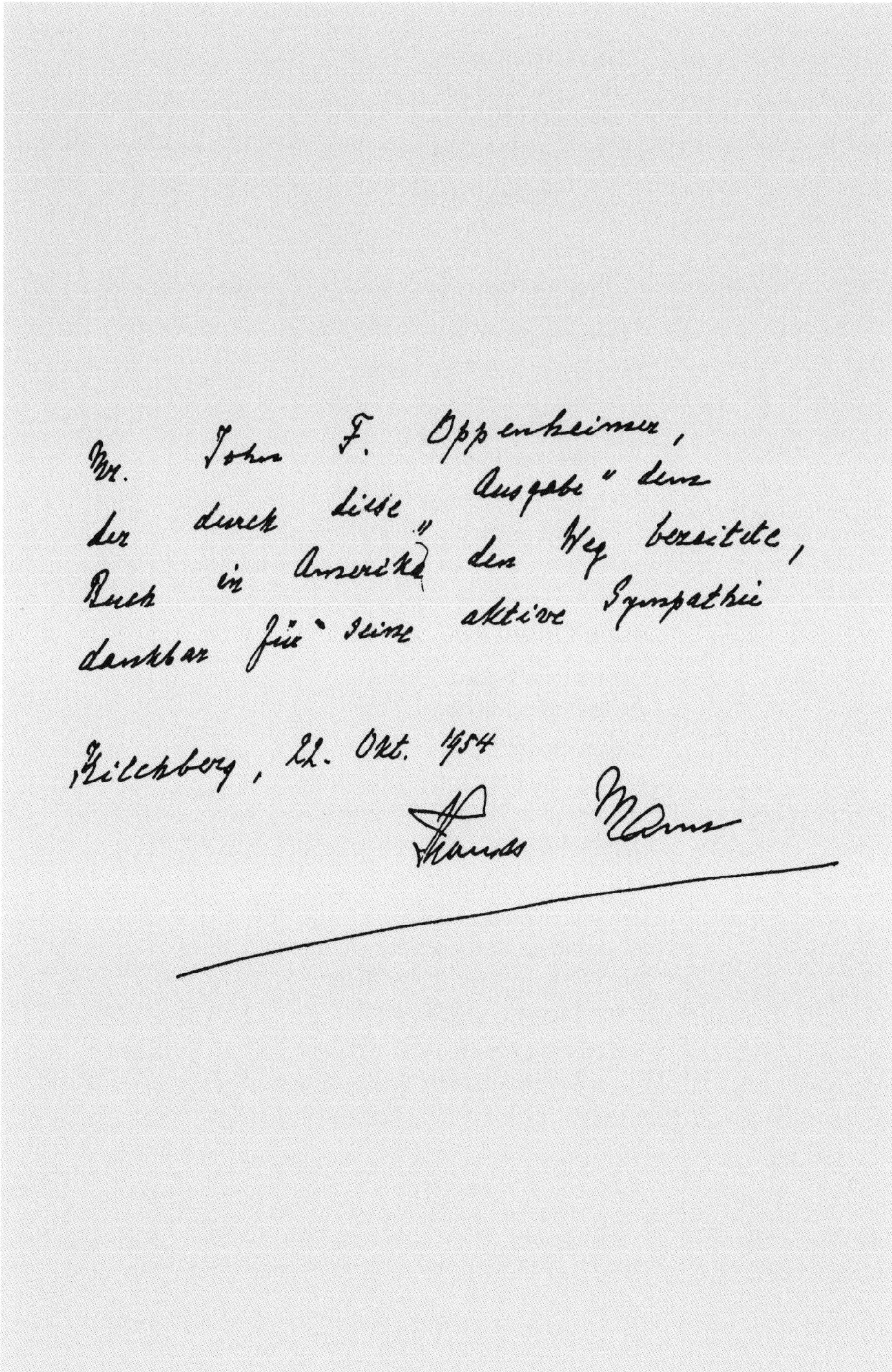
Mr. John F. Oppenheimer,
der durch diese „Ausgabe" dem
Buch in Amerika den Weg bereitete,
dankbar für seine aktive Sympathie

Kilchberg, 22. Okt. 1954

Thomas Mann

Widmung Nr. 580

581 *In: Bekenntnisse des Hochstaplers Felix Krull*

Erich Neumann,
dem Wortgetreuen,
dankbar zugeeignet

Kilchberg, 1. Nov. 54

Thomas Mann

582 *In: Bekenntnisse des Hochstaplers Felix Krull*

Victor Wittkowski
mit allen guten Wünschen
und Grüssen
zum Weihnachtsfest
und neuen Jahr

Kilchberg, Dezember 1954

Thomas Mann

583 *In: Buddenbrooks*

Dem lieben Frido
zu Weihnachten 1954

vom Opapa

584 *In: Bekenntnisse des Hochstaplers Felix Krull*

Frau Lore Rümelin,
der Stütze meines Alters,
da sie meine Handschrift lesen
kann, von welcher diese hier
keine blasse Vorstellung gibt,

zu Weihnachten 1954
Thomas Mann.

585 *In: Bekenntnisse des Hochstaplers Felix Krull*

Hermann (eigentlich Hermi) Ebers,
dem alten Freunde und Anreger der
Josephsromane, dieser neue, eigentlich
etwas ältere und etwas mindere, aber
auch ganz gewinnende Joseph
mit allen guten Wünschen für ihn
und seine Kunst

10. Jan. 1955
Thomas Mann

586 *In: Bekenntnisse des Hochstaplers Felix Krull*

An Lanatsch Schickele
im Gedenken an René
dem dies möglicherweise
gefallen hätte.

Kilchberg, 1. April 1955
Thomas Mann.

587 *In: Der Zauberberg*

Dr. Walter Zimmermann
dem Vertreter unserer Heimat in diesem
schönen Lande mit herzlichen Wünschen
und Grüssen zugeeignet.

Kilchberg, den 3. Mai 1955
Thomas Mann.

588 *Auf einem Widmungsblatt*

Klaus Sommer,

diesmal in Stuttgart,
zum freundlichen Gedenken
9. Mai 55
Thomas Mann

589 *Zu einem Foto*

Dem Bildungswerk des Volksbuchhandels
in dieser vom Genie geadelten Stadt wünsche
ich den schönsten Erfolg

Weimar am 14. Mai 1955
Thomas Mann.

590 *In einem Gästebuch*

Es ist mir eine Ehre und Freude, mich nach der Wiedereröffnung als erster Gast des Hauses in dieses Buch einzutragen.

Weimar den 14. Mai 1955
Thomas Mann

591 *In: Altes und Neues*

Frau Jula Ewers

als ihr dankbarer Gast
am 18. Mai 1955
mit allen guten Wünschen

Thomas Mann.

592 *In: Bekenntnisse des Hochstaplers Felix Krull*

Herbert Mertens
froh seiner Bekanntschaft

Travemünde, 19. Mai 55

Thomas Mann.

593 *In: Bekenntnisse des Hochstaplers Felix Krull*

An Otto Passarge,
das Haupt der Vaterstadt,
der er mich neu und ehrenvoll
verbunden
Thomas Mann

19. Mai 55

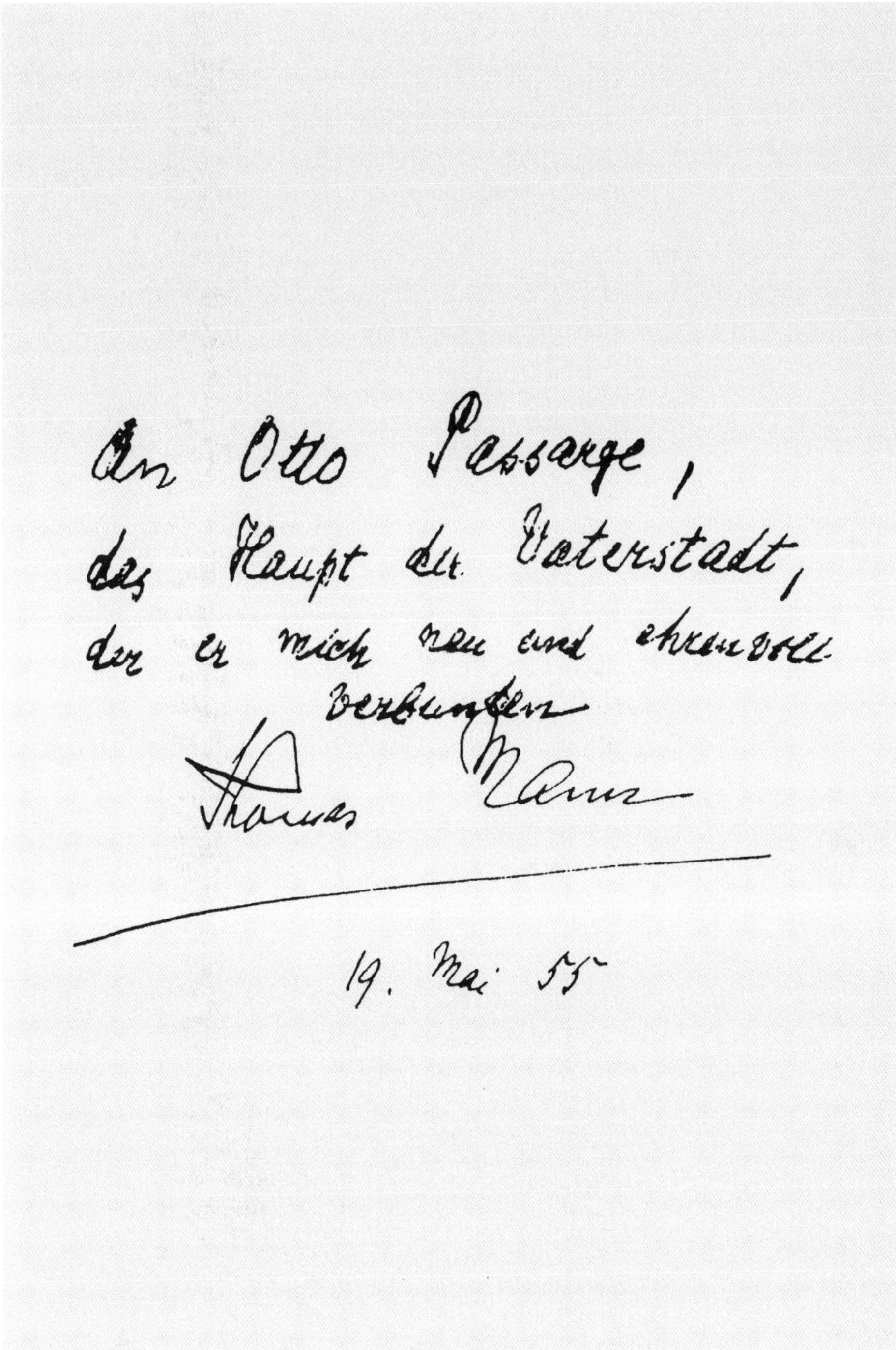

An Otto Passarge,
das Haupt der Vaterstadt,
der er mich neu und ehrenvoll
verbunden
Thomas Mann

19. Mai 55

Widmung Nr. 593

594 *In einem Gästebuch*

Tief ergriffen von der
Aufführung von:
„Das Bild des Menschen"

22. Mai 1955
Thomas Mann.

595 *In: Bekenntnisse des Hochstaplers Felix Krull*

Gustav Hillard-Steinböhmer
in aufrichtiger Wertschätzung,
dankbar für seinen Besuch in
Travemünde
am 22. Mai 1955

Thomas Mann.

596 *In: Buddenbrooks*

Wolf Ritz,
meinem Portraitisten,
der mich nur zu ähnlich
schuf,
mit Beifall, zum freundlichen
Gedenken

Travemünde den 22. Mai 1955

Thomas Mann

597 *In: Buddenbrooks*

Ihr Freund, der feine Dichter Paul Adolf Brenner, schenkt
Ihnen diese Bände, lieber Professor Schmid "zu Ehren meines
80. Geburtstags". Das ist eine
schöne Darbringung, die ihn ehrt
und mich und Sie rühren und
freuen wird. Gern bestätige ich
Sie, den profunden Kenner meines
Werkes, durch meinen Namen im
Besitz dieser schmucken Ausgabe
meiner frühen Erzählungen.

Kilchberg den 31. Mai 55

Thomas Mann

598 *In: Dankadresse*

Dank, vielen Dank! Es lebe die Schweiz!
Es leben die Repräsentanten ihrer Gastlichkeit!
Emmy, Richard, George.

Thomas Mann.

599 *In: Giuseppe e i suoi fratelli*

Maestro Luigi Dallapiccola

Profondément reconnaissant pour
son magnifique cadeau que je
serai toujours heureux et fier
de posséder

Kilchberg, 23 giugno 1955

Allerherzlichsten Dank!
Thomas Mann

600 *Auf einem Widmungsblatt*

Lieblingsverse
„Weite Welt und breites Leben,
Lange Jahre redlich Streben ..."

Kilchberg 23.VI. 1955
Thomas Mann.

601 *In: Versuch über Schiller*

Hans Ewers
in freundschaftlichem Gedenken

Kilchberg, 26.VI.55
Thomas Mann

Der Roman begleitet mich
an die Nordsee.

602 *In: Versuch über Schiller*

An
Ida Herz
auch dies

Kilchberg, 26. Juni 55
Thomas Mann.

603 *In: Versuch über Schiller*

Hermann Hesse,
freundschaftlich, bewundernd

Kilchberg, 26. Juni 55
Thomas Mann

604 *In: Versuch über Schiller*

Bewunderung und Aufblick - wie gut sind sie!
Wer sie nicht kennt, ist schlecht.

An Otto Basler
freundschaftlich
Kilchberg den 26. Juni 55
Thomas Mann

605 *In: Versuch über Schiller*

Bürgermeister Passarge,
Lübecks Oberhaupt
sein Ehrenuntertan

Kilchberg, 26.VI.55
Thomas Mann

606 *Zu einem Foto*

Herrn Dieter Wolfram
mit allen guten Wünschen
zugeeignet

Nordwijk aan Zee, 18. Juli 55
Thomas Mann

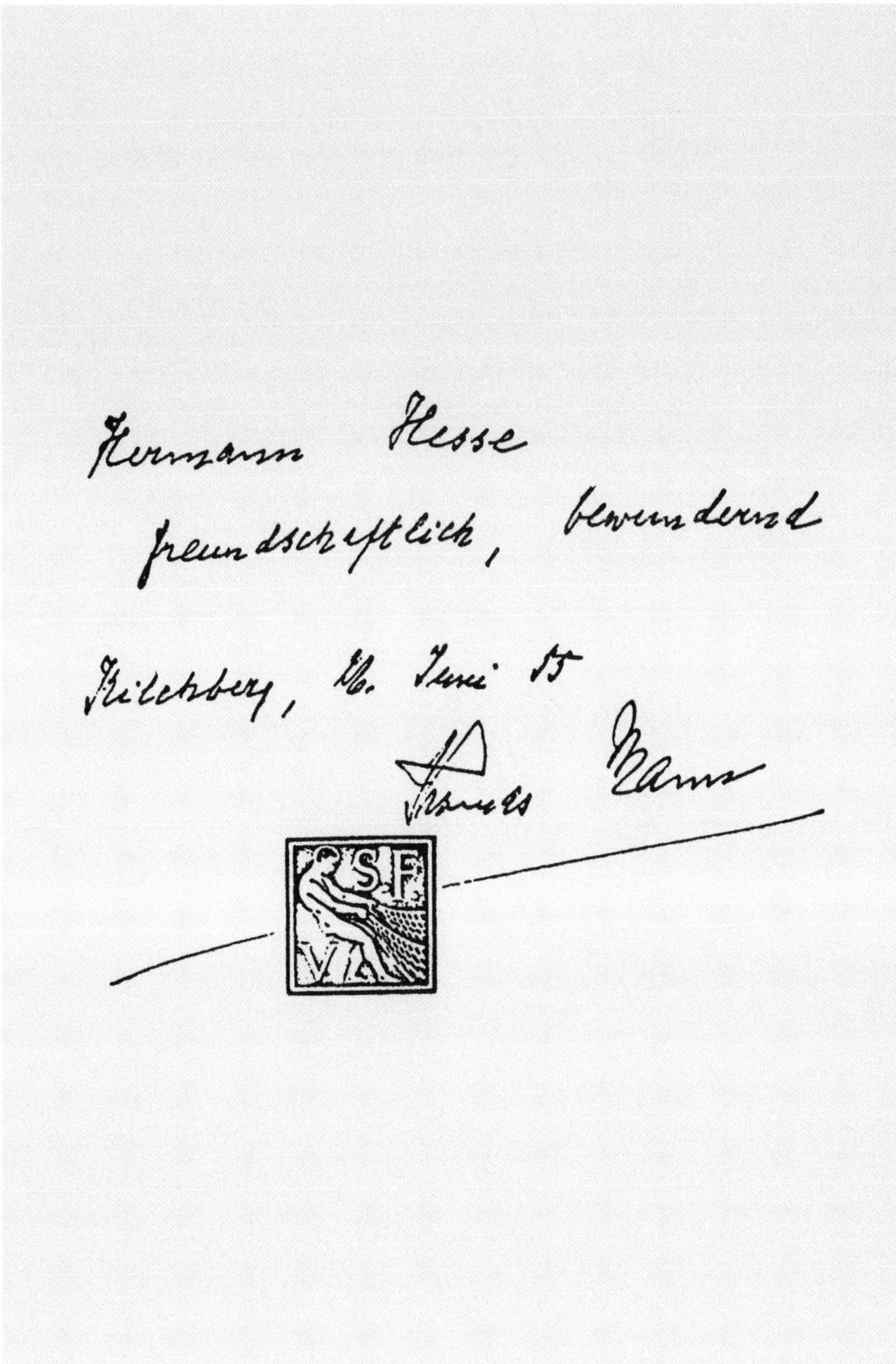

Hermann Hesse
freundschaftlich, bewundernd

Kilchberg, 26. Juni 55
Thomas Mann

Widmung Nr. 603

Siglenverzeichnis

F&A	Frage und Antwort: Interviews mit Thomas Mann 1909 bis 1955. Hrsg. Volkmar Hansen und Gert Heine. Hamburg 1983.
GW	Gesammelte Werke in dreizehn Bänden. Hrsg. Hans Bürgin und Peter de Mendelsohn. Frankfurt am Main 1960 und 1974.
Jonas	Die Thomas Mann-Literatur: Bibliographie der Kritik. Bearbeitet von Klaus W. Jonas in Zusammenarbeit mit dem Thomas Mann-Archiv Zürich. Band I und II, Berlin 1972 und 1979. Band III bearbeitet von Klaus W. Jonas und Helmut Koopmann, in Zusammenarbeit mit dem Thomas Mann-Archiv Zürich. Frankfurt am Main 1997.
Potempa A - I	Georg Potempa: Thomas Mann Bibliographie: Das Werk. Mitarbeit Gert Heine. Morsum/Sylt 1992.
Potempa T	Georg Potempa: Thomas Mann Bibliographie: Übersetzungen-Interviews. Mitarbeit Gert Heine. Morsum/Sylt 1997.

Anmerkungen

1 *1 Mitschüler:* Ernst Kaßbaum.

2 *1 Mitschüler:* Heinrich Vietig, der später protestantischer Pastor wurde.
2 "Befiel dem Herren ...": Aus Psalm 37, Vers 5. Dort: "Befiehl dem Herren ...".

3 *1 Widmung:* Für Johanna Bussenius, Tochter des Leiters des 'Progymnasium Dr. Bussenius' in Lübeck, das TM von 1882-1889 besuchte.
2 "Die Erinnerung ...": Aus Jean Paul Friedrich Richter, 'Erinnerung' in 'Sämtliche Werke', Band 18, S. 149. Weimar 1963.

4 *1 Gästebuch:* Der 'Casa Bernardini' in Palestrina, in der Thomas und Heinrich Mann mehrmals wohnten. Die Eintragung ist nicht datiert. Sie erfolgte aber mit Sicherheit zwischen dem 12. und 16. Juli 1895.

5 *1 Der kleine Herr Friedemann:* Potempa B 1. TMs erste Buchveröffentlichung.
2 Der guten Mutter: Julia Mann, geb. da Silva Bruhns (1851-1923), Mutter von TM.

6 *1 Der kleine Herr Friedemann:* Potempa B 1.
2 Widmung: Heinrich Mann (1871-1950), Schriftsteller, TMs Bruder. Der Widmung ist eine Selbstkarikatur von TM beigefügt.

7 *1 Gespräche mit Goethe:* Von Johann Peter Eckermann. Ph. Reclam-Verlag, Leipzig 1884.
2 Freundin: Ilse Martens (1877-1974), mit TM in seiner Jugendzeit befreundet.

8 *1 Nicht datiert:* Wahrscheinlich aus dem Jahr 1900.
2 I.M.: Ilse Martens, siehe Anm. 7.2.

9 *1 Paul Ehrenberg:* (1878-1949), Maler. Mit TM in seinen frühen Münchner Jahren eng befreundet.
2 "Wo zwei sich ...": Aus Eichendorffs Gedicht 'An L. ...', in 'Sämtliche Gedichte', dtv-Bibliothek 1975, S. 105.

10 *1 Buddenbrooks:* Potempa D 1.1.
2 Schwester Julia: Julia Mann (1877-1927), TMs älteste Schwester.

11 *1 Buddenbrooks:* Potempa D 1.1.
2 Bruder Heinrich: Siehe Anm. 6.2.

12 *1 Buddenbrooks:* Potempa D 1.1.
2 Paul Ehrenberg: Siehe Anm. 9.1.
3 Widmung: Ab der 2. Auflage der »Buddenbrooks« mit geändertem Widmungstext: "Paul Ehrenberg, dem Maler ...".

13 *1 Buddenbrooks:* Potempa D 1.1.
2 Otto Grautoff: (1876-1937), Schriftsteller und Redakteur. Schulfreund von TM.

14 *1 Gästebuch:* Gästebuch des Sanatoriums Dr. von Hartungen. Christoph Hartung von Hartungen (1849-1917) war Leiter eines Sanatoriums in Mitterbad und in Riva am Gardasee, wo Heinrich und Thomas Mann mehrmals zur Kur weilten.
2 "Nun will ich aber ...": Gedicht von TM auf »Mitterbad«. Da das Gästebuch nach Aussage des Urenkels von Dr. von Hartungen, Hans Hartung von Hartungen, nicht mehr existiert, ist nicht mit Sicherheit nachzuweisen, ob TM das Gedicht in das Gästebuch einschrieb, oder ob es sich um einen Entwurf handelt. Abgedruckt in »Thomas Manns Notizbücher 1-6«, Frankfurt a.M. 1991, S. 214 ff.

15 *1 Buddenbrooks:* Potempa D 1.1.
2 Arthur Holitscher: (1869-1941), Schriftsteller. War mit TM von 1898 bis 1903 befreundet. In seiner Novelle »Tristan« verlieh TM dem Schriftsteller Detlev Spinell Züge von Arthur Holitscher.

16 *1 Widmung:* Die Widmung gilt Carl Ehrenberg (1878-1962), Komponist und Dirigent. Bruder von Paul E. (siehe Anm. 9.1). Mit TM in den frühen Münchner Jahren befreundet; ihm ist die Novelle »Tristan« gewidmet.

17 *1 Tristan:* Potempa B 2.
2 Carl Ehrenberg: Siehe Anm. 16.1.

18 *1 Tristan:* Potempa B 2.
2 M.S.: Mary Smith, unbekannte englische Freundin von TM; ihr ist die Novelle »Gladius Dei« gewidmet.

19 *1 Paul Ehrenberg:* Siehe Anm. 9.1.
2 Will' und Wahn: Poetische Anspielung TMs auf Arthur Schopenhauers Werk 'Die Welt als Wille und Vorstellung', mit dem er sich in diesen Jahren auseinander setzte (siehe auch Widmung Nr. 25).

20 *1 Buddenbrooks:* Potempa D 1.1.
2 Kurt Martens: (1870-1945), Schriftsteller. Gehörte in TMs frühen Münchner Jahren zu seinem Freundeskreis.

21 *1 Gästebuch:* Des 'Lübecker Leseabend von 1890'. TM las am 2.12.1904 im 'Alten Kasinosaal' in Lübeck aus »Fiorenza« und die Novelle »Das Wunderkind«.
2 "Der ist noch lange ...": Aus »Tonio Kröger«, GW VIII, S. 302 f.

22 *1 Fiorenza:* Potempa E 20.2.
2 Katjulein: Kosename für Katharina (Katia) Mann, geb. Pringsheim (1883-1980), Ehefrau von TM.

23 *1 Buddenbrooks:* Potempa D 1.2.
2 Isabella Köckenberger: Vermutlich die Hebamme bei der Geburt von TMs Tochter Erika (9.11.1905).

24 *1 Widmung:* Nicht datiert; die Widmung, deren Empfänger nicht ermittelt werden konnte, stammt wahrscheinlich aus dem Jahr 1905.
2 "Die Hemmung ist ...": Der Text der Widmung ist identisch mit dem Aphorismus , »Über Schiller«, den TM im Schiller-Jahr 1905, am 23.4. in der Wiener Wochenschrift 'Die Zeit' veröffentlichte (vgl. Potempa G 21.2). Der erste Satz des Aphorismus stammt aus »Fiorenza«. GW VIII, S. 1063.

25 *1 Buddenbrooks:* Potempa D 1.2.
2 Widmung: Die Widmung gilt William Sawitzky (1879-1947). Er lebte in Riga. Sawitzky wird in der Widmung nicht erwähnt, ist jedoch als Adressat gesichert (vgl. Klaus W. Jonas 'German and Austrian Contributions to World Literature 1890-1970'). University of Pittsburgh, 1983, S. 32 f.
3 Habent sua fata libelli: Bücher haben ihre Schicksale.
4 einer seiner ersten Kritiker: Samuel Lublinsky (1868-1910), deutscher Literaturkritiker und Essayist. Er wies als erster Kritiker auf die zukünftige Bedeutung der »Buddenbrooks« hin (Jonas 02.5 a).
5 Deutsche Litteratur des XIX. Jahrhunderts: Hrsg. von Richard Moritz Meyer, Berlin 1906.
6 Nyls Lyhne: Richtig »Niels Lyhne«. Roman des dänischen Schriftstellers Jens Peter Jacobsen (1847-1885). Der Roman erschien 1880 und wurde 1889 ins Deutsche übersetzt.
7 Gestaltung der Widmung: Die Widmung, wohl TMs umfangreichste, verteilt sich auf vier Buchseiten: TM signierte unter dem Firmensignet des S. Fischer Verlags. Wahrscheinlich hat er danach dem Text einen weiteren Teil angefügt und ihn dann auf dem Titelblatt des Buches mit der Datierung "München, November 1906" abgeschlossen.

26 *1 Widmung:* Nicht datiert; wahrscheinlich aus dem Jahr 1907. Der Empfänger der Widmung konnte nicht ermittelt werden.

27 *1 Widmung:* Nicht datiert; wahrscheinlich aus dem Jahr 1907. Der Empfänger der Widmung konnte nicht ermittelt werden.
2 "... Ich hasse diese ...": Aus »Fiorenza«, GW VIII, S. 1063.

28 *1 Widmungsblatt:* Postkarte aus der Serie 'Autogramme Münchener Dichter', gedruckt 1908.
2 "Fiore Ich will nur ...": Aus »Fiorenza«, GW VIII, S. 1018. TM verwandte dieses Zitat sehr oft und zumeist in verkürzter Form zu Widmungszwecken. U.a. am 23.7.1907 an Dr. Carl Heine, Regisseur der Erstaufführung von »Fiorenza« im Frankfurter Schauspielhaus am 11.5.1907.

29 *1 Widmungsblatt:* Anläßlich des Erscheinens der Nr. 5000 von 'Reclam's Universalbibliothek', Leipzig 1909. TMs Beitrag, S. 572, ist eine von mehr als 1200 Widmungen (Potempa G 40.1).

30 *1 Königliche Hoheit:* Potempa D 2.2.
2 Heinrich: Siehe Anm. 6.2.

31 *1 Königliche Hoheit:* Potempa D 2.2.
2 Georg Martin Richter: (1875-1941), Münchner Kunsthistoriker, -sammler und -händler. Pate von TMs Sohn Michael (siehe Anm. 282.2).

32 *1 Widmung:* Der Empfänger der Widmung konnte nicht ermittelt werden.
2 Hans Sachs: (1494-1576), Deutscher Meister und Dichter.
3 "Die Kunst wächst ...": Das von TM verwandte Zitat lautet im Original:
" Die Kunst wechst auf eim Reis
Haisst uebung, müe und fleis."
TM kannte das Zitat wahrscheinlich aus dem 'Spruchwörterbuch' von Franz Freiherr von Lipperheide, Berlin 1907 (vgl. dort Hans Sachs 'Sehr herrliche Schöne und wahrhafte Gedicht').

33 *1 Bilse und ich:* Potempa G 26.3.
2 Hermann Hesse: (1877-1962), Dichter und Nobelpreisträger (1946).

34 *1 Gästebuch:* Von Hermann Ebers (1881-1955), Maler und Illustrator. Seine Lithographien zur biblischen Josephslegende gaben TM 1923 die erste Anregung für eine 'Josephs-Novelle', aus der sich die 'Josephs-Tetralogie' entwickelte.
2 leider auch neidisch: Katia Manns Eintragung bezieht sich auf das bewunderte Haus von H. Ebers.

35 *1 Königliche Hoheit:* Potempa D 2.2.
2 Widmung: Der Empfänger der Widmung konnte nicht ermittelt werden.
3 "... heutzutage muß ...": Aus »Königliche Hoheit«. GW II, S. 87.

36 *1 Der Tod in Venedig:* Potempa E 26.3.
2 Erwin Rosolio: Nichts Näheres ermittelt.
3 Widmung: Nicht datiert; die Widmung stammt wahrscheinlich aus dem Jahr 1913.
4 "Lebendige, geistig ...": Aus »Der Tod in Venedig«. GW VIII, S. 454.

36 a *1 Der Tod in Venedig:* Potempa E 26.3.
2 Herrn Hans von Weber: Hans von Weber (1872-1924), Verleger.
3 diese anrüchige Geschichte: »Der Tod in Venedig« (Potempa E 26.1). Die erste Ausgabe der Novelle war 1912 im 'Hyperionverlag', dessen Inhaber von Weber war, in der Reihe der 'Hundertdrucke' erschienen.
4 Widmung: Die Widmung ist nicht datiert. Da jedoch über TMs Eintragung eine am 2. April 1913 geschriebene Widmung von Samuel Fischer (siehe Anm. 143.1) an von Weber steht, kann angenommen werden, daß TMs Text vom gleichen Tage stammt.
Die Widmung von S. Fischer lautet:
"Hans von Weber
dem Luxusgenossen
guter Bücher
als einen Gruss
am 2. April 1913
von S Fischer".

37 *1 Widmung:* Nicht datiert; wahrscheinlich aus dem Jahr 1913. Der Empfänger der Widmung konnte nicht ermittelt werden.
2 "Und hat Form ...": Aus »Der Tod in Venedig«, GW VIII, S. 455.

38 *1 Der Tod in Venedig:* Potempa E 26.3.
2 Hedwig Dohm: (1831-1919), Schriftstellerin und Frauenrechtlerin. Großmutter von Katia Mann (siehe Anm. 22.2).
3 Widmung: Nicht datiert; wahrscheinlich aus dem Jahr 1913.

39 *1 Widmung:* Auf einer Ansichtskarte, die TM vor einem geöffneten Buch, am Tisch sitzend, zeigt.
2 Adressat: Die Ansichtskarte trägt die Anschrift von Lilly Frankl, über die sich nichts Näheres ermitteln ließ.
3 Vortragsabend: TM las am 6.12.1913 in der 'Budapester Musikakademie' aus dem »Felix Krull« und die Novellen »Der Kleiderschrank« und »Das Wunderkind«.

40 *1 Gästebuch:* Des 'Lesezirkel Hottingen'. 1882 von Hans Bodmer (1863-1948) gegründete Zürcher Literaturgesellschaft, die bis 1940 bestand.
2 "Der Schriftsteller ist ...": Aus »Tristan«, GW VIII, S. 251.

41 *1 Gästebuch:* Von Philipp Witkop (1880-1942), Germanist in Freiburg i.B. Mit TM seit 1904 bekannt.
2 Sie führten mich: TM las am 15.7.1914 in Freiburg aus dem »Zauberberg«.

42 *1 Friedrich und die große Koalition:* Potempa B 63.1.
2 Philipp Witkop: Siehe Anm. 41.1.

43 *1 Friedrich und die große Koalition:* Potempa B 63.1.
2 Läusele: Kosename für Klaus Pringsheim (1883-1972), Dirigent und Komponist. Zwillingsbruder von Katia Mann (siehe Anm. 22.2).

44 *1 Der Tod in Venedig:* Potempa E 26.3.
2 Hände eines Mannes: Theodor Voigt (geb. 1878), Germanist.
3 für Deutschland kämpft: Voigt war Soldat.

45 *1 Widmungsblatt:* In einem zum 100. Geburtstag von Theodor Storm (1817-1888) erschienenen 'Gedenkbuch'. Hrsg. von Friedrich Düsel, Braunschweig 1916. TMs Beitrag steht auf Seite 30 (Potempa G 99.1).
2 Meister Erwin: Erwin von Steinbach (um 1244-1318), Leiter der Straßburger Münsterbauhütte.

46 *1 Der Tod in Venedig:* Potempa E 26.3.
2 Heinrich Blumenfeld: Nichts ermittelt.
3 "Dies durfte wohl ...": Aus Goethe 'Schillers Braut von Messina - Den 15. Dezember 1818', Weimarer Ausgabe, Band 5.1, S. 48.

47 *1 Hotel Stadt Hamburg:* TM las am 11.1.1918 in Hamburg »Schwere Stunde«, »Das Wunderkind«, aus »Felix Krull« und aus »Königliche Hoheit«.

48 *1 Betrachtungen eines Unpolitischen:* Potempa G 108.1.
2 Ida Boy-Ed: (1852-1928), Lübecker Schriftstellerin.

49 *1 Betrachtungen eines Unpolitischen:* Potempa G 108.1.
2 Joseph Hofmiller: Richtig: Josef H. (1872-1933), Literaturkritiker und Essayist.

50 *1 Buddenbrooks:* Wahrscheinlich Potempa D 1.4.
2 Widmung: Der Empfänger der Widmung konnte nicht ermittelt werden.
3 "Die Kunst beschäftigt ...": Aus Goethe 'Maximen und Reflexionen', Hamburger Ausgabe, Band XII, S. 469.

51 *1 Betrachtungen eines Unpolitischen:* Potempa G 108.1.
2 liebes Herz: Katia Mann (siehe Anm. 22.2).

52 *1 Brigitte-Eva Fischer:* (1905-1991), Tochter von Samuel Fischer, dem Gründer des S. Fischer-Verlags. 1926 Ehe mit Gottfried Bermann Fischer (1897-1995).

53 *1 Buddenbrooks:* Potempa D 1.3.
2 Julius Spiegel: TM im Tagebuch am 31.X.1919: "Empfing den jungen Kunstschüler Spiegel, rührender Mensch, taubstumm oder taub und fast auch stumm. Er schenkte mir eine Oelskizze und ein Portrait, das er bei der Jaffe-Vorlesung von mir gezeichnet, und ich mußte ihm Bücher signieren. Er will Zeichnungen zum »TiV« machen, den er offenbar glühend liebt. Ist auch Tanzkünstler".

54 *1 Gästebuch:* Des 'Literarischen Bundes' in der Landesgewerbeanstalt Nürnberg, wo TM am 20.11.1919 aus »Gesang vom Kindchen« und »Herr und Hund« las. TM hat die Widmung, seinem Tagebuch zufolge, am 21.11.1919 in das bisher nicht aufgefundene Gästebuch eingetragen.
2 ein schlimmer Stück: »Der Zauberberg«, zu dem TM im April 1919 die Arbeit wieder aufgenommen hatte.

55 *1 Herr und Hund - Gesang vom Kindchen:* Potempa B 5.
2 Ernst Bertram: (1884-1957), Professor für Literaturgeschichte. War mit TM seit 1910 befreundet und war der Pate von TMs dritter Tochter Elisabeth (siehe Anm. 260.2).
3 "Meister jenes Buchs": Aus »Gesang vom Kindchen«, GW VIII, S. 1100. Gemeint ist Ernst Bertram und sein 1918 erschienenes, von TM sehr geschätztes Buch über Nietzsche.

56 *1 Fiorenza:* Potempa E 20.2.
2 Wilhelm Klitsch: (1882-1941), österr. Schauspieler. Spielte in der Aufführung von »Fiorenza«, am 6.12.1919 im 'Akademie Theater Wien', den Lorenzo.

57 *1 Herr und Hund - Gesang vom Kindchen:* Potempa B 5.
2 Hugo von Hofmannsthal: (1874-1929), österr. Dichter.
3 Frau ohne Schatten: Schauspiel von Hofmannsthal (1919). Im gleichen Jahr von Richard Strauss vertont.

58 *1 Buddenbrooks:* Potempa D 1.6.
2 Eri: Erika Mann (1905-1969), Schauspielerin und Schriftstellerin. TMs älteste Tochter.
3 Pielein: Kosename der Mann-Kinder für ihren Vater.

59 *1 Herr und Hund - Gesang vom Kindchen:* Potempa B 5.
2 Ferdinand Onno: (1892-1955), österr. Schauspieler. Spielte in der Aufführung von »Fiorenza« (siehe Anm. 56.2) den Prior.

60 *1 Herr und Hund:* Potempa E 27.1. Eines der drei Autorenexemplare dieser auf 120 Exemplare limitierten, von TM signierten Ausgabe (vgl. auch TMs Tagebucheintragung vom 8. und 10.III. 1920).
2 Robert Hallgarten: (1870-1924), Privatgelehrter und Nachbar von TM im Münchner Herzogpark.

61 *1 Ein ganzes Heft Autographa!:* Veröffentlichung der 'Deutschen Schiller-Gesellschaft', Marbach am Neckar, 1995, S. 76.
2 Gesang vom Kindchen: Potempa E 28.
3 "Denn Gewissen schien ...": Aus »Gesang vom Kindchen«, GW VIII, S. 1068.

62 *1 Gästebuch:* Von Hedwig (1893-1978) und Wilhelm (1892-1955) Buller. Industrielle aus Mülheim an der Ruhr. TM übernachtete, wenn er in der Nähe las, meistens in ihrem Hause. Der Fabrikant Bullinger im Roman »Doktor Faustus« trägt Züge von Wilhelm Buller.

63 *1 Widmung:* Auf einen Briefbogen der 'Stadtbibliothek Dortmund'.
2 reichsten Eindrücke: Die 'Dortmunder Zeitung' berichtete am 9.11.1920 unter dem Titel "Autographen-Ausstellung in der Dortmunder Stadtbibliothek" u.a.: "Am vergangenen Sonntagnachmittag fand in der Dortmunder Stadtbibliothek ein kleine, aber eindrucksvolle Feier zu Ehren des Dichters Dr. Thomas Mann statt. [...] Dr. Thomas Mann, wie auch alle Anwesenden waren überrascht von der Fülle und dem Werte des Autographen-Materials und schieden mit dankbaren Gefühlen für die reichsten Anregungen."

64 *1 Gästebuch:* Des 'Lesezirkels Hottingen' (siehe Anm. 40.1).
2 noch immer nicht leichter: Das Schreiben (siehe Widmung 40).

65 *1 Widmung:* Der Empfänger der Widmung konnte nicht ermittelt werden.
2 "Man ist Dichter ...": Aus »Russische Anthologie«, GW X, S. 592. Dort: "Denn man ist ...".
3 Basel: TM las aus dem »Der Zauberberg«.

66 *1 Widmung:* Für Wilhelm Buller (siehe Anm. 62.1).
2 "Wir haben das ...": Aus Goethe 'Wilhelm Meister - Aus Makariens Archiv', Hamburger Ausgabe, Band 8, S. 469.

67 *1 Wälsungenblut:* Potempa E 22.2.
2 Alexander Eliasberg: (1878-1924), Literaturkritiker und Übersetzer.
3 Widmung: Auf Seite 88 dieses Widmungsexemplars (Schluß der Novelle) strich TM zweieinhalb Zeilen und ersetzte sie handschriftlich: "... was wird mit ihm sein? Beganeft haben wir den Goy!" In Klammern schrieb er daneben: "(Ursprüngliche Fassung. Leider versehentlich nicht wieder hergestellt.)", (vgl. auch TMs Tagebucheintragung vom 13.IV.1921).

68 *1 Gästebuch:* Von Hermann Ebers (siehe Anm. 34.1).

69 *1 Gästebuch:* Einer Lübecker Kaufmannsfamilie. Nichts Näheres ermittelt. TM machte laut Tagebucheintragung vom 17.9.1921: "Besuche bei Verwandten".

70 *1 Gästebuch:* Des 'Lesezirkels Hottingen' (siehe Anm. 40.1).

71 *1 Rede und Antwort:* Potempa B 64.
2 Josef Hofmiller: Siehe Anm. 49.2.
3 Fall literarischer Kritik: TM bezieht sich auf Hofmillers Besprechung des »Tod in Venedig«, in 'Süddeutsche Monatshefte', Mai 1913, Heft 10 (Jonas 13.3).

72 *1 Rede und Antwort:* Potempa B 64.
2 Meiner Braut: Katia Mann, siehe Anm. 22.2.
3 Verfasser Reh: TM schenkte seiner Braut Katia Pringsheim zum Geburtstag 1904 die kleine Bronzeplastik eines Reh's. Er hatte dem Geschenk ein Kärtchen beigefügt, auf dem er schrieb:
"Unfähig eine Überraschung zu ersinnen,
bringt das Reh sich selbst zum Opfer dar."
(vgl. Peter de Mendelssohn, 'Der Zauberer', Frankfurt am Main 1975, S. 633 f.).

73 *1 Rede und Antwort:* Potempa B 64.
2 Dr. Ernst Hanhart: (1891-1973), Zürcher Arzt. Beriet TM häufig in medizinischen Fragen; u.a. während der Arbeit am »Zauberberg«.
3 Gastfreunden: TM weilte vom 6.-13.XI.1921 zu Vorlesungen in Zürich, wo er in der Tonhalle aus dem »Zauberberg« und in der Universität »Goethe und Tolstoi« vortrug. In sein Tagebuch schrieb er unter dem gleichen Datum: "Logis bei den guten Hanharts."

74 *1 Der kleine Herr Friedemann:* Potempa B 3.2.
2 Eri, Pielein: Siehe Anm. 58.2 und 58.3.

75 *1 Buddenbrooks:* Potempa D 1.2.
2 Eugen Kalkschmidt: (1874-1962), Literaturkritiker.
3 fröhliche Jugendstunden: Um die Jahrhundertwende.

76 *1 Rede und Antwort:* Potempa B 64.
2 Korfiz Holm: (1872-1942), Schriftsteller und Übersetzer.
3 gemeinsame Jugendtage: Holm war ein Schulfreund von TM und (um die Jahrhundertwende) sein Redakteur beim 'Simplicissimus'.

77 *1 Rede und Antwort:* Potempa B 64.
2 Heinrich: Heinrich Mann (siehe Anm. 6.2.).

78 *1 Rede und Antwort:* Potempa B 64.
2 Hans Reisiger: (1884-1968), Erzähler und Übersetzer. Mit TM und seiner Familie befreundet. Reisiger wurde von TM in dem Roman »Doktor Faustus« in der Figur des Rüdiger Schildknapp porträtiert.
3 Whitman: Der amerikanische Dichter Walt Whitman (1819-1892). Wurde von Reisiger ins Deutsche übertragen.

79 *1 Gästebuch:* Der 'Buddenbrook-Buchhandlung' in Lübeck.
2 Eröffnungstag: Die Buchhandlung wurde im Hause Mengstraße 4, im Beisein von TM, am 4.3.1922 eröffnet.

80 *1 Gästebuch:* Von Hermann Ebers, siehe Anm. 34.1.
2 Nachbarn in spe: TM plante 1922 den Bau eines Sommerhauses in der Nähe des Hauses von Ebers am Starnbergersee. (vgl. Dirk Heisserer 'Wind, Wellen und Dorfbanditen', München 1995, S. 162 ff.).

81 *1 Gästebuch:* Von Karl Zimmermann (geb. 1891), Bankbeamter.
2 "Die echte Geduld ...": Aus Novalis 'Die Enzyklopädie', III Medizin und Psychologie, Notat Nr. 422. In 'Werke und Briefe', München 1953, S. 519. Der vollständige Text lautet im Original:
"Geduld ist zweyerlei - ruhige Ertragung des Mangels, ruhige Ertragung des Übermaßes. Die ächte Geduld zeugt von großer Elasticität".
3 Novalis: Eigentlich Friedrich Freiherr von Hardenberg (1772-1801).

82 *1 Gästebuch:* Von Carl Paffrath (1857-1930), Dr. med. und Geheimer Medizinalrat. Paffrath war seit 1895 Königlicher Kreisarzt und auch für die 'Nervenheilanstalt Bedburg-Hau' (heute 'Rheinische Landesklinik Bedburg-Hau'), die TM besuchte, zuständig. Es ist denkbar, daß die Schilderung des epileptischen Anfalls des Lehrers Popòw im »Zauberberg« (GW III, S. 417 f.), an dem TM arbeitete, auf ein Erlebnis in der "großen Irrenanstalt", so TM am 20.X.1922 auf einer Postkarte an seinen Bruder Heinrich, zurückgeht.
2 Widmung: TM las am 18.10.1922 auf einer Veranstaltung der 'Literarischen Gesellschaft' in Cleve (heute: Kleve). Wie aus der Widmung hervorgeht, hat TM erst im Frühjahr 1923 die zurückdatierte Eintragung in München, wohin man ihm das Gästebuch vermutlich nachgesandt hatte, vorgenommen.

83 *1 Foto:* Das Foto zeigt eine mit H. Heuser signierte Radierung von TM. Der Empfänger der Widmung konnte nicht ermittelt werden.
2 "Ein Künstler will ...": Aus »Bilse und ich«, GW X, S. 19. Das Zitat ist gegenüber dem Originaltext leicht verändert.

84 *1 Rede und Antwort:* Potempa B 64.
2 Widmung: Die Widmung gilt der philosophischen Fakultät der 'Rheinischen Friedrich Wilhelm-Universität' Bonn. Sie hatte TM am 3.8.1919, dem Tag ihrer Jahrhundertfeier, die Ehrendoktorwürde verliehen.

85 *1 Tristan:* Potempa E 13.2.
2 Dem nachbarlichen Freunde: Berthold Litzmann (1857-1926), Literatur- und Theaterwissenschaftler. Er beantragte zusammen mit Ernst Bertram (siehe Anm. 55.2) die Verleihung der Ehrendoktorwürde der Universität Bonn an TM (siehe Anm. 84.2).

86 *1 Tristan:* Potempa E 13.2.
2 Gastfreund von Barcelona: Carlos Mallin. Er war Leiter eines 'Kulturkreises' in Barcelona und möglicherweise der Veranstalter einer Vorlesung TMs am 27.4.1923. TM las aus »Goethe und Tolstoi« im 'Mozart Saal', der im spanischen Bürgerkrieg zerstört wurde. Er war während seines Aufenthalts Gast von Mallin und dieser besuchte ihn im Mai 1923 in München.

87 *1 Novellen:* Potempa B 6.
2 Wilhelm Ullmann: Kaufmann und Generalvertreter der 'Singer-Nähmaschinen-Gesellschaft' in Madrid, in dessen Haus TM während seiner Spanienreise, April-Mai 1923, zu Gast war.

88 *1 Bekenntnisse des Hochstaplers Felix Krull:* Potempa D 12.1.2.
2 Berthold Litzmann: Siehe Anm. 34.2.

89 *1 Bekenntnisse des Hochstaplers Felix Krull:* Potempa D 12.1.2.
2 Gerhart Hauptmann: (1862-1946), Dichter und Nobelpreisträger (1912).
3 Margarete Hauptmann: (1875-1957) geb. Marschalk. Gerhart Hauptmanns Frau.

90 *1 Bekenntnisse des Hochstaplers Felix Krull:* Potempa D 12.1.2.
2 Hugo von Hofmannsthal: Siehe Anm. 57.2.
3 Scherz: Siehe Anm. 571.3.

91 *1 Bekenntnisse des Hochstaplers Felix Krull:* Potempa D 12.1.2.
2 Arthur Schnitzler: (1862-1931), österr. Dichter.
3 Scherz: Siehe Anm. 571.3.

92 *1 Rede und Antwort:* Potempa B 64.
2 Félix Bertaux: (1881-1948), franz. Germanist. Übertrug u.a. den »Tod in Venedig« ins Französische.

93 *1 Bekenntnisse des Hochstaplers Felix Krull:* Potempa D 12.1.2.
2 Scofield Thayer: Redakteur der amerikanischen Monatszeitschrift 'The Dial'.
3 Scherz: Siehe Anm. 571.3.

94 *1 Zeitgenossen zum Mannheimer Pressefest 1924:* Mannheimer Vereinsdruckerei 1924, unpaginiert. Die Veröffentlichung enthält insgesamt 81 faksimilierte Texte.
2 "Form ist ...": Aus »Form« (Potempa G 204). Vermutlich für die Festschrift 'Eranos' zum 50. Geburtstag von Hugo von Hofmansthal (siehe Anm. 57.2) geschrieben. Dort allerdings nicht erschienen. Der Text wurde von TM in leicht voneinander abweichender Form für verschiedene Anlässe verwandt.
3 Widmung: Den gleichen Text schrieb TM auf ein Widmungsblatt für den Abiturientenjahrgang 1924 der 'Drei Königs-Schule' in Dresden.

95 *1 Gästebuch:* Von Philipp Witkop (siehe Anm. 41.1).
2 Freiburg: TM befand sich vom 12.-26.11.1924 auf einer Vortragsreise und las auch in Freiburg i.B.

96 *1 Der Zauberberg:* Potempa D 3.1.
2 Konstanze Hallgarten: Constance Hallgarten (1881-1969), Ehefrau von Robert H. (siehe Anm. 60.2).
3 In schwerer Stunde: Der Ehemann von Frau Hallgarten war verstorben (siehe Anm. 60.2).

97 *1 Der Zauberberg:* Potempa D 3.1.
2 Joseph Chapiro: (1893-1962), aus Kiew stammender Journalist und Literat.

98 *1 Der Zauberberg:* Potempa D 3.1.
2 Hermann Ebers: Siehe Anm. 34.1.

99 *1 Der Zauberberg:* Potempa D 3.1.
2 Heinrich: Heinrich Mann, siehe Anm. 6.2.
3 Mimi: Die aus Prag stammende Schauspielerin Maria Canova (1886-1947), Ehefrau von Heinrich Mann.

100 *1 Der Zauberberg:* Potempa D 3.1.
2 Kollegen: Klaus Mann (1906-1949), Schriftsteller. TMs ältester Sohn.

101 *1 Josef Ponten:* (1883-1940), Schriftsteller. War mit TM vom Ende des 1. Weltkrieges bis Mitte der zwanziger Jahre befreundet.

102 *1 Bemühungen:* Potempa B 65.
2 Widmung: Die Widmung ist nicht datiert, stammt aber wahrscheinlich aus dem Jahre 1925.
3 Hans und Li: Vermutlich Verwandte oder gute Bekannte von TM. Denkbar als Widmungsadressaten wäre das Ehepaar Julie und Hans Ewers (siehe Widmungen 591 und 601).

103 *1 Der Zauberberg:* Potempa D 3.1.
2 Philipp Witkop: Siehe Anm. 41.1.

104 *1 Fräulein Nandl:* Nandl Kreuzmeier, war im Hause Mann als Köchin beschäftigt.

105 *1 Gästebuch:* Von Hermann Ebers: Siehe Anm. 34.1.
2 "... Wirte wundermild ...": Aus Ludwig Uhland 'Wanderlieder – 8. Einkehr'. In 'Gedichte', J.G. Cotta'scher Verlag, Stuttgart und Tübingen, 1841, S. 83. Von TM öfters gebrauchte Dankesworte für gute Bewirtung (siehe Widmungen 203 und 226).
3 musische Verschmelzungen: Siehe Anm. 34.1.

106 *1 Bemühungen:* Potempa B 65.
2 Hans Reisiger: Siehe Anm. 78.2.
3 einer schönen Vorlesung: Reisiger hatte vermutlich aus seiner entstehenden Novelle 'Unruhiges Gestirn - Die Jugend Richard Wagners', Leipzig 1930, vorgelesen.

107 *1 Bemühungen:* Potempa B 65.
2 Klaus: Klaus Mann (siehe Anm. 100.2).
3 Z: Kurzform für 'Zauberer'. TMs Kinder redeten ihren Vater, auch in Briefen, häufig in dieser Form an.

108 *1 Bemühungen:* Potempa B 65.
2 "Was wir missen ...": Zitat aus der Besprechung der »Bemühungen« von H. Johst (Jonas 25.11).
3 Hanns Johst: (1890-1978), Schriftsteller.
4 Nachbarschaft: Die Nachbarn TMs hatten sich über den Lärm beklagt, den die Mann-Kinder während der Weihnachtsfeiertage verursacht hatten. Sie waren mit einem Grammophon und mit Schallplatten beschenkt worden (vgl. Bernd Engelmann, 'Trotz alledem - Salut et fraternité', Düsseldorf 1989, S. 87).

109 *1 Bemühungen:* Potempa B 65.
2 Josef Ponten: Siehe Anm. 101.1.

110 *1 Foto:* Kunstpostkarte von Max Oppenheimer, gen. 'Mopp' (1885-1945), österr. Maler und Zeichner. Dieser schuf 1913 eine Radierung, die TM als 'Sternenäugigen' zeigt. (vgl. 'Bild und Text bei Thomas Mann', hrsg. von Hans Wysling, Bern und München 1975, S. 110 f.).
2 jungen Fürsprecher: Martin Winkler (1893-1982), Professor an den Universitäten Königsberg und Wien; Spezialist für die Kulturgeschichte Rußlands.

111 *1 Buddenbrooks:* Potempa D 1.2. Privater Ledereinband. Die Widmung, auf einen Zettel geschrieben, ist in das Buch eingeklebt.
2 Philipp Witkop: Siehe Anm. 41.1.
3 "Der Genius ...": Aus Goethe 'Dichtung und Wahrheit', Dritter Teil, 12. Buch. 'Hamburger Ausgabe', Band 9, S. 541. Das Zitat ist von TM leicht verändert. TM zitiert dieses Goethewort auch in »Lübeck als geistige Lebensform«. (GW XI, S. 379).

112 *1 Buddenbrooks:* Potempa D 2.1.
2 Wettbewerb: Den Preis gewann der tschechische Literat Gustav Janouch (1903-1969). (Vgl. Herbert Wiesner 'Antiquarische Recherchen um eine Widmung Thomas Manns', in 'Aus dem Antiquariat', Börsenblatt des Deutschen Buchhandels, 27.6.1975, S. 205 ff.).

113 *1 Stätten meiner Jungenjahre:* Katharineum, Lübecker 'Latein-Schule', die TM von Ostern 1889 bis Ostern 1994 besuchte. Nach 1945 wurde unter die Widmung geschrieben: 'In der Nazizeit wurde diese Eintragung überklebt! Jetzt wieder freigelegt. Hoffentlich für immer!' (vgl. Richard Carstensen, 'Thomas Mann - sehr menschlich', Lübeck 1974, S. 68).

114 *1 Pariser Rechenschaft:* Potempa G 270.1.
2 Fräulein Rattata: Käthe von Porada (geb. 1891), österr. Modejournalistin und Schriftstellerin. War mit dem Dichter Gottfried Benn (1886-1956) von 1933 bis zu seinem Lebensende befreundet.

115 *1 Pariser Rechenschaft:* Potempa G 270.1.
2 Henri Lichtenberger: (1864-1941), franz. Germanist. TM lernte ihn anläßlich seines Besuches in Paris 1926 kennen.

116 *1 Unordnung und frühes Leid:* Potempa E 29.2.
2 Eri: Erika Mann (siehe Anm. 58.2).
3 Z: Siehe Anm. 107.3.

117 *1 Mr. E. Hoppe:* Emil Otto Hoppé. Hatte in London ein Fotoatelier, wo ihn TM, vermutlich im Mai 1924, besuchte.

118 *1 Unordnung und frühes Leid:* Potempa E 29.2.
2 Klaus: Klaus Mann (siehe Anm. 100.2).

119 *1 Unordnung und frühes Leid:* Potempa E 29.2.
2 Heinrich und Mimi: Heinrich Mann und seine Ehefrau Maria (siehe Anm. 6.2 und 99.3).

120 *1 Der Zauberberg:* Potempa D 3.2.
2 bedeutenden Kollegen: Klaus Mann (siehe Anm. 100.2.). Schon zum Weihnachtsfest 1924 dedizierte TM seinem Sohn Klaus ein Exemplar des »Zauberberg«. Möglicherweise war diesem das Widmungsexemplar abhanden gekommen und sein Vater schenkte es ihm wieder und 'rekonstruierte' seine damalige Widmung.

121 *1 Lübeck als geistige Lebensform:* Potempa G 275.1.
2 Eißi: In der Familie gebräuchlicher Kosename für Klaus Mann (siehe Anm. 100.2).
3 Z: Siehe Anm. 107.3.

122 *1 Gästebuch:* Von Walter Däbritz (1881-1963), der von 1926-1939 die 'Akademischen Kurse' in Essen leitete. Er brachte zu jeder Veranstaltung sein Gästebuch mit und ließ die Vortragenden sich darin eintragen.
2 "Fleiß ist die ...": Aus TMs Aphorismus »Bestimmungen« (Potempa G 551.1), der erstmals im 'Jahresgedenkblatt' der deutschen Auslandsschule Davos-Platz 'Fridericianum', im Jahre 1926 abgedruckt wurde. In leicht abgewandelter Form auch in TMs »Einleitung« zu Frans Masereel 'Mein Stundenbuch' (GW X, S. 663).

123 *1 The Magic Mountain:* Potempa T 325.1.
2 René Crevel: (1900-1935), franz. Schriftsteller.
3 ami de mon fils: Crevel war mit Klaus Mann (siehe Anm. 100.2) befreundet.

124 *1 Der Zauberberg:* Potempa D 3.2.
2 Edward Cushing: Nicht ermittelt.

125 *1 Buddenbrooks:* Potempa D 1.7.
2 Klaus: Klaus Heuser (geb. 1910). TM lernte ihn während eines Urlaubs auf Sylt kennen. Er faßte große Zuneigung zu dem siebzehnjährigen Jungen und lud ihn später nach München ein.

126 *1 Gästebuch:* Des 'Haus Kliffende' in Kampen auf Sylt, in dem TM 1927 und 1928 während der Ferien wohnte.

127 *1 Unordnung und frühes Leid:* Potempa E 29.2.
2 Annette Kolb: (1870-1967), Schriftstellerin. Mit dem Hause Mann befreundet. TM verlieh seiner Romanfigur Jeanette Scheurl in »Doktor Faustus« Züge von A. Kolb, worauf sich das Verhältnis zu TM erheblich abkühlte.

128 *1 Foto:* Das Foto zeigt TM gemeinsam mit seiner Tochter Elisabeth (siehe Anm. 260.2).
2 C.J.E. Dinaux: Charles Jules Emile Dineaux. Er hatte »Unordnung und frühes Leid« ins Holländische übertragen (Potempa T 1410) und versah ein Exemplar mit folgender Widmung: "Vom Übersetzer, der jüngsten Tochter Thomas Manns, Elisabeth, gewidmet".

129 *1 Gästebuch:* Des 'Haus Kliffende' (siehe Anm. 126.1).

130 *1 Gästebuch:* Des 'Lesezirkels Hottingen' (siehe Anm. 40.1).

131 *1 Gästebuch:* Der 'Freistudentenschaft der Universität Bern'. TM las vom 7.-9.11.1928 in Basel, Bern und Luzern.
2 Wir haben Jahre ...": Aus August Graf von Platen (1796-1835), 'Lieder und Romanzen', in 'Gesammelte Werke in einem Band', Cotta Verlag, Stuttgart 1839, S. 28.

132 *1 Der Zauberberg:* Potempa D 3.2.
2 Widmung: Die Widmung gilt Hans Friedrich Blunck (1888-1961), Schriftsteller.

133 *1 Gästebuch:* Der 'Buddenbrook-Buchhandlung', TM weilte vom 2.-4.12.1928 in Lübeck und las aus dem entstehenden »Joseph«.

134 *1 F. Krökel:* Fritz Krökel (1890-1961), Schriftsteller. Das Buch 'Europas Selbstbesinnung durch Nietzsche', erschien im Verlag der 'Nietzsche-Gesellschaft' 1928.
2 Baron Simolin: Freiherr Rudolf von Simolin (1885-1945). Er regte 1926 einen Wettbewerb zum Thema 'Nietzsches Einfluß auf das französische Geistesleben und französische Einflüsse auf Nietzsche' an. Er stiftete auch das Preisgeld in Höhe von 2.500 Reichsmark und übernahm einen Teil der Druckkosten. Der erste Preis ging an Krökel. Der Jury gehörte auch TM an. Nach der Preisverleihung entfachte sich eine Kontroverse (vgl. "Thomas Mann an Ernst Bertram - Briefe aus den Jahren 1910-1955", hrsg. von Inge Jens, Pfullingen 1960, S. 163 und 272 f.).

135 *1 12 Köpfe prominenter Horchbesitzer:* Publikation des Automobilwerks Horch. Mit Zeichnungen von R. Grossmann. Berlin und Zwickau 1929. TMs Porträt auf S. 9.
2 Horch 8: Automobil der von August Horch (1868-1951) gegründeten gleichnamigen Firma.

136 *1 Die Forderung des Tages:* Potempa B 90.
2 Erikind: Erika Mann (siehe Anm. 58.2).
3 das graue Buch?: TM ließ sich, die kleine Erika auf dem Arm, von ihr im Bücherschrank die Farben der Bücher zeigen (vgl. TMs Brief an Erika Mann vom 6.6.1929. »Thomas Mann - Briefe 1889-1936«, Frankfurt am Main 1961, S. 293).

137 *1 Die Forderung des Tages:* Potempa B 90.
2 Eißi-Sohn: Klaus Mann (siehe Anm. 100.2).
3 Eroberer Babylons: Nicht ermittelt.

138 *1 Widmungsblatt:* Für 'Critica' Buenos Aires, argentinische Zeitschrift. Die Widmung ist in Verbindung mit einem Interview, das TM dem Journalisten A. Fernandez Arias gab, abgedruckt (Jonas 29.14 und F&A 29.43).

139 *1 Bilder und Worte für den Deutschen Hilfsverein in Paris:* Der 'Deutsche Hilfsverein' war eine karitative Verbindung in Paris, die die 'deutsche Kolonie' betreute. 'Bilder und Worte' erschien am 5.1.1930 im Triangle Verlag, Paris, in 500 numerierten Exemplaren. Neben TM sind weitere acht deutsche Persönlichkeiten mit Widmungen in dieser Schrift vertreten.

140 *1 Gästebuch:* Von Karl Wåhlin (1861-1937), Herausgeber und Redakteur der schwedischen, in Stockholm erscheinenden Monatsschrift 'Ord och Bild'. In dieser Zeitschrift erschienen verschiedene Arbeiten von TM. Unter anderem »Okkulte Erlebnisse«, übersetzt von Anna Lamberg-Wåhlin, der Ehefrau von Karl W.
2 hochgestimmte, glanzvolle Tage: TM war am 10.12.1929 in Stockholm der Nobelpreis verliehen worden. Er hielt sich bis zum 14.12.1929 in der schwedischen Hauptstadt auf.
3 Högtidsdagen: Schwedisch für Festtag.

141 *1 25 Jahre Lindström:* Die Berliner Schallplattenfabrik Carl Lindström AG gab 1929 zu ihrem 25jährigen Bestehen eine Festschrift heraus. TMs Beitrag ist einer von insgesamt siebzehn Gratulationstexten.
2 (im "Zauberberg"): GW III, S. 833 ff.

142 *1 Foto:* Aufnahme des Oberammergauer Fotographen Hermann Rex. Sonst nichts Näheres ermittelt.

143 *1 Widmungsblatt:* In einem Gratulationsbuch zum 70. Geburtstag von Samuel Fischer (1859-1934), TMs Verleger (siehe auch Anm. 52.1).

144 *1 Mohamed Abou-Zaid:* Ägyptischer Fremdenführer, der TM während seines Aufenthalts in Luxor begleitete.

145 *1 Bekenntnisse des Hochstaplers Felix Krull:* Potempa D 12.1.2.
2 Widmung: Die Widmung gilt dem Schriftsteller und Conférencier Hans Reimann (1889-1969). Er berichtete am 4.5.1930 im 'Berliner Tageblatt', unter dem Titel 'Die Jagd nach dem Autogramm', von TMs Widmung.
3 "Sei glöcklich ...": Aus »Buddenbrooks«, GW I, S. 165. Das Zitat kehrt mehrmals wieder.

146 *1 Mario und der Zauberer:* Potempa E 30.2.
2 Lavinia Mazzucchetti: (1889-1963), ital. Germanistin, Essayistin und Übersetzerin. Übertrug mehrere Werke TMs in die italienische Sprache.
3 mißliche Geschichte ... stillste Ablehnung: Der Faschismus in Italien.

147 *1 Widmung:* In 'Die Lesestunde', Mitgliederzeitschrift der 'Deutsche(n) Buch-Gemeinschaft'. Die Widmung ist in Verbindung mit einem Interview, das TM dem Mitarbeiter der DBG, Heinrich Siemer, gab, abgedruckt (Jonas 30.135 und F&A 30.15).

148 *1 Mario und der Zauberer:* Potempa E 30.2.
2 Friedrich Kayßler: (1874-1945), Schauspieler und Schriftsteller.

149 *1 Mario und der Zauberer:* Potempa E 30.2.
2 Schwesterherzen: Da die beiden Schwestern von TM, Julia und Carla, 1930 nicht mehr lebten, ist die Widmung wohl an Katia Mann (siehe Anm. 22.2.) gerichtet. Möglicherweise hat TM diese Anrede (er arbeitete am »Joseph«!) aus dem Alt-Ägyptischen entlehnt. In dieser Zeit redete der Pharao seine Gattin (häufig war es seine leibliche Schwester), mit 'meine kleine Schwester' an. Auch in »Königliche Hoheit« nennt Klaus Heinrich seine Braut Imma Spoelmann "meine kleine Schwester" (vgl. GW II, S. 285).

149a *1 Zwanzig Jahre Bremer Schauspielhaus:* Werbezentrale Hansa, Albert Wichelhaus, Bremen, [1930]. Nicht bei Potempa.
2 Meine Tochter: Erika Mann (siehe Anm. 58.2) hatte 1925 ein Engagement an dieser Bühne (vgl. Irmela von der Lühe: "Erika Mann", Frankfurt am Main 1993, S. 30).

150 *1 Der Zauberberg:* Potempa D 3.1.
2 Herbert Reißmann: (gest. 1961), Architekt. Er baute TMs Sommerhaus in Nidden.
3 Schwiegermutter-Zauberberge: Wortspiel TMs in Verbindung mit dem Namen des Hügels, auf dem das Sommerhaus steht: 'Schwiegermutterberg'.

150a *1 Rudolf Hoff:* Nicht ermittelt.

151 *1 Deutsche Ansprache:* Potempa G 470.1.
2 Ida Herz: (1894-1984), Buchhändlerin aus Nürnberg. Frühe Verehrerin und Sammlerin der Werke TMs. Mit diesem seit 1925 bekannt. Die Romanfigur Kunigunde Rosenstiel im »Doktor Faustus« trägt Züge von I. Herz.

152 *1 Hundert Jahre Reclam:* Potempa G 373.1.
2 Rudolf Alexander Schröder: (1878-1962), Schriftsteller.

153 *1 Tonio Kröger:* Potempa E 16.2.
2 Katharineum: Siehe Anm. 113.1.
3 Prämie: Nichts Näheres über der Empfänger der Buchprämie ermittelt.

154 *1 Buddenbrooks:* Potempa D 1.8.
2 Herr Stumpp: Emil Stumpp (1886-1941), Maler und Zeichner. Er hat TM in den zwanziger Jahren mehrmals porträtiert.

155 *1 Widmung:* Auf einer Postkarte an Paul Wehner. Poststempel 'München 18.XI.31'.
2 Paul Wehner: Nicht ermittelt.
3 "Gar selten ...": Aus Goethe 'Maximen und Reflexionen', Hamburger Ausgabe, Band 12, S. 543.

156 *1 Jaakobs Hochzeit:* Potempa D 4.12.
2 Ida Herz: Siehe Anm. 151.2.

157 *1 Goethe und Tolstoi:* Potempa G 228.2.
2 Benedetto Croce: (1866-1952), ital. Philosoph und Historiker.
3 "Vor den Wissenden ...": Aus Goethe 'Westöstlicher Divan', Hamburger Ausgabe, Band 2, S. 39.

158 *1 Die Forderung des Tages:* Potempa B 90.
2 Otto Pick: (1887-1940), Übersetzer und Redakteur der 'Prager Presse'. War Vorstandsmitglied der 'Thomas Mann Gesellschaft-Prag'.

159 *1 Buddenbrooks:* Potempa D 1.8.
2 Widmung: Der Empfänger der Widmung konnte nicht ermittelt werden.
3 Pen-Club-Frühstück: TM weilte am 14.3.1932 in Prag und sprach auf der Goethe-Gedenkfeier im 'Neuen Theater'. Er war Gast des Prager PEN-Clubs.

160 *1 Goethe als Repräsentant des bürgerlichen Zeitalters:* Potempa G 522.1.
2 Professor Anton Kippenberg: (1874-1950), Verleger und Leiter des Insel-Verlags.
3 seine 'Worte': TM bezieht sich auf Kippenbergs Rede bei der Eröffnung der Ausstellung 'Goethe und seine Welt' am 19.3.1932 in Berlin.

161 *1 Goethe und Tolstoi:* Potempa G 228.2.
2 Philipp Witkop: Siehe Anm. 41.1.
3 Erkennen und Einsicht: Aus »Goethe und Tolstoi«, GW IX, S. 171.

162 *1 Goethe als Repräsentant des bürgerlichen Zeitalters:* Potempa G 522.1.
2 Robert Faesi: (1883-1972), schweizer Schriftsteller und Kunsthistoriker.
3 Datierung: Die Widmung ist undatiert. Im »Briefwechsel Thomas Mann-Robert Faesi«, Zürich 1962, S. 22, nennt Faesi den 27.6.1932 als Datum der Eintragung.
4 Er: TM bezieht sich auf Faesi's Aufsatz 'Der gegenwärtige Goethe', Frauenfeld 1932.

163 *1 Goethe als Repräsentant des bürgerlichen Zeitalters:* Potempa G 522.1.
2 Paul Valéry: (1871-1945), franz. Dichter.
3 surtout par vous: Hinweis auf die Tagung des 'Comité Permanent des Lettres et des Arts', die vom 12.- 14.5.1932 in Frankfurt am Main stattfand. Neben TM, der den Vortrag »Goethe et la vocation d'écrivain« (Potempa T 885.1; frz. Fassung des Essays »Goethes Laufbahn als Schriftsteller«) hielt, gehörte auch Valery zu den Rednern.

164 *1 Gästebuch:* Von Walter Däbritz (siehe Anm. 122.1).
2 "Humor ist die ...": Aus TMs Aphorismus »Bestimmungen«, Potempa G 257.1.

165 *1 Buddenbrooks:* Potempa D 1.7.
2 Julius Conrad: (1877-1959), ungarischer Graphiker.
3 "Man macht was ...": Aus »Leiden und Größe Richard Wagners«, GW IX, S. 417.

166 *1 Deutsche Ansprache:* Potempa G 470.1.
2 Gustave Borst: Franz. Schriftsteller.

167 *1 Souffrances et Grandeur de Richard Wagner:* Potempa T 890.2.
2 Paul Valéry: Siehe Anm. 163.2.

168 *1 Souffrances et Grandeur de Richard Wagner:* Potempa T 890.2.
2 Ida Herz: Siehe Anm. 151.2.
3 minderen Fremde: Das Exil.

169 *1 Die Geschichten Jaakobs:* Potempa D 4.1.
2 Ida Herz: Siehe Anm. 151.2.

170 *1 Die Geschichten Jaakobs:* Potempa D 4.1.
2 Heinrich: Heinrich Mann (siehe Anm. 6.2).
3 sie uns gönnen mußten: Die Nationalsozialisten.

171 *1 Die Geschichten Jaakobs:* Potempa D 4.1.
2 Alfred Neumann: (1895-1952), Schriftsteller, und seine Frau Katharina ('Kitty') Neumann (1903-1979) waren TMs Nachbarn im Münchner Herzogpark und seit 1920 miteinander befreundet.

172 *1 Die Geschichten Jaakobs:* Potempa D 4.1.
2 Félix Bertaux: Siehe Anm. 92.2.

173 *1 Der junge Joseph:* Potempa D 5.1.
2 Ida Herz: Siehe Anm. 151.2.
3 Besuch im Freien: Ida Herz lebte zu diesem Zeitpunkt noch in Nürnberg. Erst 1936 emigrierte sie in die Schweiz und später nach London.

174 *1 Der junge Joseph:* Potempa D 5.1.
2 Heinrich: Heinrich Mann (siehe Anm. 6.2).

175 *1 Der junge Joseph:* Potempa D 5.1.
2 Klaus: Klaus Mann (siehe Anm. 100.2).

176 *1 Tonio Kröger:* Potempa E 16.3.
2 Frau Kröger: Nelly Kröger (1898-1944), Heinrich Manns Lebensgefährtin und spätere Ehefrau.

177 *1 Der junge Joseph:* Potempa D 5.1.
2 Victor Wittkowski: (1906-1960), Lyriker.
3 "Höchst anmutig ...": Aus Goethe 'Dichtung und Wahrheit - Viertes Buch'. Hamburger Ausgabe, Band 9, S. 141.

178 *1 Der junge Joseph:* Potempa D 5.1.
2 Bruno Walter: (1876-1962), Dirigent. Mit TM lange befreundet. Nachbar im Münchner Herzogpark.

179 *1 Joseph and his Brothers:* Potempa T 326.1.
2 Widmung: TM versah, zur Verdeutlichung seiner Eintragung, den Buchtitel am Ende mit einem "X". Der Empfänger der Widmung konnte nicht ermittelt werden.

180 *1 Der Tod in Venedig:* Potempa E 26.5.
2 William A. Koshland: (1906-1997), Geschäftsführer des New Yorker Verlags Alfred A. Knopf (siehe Anm. 200, 2).

180a *1 Die Geschichten Jaakobs:* Potempa D 4.1.
2 Mr. Knopf: Siehe Anm. 200.2.

181 *1 Joseph and his Brothers:* Potempa T 326.1.
2 Grace Schwarz: Nichts Näheres ermittelt.

182 *1 Die Geschichten Jaakobs:* Potempa D 4.1.
2 Anne-Marie Schwarzenbach: (1908-1942), schweizer Schriftstellerin. Eng befreundet mit Erika und Klaus Mann.

183 *1 Der junge Joseph:* Potempa D 5.1.
2 Annette: Annette Kolb (siehe Anm. 127.2).

184 *1 Der junge Joseph:* Potempa D 5.1.
2 Widmung: Emil (1878-1955) und Marie Liefmann. TM war mit ihnen seit 1922 befreundet und oft in ihrem Hause zu Gast.

185 *1 Der junge Joseph:* Potempa D 5.1.
2 Karl Loewenstein: (1891-1973), Rechtsanwalt in München. In den USA Professor und im öffentlichen Dienst tätig.
3 Freunde in zwei Erdteilen: TM kannte Loewenstein sowohl aus München, als auch aus den USA, wo L. an der Yale University Staatsrecht lehrte.

186 *1 Buddenbrooks:* Potempa D 1.7.
2 Herrn Hakon: Berliner Antiquar.
3 wichtigen Buches: Hakon schenkte TM das Buch des Historikers Eduard Meyer (1855-1930) 'Die Israeliten und ihre Nachbarstämme - Alttestamentliche Untersuchungen', mit Beiträgen von Bernhard Luther, Halle 1906. TM schrieb in dieser Zeit an »Joseph in Ägypten« und das Buch diente ihm als Arbeitsmaterial.

186a *1 Joseph in Ägypten:* Potempa D 6.1.
2 Franz und Anne Beidler: Franz W. Beidler (siehe Anm. 221.3) und seine Frau Ellen Anne Marie Beidler (gest. 1945).

187 *1 Dr. Ernst H. Brauer:* Archäologe. Arbeitete zeitweilig an der Universität Zürich. Gemeinsam mit Brauer besichtigte TM am 23.2.1934 die spätägyptische Sammlung der Universität, die dieser verwaltete.

188 *1 Die Geschichten Jaakobs:* Potempa D 4.1.
2 Victor Wittkowski: Siehe Anm. 177.2.
3 "Es ist ein großer ...": Aus Goethe 'Zur Morphologie - Abt. II Naturwissenschaftliche Schriften' Sophien Ausgabe, Band 6, S. 354.
4 nicht nach seinen Wünschen: Der neunundzwanzigjährige Wittkowski hatte TM um eine Widmung gebeten und ihm offensichtlich auch einen Widmungstext vorgeschlagen. In einem, dem Widmungsexemplar beigefügten Brief vom 10.1.1935 schreibt TM u.a.: "Hoffentlich werden Sie nicht verbittert sein, daß ich Ihren genauen Wünschen, die Eintragung betreffend, nicht nachgekommen bin. Nicht nur aus pädagogischen Gründen nahm ich davon Abstand, obgleich ich den Eindruck habe, daß Sie etwas dazu neigen, die Weltliteratur zu tyrannisieren. Der Hauptgrund, mich nicht an Ihre Vorschläge zu halten, war der, daß mir das gerade aufgefundene Goethe-Wort so überaus gut gefiel, und daß ich überzeugt war, es müßte in seiner majestätischen Schlichtheit und Trefflichkeit auch Ihnen Freude machen und eine ähnliche Genugtuung bereiten wie mir".

189 *1 Gästebuch:* Von Klara Harsányi (geb. 1923), Stieftochter von Lajos Hatvanyi (siehe Anm. 211.1).
2 Blacky: Der Hund von Klara Harsányi. Da "Blöki" in Ungarn die allgemeine Bezeichnung für Hunde ist, könnte TM möglicherweise ein "Hörfehler" unterlaufen sein. (Nach einer Auskunft von Herrn Dr. Paul Schweitzer, Budapest).

190 *1 Der junge Joseph:* Potempa D 5.1.
2 Dr. Paul Neubauer: (1891-1945), ungar. Journalist und Erzähler.
3 "Solch ein Inhalt ...": Aus Goethe 'Schlußpoetik', Berliner Ausgabe, Band 1, S. 594.

191 *1 Leiden und Größe der Meister:* Potempa B 68.
2 Heinrich: Heinrich Mann (siehe Anm. 6.2).

192 *1 Leiden und Größe der Meister:* Potempa B 68.
2 Ida Herz: Siehe Anm. 151.2.
3 "Alles Vortreffliche ...": Aus Goethe 'Maximen und Reflexionen', Hamburger Ausgabe, Band 12, S. 530.

193 *1 Leiden und Größe der Meister:* Potempa B 68.
2 Karl Kerényi: (1897-1973), ungar. Philosoph und Religionswissenschaftler. TM stand mit ihm seit 1934 in brieflichem Kontakt und lernte ihn 1935 in Budapest kennen.
3 Hinweis auf S. 243: TM verweist in seinem Essay »Meerfahrt mit Don Quijote«, GW IX, S. 454, auf das "... vorzügliche Buch, das der Mythologe und Religionshistoriker Karl Kerényi in Budapest über den griechisch-orientalischen Roman geschrieben hat, ..." (vgl. Karl Kerényi 'Die Griechisch-Orientalische Romanliteratur', Tübingen 1927).

194 *1 Leiden und Größe der Meister:* Potempa B 68.
2 Liefmann: Siehe Anm. 184.2.

195 *1 Leiden und Größe der Meister:* Potempa B 68.
2 Eißi: Klaus Mann (siehe Anm. 100.2).

196 *1 Leiden und Größe der Meister:* Potempa B 68.
2 Robert Faesi: Siehe Anm. 162.2.
3 "Was hat dich nur ...": Aus Goethe 'Zahme Xenien', Teil IV, Berliner Ausgabe, Band 1, S. 683.

197 *1 Leiden und Größe der Meister:* Potempa B 68.
2 Victor Wittkowski: Siehe Anm. 177.2.

198 *1 Les Histoires de Jacob:* Potempa T 831.
2 Heinrich: Heinrich Mann (siehe Anm. 6.2).

199 *1 Leiden und Größe der Meister:* Potempa B 68.
2 Arnold Zweig: (1887-1968), Schriftsteller.
3 "Es ist ein großer Unterschied ...": Aus Goethe 'Zur Morphologie'. Abt. II - Naturwissenschaftliche Schriften. Sophien Ausgabe, Band 6, S. 354.

200 *1 Young Joseph:* Potempa T 327.
2 Alfred: Alfred A. Knopf (1892-1984), seit 1916 TMs Verleger in den USA.

201 *1 Young Joseph:* Potempa T 327.
2 Henrik W. van Loon: Hendrik Willem van Loon (1882-1944), holl. Schriftsteller.

202 *1 Young Joseph:* Potempa T 327.
2 William A. Koshland: Siehe Anm. 180.2.

203 *1 Die Geschichten Jaakobs:* Potempa D 4.1.
2 Jimmy van Loon: Ehefrau von H.W. van Loon (siehe Anm. 201.2). Sie hieß eigentlich Helen mit Vornamen.
3 "... Wirtin wundermild ...": Siehe Anm. 105.3.

204 *1 Die Geschichten Jaakobs:* Potempa D 4.1.
2 A.O. Naegel: Später: Nagel. Deutsch-amerikanischer Hotelier. Geschäftsführer der Hotels 'Algonquin' und später 'St. Regis' in New York.

205 *1 Leiden und Größe der Meister:* Potempa B 68.
2 Félix Bertaux: Siehe Anm. 92.2.

206 *1 Manuskript:* TMs Schreiben an das »Nobel-Friedenspreis-Comité, Oslo«. Datiert: Küsnacht, 13. Oktober 1935. (Potempa G 594) Er fordert darin, den Friedens-Nobelpreis 1936 dem deutschen Schriftsteller und Herausgeber der 'Weltbühne', Carl von Ossietzky (1889-1938), zu verleihen. Ossietzky befand sich zu diesem Zeitpunkt bereits im Konzentrationslager.
2 Alfred Neumann: Siehe Anm. 171.2.

207 *1 Buddenbrooks:* Potempa D 1.8.
2 Heinrich: Heinrich Mann (siehe Anm. 6.2).

208 *1 Wiener Frauen-Not-Dienst:* Nichts Näheres ermittelt.

209 *1 Freud und die Zukunft:* Potempa G 610.1.
2 Sigmund Freud: (1856-1939), TM widmete dem Begründer der Psychoanalyse das Manuskript seines Festvortrags.

210 *1 Le jeune Joseph:* Potempa T 832.1. Der Widmungsband ist ein Exemplar einer bisher nicht nachgewiesenen Vorzugsausgabe, die nicht für den Handel bestimmt war. Bei der zwei Jahre später, ebenfalls im Verlag Gallimard erschienenen Ausgabe von »Joseph en Egypt« (Potempa T 833), wurde eine Vorzugsausgabe aufgelegt. Sie bestand aus 40 numerierten Exemplaren; weitere 15 waren nicht für den Handel bestimmt.
2 André Gide: (1869-1951), franz. Schriftsteller und Nobelpreisträger (1947). TM war mit ihm seit 1931 bekannt.
3 "Je me penche ...": Zitat aus Gide's 1935 erschienenen Roman 'Les Nouvelles Nourritures'. André Gide 'Romans', Verlag Gallimard 1969, S. 257.
4 (L.N.N.): 'Les Nouvelles Nourritures'.

211 *1 Gästebuch:* Von Baronin Jolán Hatvanyi. Ehefrau von Baron Lajos (Ludwig) Hatvanyi (1880-1961), ungar. Schriftsteller. TM wohnt bei Besuchen in Budapest häufig im Hause Hatvanyi.

212 *1 Freud und die Zukunft:* Potempa G 610.1.
2 Heinrich: Heinrich Mann (siehe Anm. 6.2).
3 befreiendes Kampfbuch: Heinrich Manns Essay-Sammlung 'Es kommt der Tag - Deutsches Lesebuch', Zürich 1936.

213 *1 Paul Stefan 'Bruno Walter':* Wien, Leipzig, Zürich [1936]. Das Buch erschien zum 60. Geburtstag von Bruno Walter (siehe Anm. 178.2) und enthielt einen Beitrag (Potempa G 603.1.) von TM.
2 Otto Basler: (1902-1984), schweizer Lehrer und Schriftsteller. Stand mit TM seit den dreißiger Jahren in freundschaftlicher Verbindung.

214 *1 Freud und die Zukunft:* Potempa G 610.1.
2 Robert Faesi: Siehe Anm. 162.2.
3 Schritt vom Wege: TM bezieht sich auf die Unterbrechung, die er kurz vor dem Abschluß von »Joseph in Ägypten« für den Aufsatz »Freud und die Zukunft« einlegte. Daß er sich dabei nicht sehr weit vom Thema des »Joseph« entfernte, sagt uns der Widmungstext mit den Worten "... aber nicht weit daneben ...". Das Gleiche drückt auch die Widmung 215 aus, in der er »Freud und die Zukunft« als einen "... Apfel, der nicht weit vom Stamme fiel.", bezeichnet. Auch Briefe an Hermann Hesse vom 19.4.1936: "... Ein Trost ist, daß ich mich dabei garnicht weit von dem Roman entfernte ..." und an Heinrich Mann am 20.7.1936: "... meine letzte 'Abschweifung', mit der ich übrigens ziemlich bei der Sache blieb.", belegen diese Interpretation. (vgl. auch Hans Wysling (Hrsg.), »Dichter über ihre Dichtungen. Thomas Mann«, Teil II, München und Frankfurt am Main 1979, Seiten 445 und 447).

215 *1 Freud und die Zukunft:* Potempa G 610.1.
2 Ida Herz: Siehe Anm. 151.2.
3 diesen Apfel: Siehe Anm. 214.3.

216 *1 Freud und die Zukunft:* Potempa G 610.1.
2 Karl Kerényi: Siehe Anm. 193.2.
3 Brief über den 'Joseph': Kerényi's Brief an TM vom 18.9.1936. (vgl. »Thomas Mann - Karl Kerényi: Romandichtung und Mythologie - Ein Briefwechsel«, Zürich/Stuttgart, 1960, S. 51 ff.).

217 *1 Joseph in Ägypten:* Potempa D 6.1.
2 A. M. Frey: Alexander Moritz Frey (1881-1957), Schriftsteller. Seit Anfang des Jahrhunderts mit TM bekannt.

218 *1 Joseph in Ägypten:* Potempa D 6.1.
2 Ida Herz: Siehe Anm. 151.2.

219 *1 Joseph in Ägypten:* Potempa D 6.1.
2 Otto Basler: Siehe Anm. 213.2.

220 *1 Freud und die Zukunft:* Potempa G 610.1.
2 Hermann Hesse: Siehe Anm. 33.2.

221 *1 Joseph in Ägypten:* Potempa D 6.1.
2 Frau Potiphars: Anspielung TMs auf seinen Roman »Joseph in Ägypten«.
3 Frau Cosimas: Richard Wagners zweite Ehefrau Cosima (1837-1930), Großmutter von Franz W. Beidler (1901-1981), schweizer Schriftsteller und zeitweise Vorsitzender des Schweizer Schriftstellerverbandes. TMs Bemerkung bezieht sich auf Beidlers Schrift 'Cosima Wagner – Der Weg zum Wagner-Mythos', in Franz W. Beidler, 'Cosima Wagner – Liszt – Der Weg zum Wagnermythos. Ausgewählte Schriften des ersten Wagnerenkels und sein unveröffentlichter Briefwechsel mit Thomas Mann'. Hrsg. von Dieter Borchmeyer, Bielefeld 1997.
4 do ut des: Ich gebe, damit du gibst.

222 *1 Joseph in Ägypten:* Potempa D 6.1.
2 Heinrich: Heinrich Mann (siehe Anm. 6.2).

223 *1 Die Geschichten Jaakobs:* Potempa D 4.1.
2 René Schickele: (1883-1940), aus dem Elsaß stammender Schriftsteller. Nach dem 1. Weltkrieg mit TM befreundet.

224 *1 Joseph in Ägypten:* Potempa D 6.1.
2 Karl Kerényi: Siehe Anm. 193.2.
3 Widmungsexemplar: Das Buch zeigt starke Beschädigungen auf. Nach Auskunft von Magda Kerényi, der Witwe von Karl K., wurden bei der sowjetischen Besetzung ihres Hauses in Ungarn die Bücher ihrer Bibliothek von den Besetzern als 'Streu' unter die Pferde geschüttet. Offensichtlich stammt der Schaden an dem Exemplar von einem Pferdehuf.

225 *1 Joseph in Ägypten:* Potempa D 6.1.
2 Erika und Klaus: Erika und Klaus Mann (siehe Anm. 58.2 und 100.2).
3 besorgt nach ihnen spähend: Erika und Klaus Mann hielten sich im Bürgerkriegsgebiet in Spanien auf.

226 *1 Joseph in Ägypten:* Potempa D 6.1.
2 Baron und Baronin Ludwig Hatvanyi: Siehe Anm. 211.1.
3 Wirten wundermild: Siehe Anm. 105.2.

227 *1 Joseph in Ägypten:* Potempa D 6.1.
2 Alfred Knopf: Siehe Anm. 200.2.

228 *1 Joseph in Ägypten:* Potempa D 6.1.
2 Mopp: Max Oppenheimer (siehe Anm. 110.1).

229 *1 Novellen:* Potempa B 15.
2 Ernst Aszdalos: Nichts Näheres ermittelt. TM schrieb die Widmung auf einen kleinen Zettel, der in das Buch eingeklebt ist.

230 *1 Gästebuch:* Von Maria Rónay (1899-1955), ungar. Publizistin und Jugendschriftstellerin (vgl. 'Thomas Mann und Ungarn', hrsg. von Antal Madl und Judith Györi, Budapest 1977, S. 447 ff.).

231 *1 Ein Briefwechsel:* Potempa G 632.1.
2 Heinrich: Heinrich Mann (siehe Anm. 6.2).
3 "Ich fühle spät ...": Aus Goethe 'Zahme Xenien' (Nachlaß) 'Epimenides Erwachen, letzte Strophe', Weimarer Ausgabe, Band 5, Teil 1, S. 147.

232 *1 Ein Briefwechsel:* Potempa G 632.1.
2 Annette: Annette Kolb (siehe Anm. 127.2).

233 *1 Utrpení a velikost mistrů:* Potempa T 2002.
2 V. Zizka: Nicht ermittelt.
3 Präsidenten-Partei: Zizka war wohl ebenso wie TM ein Anhänger und Bewunderer des tschechischen Präsidenten Edward Benes (1884-1948).

234 *1 Leiden und Größe der Meister:* Potempa B 68.
2 Ludwig Marcuse: (1894-1971), Schriftsteller.

235 *1 Widmungsblatt:* Für 'The Washington Square College Review' (Jonas 37.32). Das Heft ist TM gewidmet und er bedankt sich dafür mit diesen Zeilen, die er offenbar in der zweiten Aprilhälfte 1937 während seines Aufenthaltes in New York schrieb.

235a *1 Joseph in Ägypten:* Potempa D 6.1.
2 Erik Schaal: (1905-1994), Fotograph. Er besuchte zusammen mit Klaus Mann (siehe Anm. 100.2) das Gymnasium und beide waren zeitweise gemeinsame Herausgeber einer Schülerzeitung.
3 Erdenbild: Schaal hatte TM fotographiert. Am 11.5.1938 schrieb TM in sein Tagebuch: "Der kleine Schaal mit farbigen Photographien."

236 *1 Gästebuch:* Von Emil Oprecht (1895-1952), Zürcher Buchhändler und Verleger, und seiner Frau Emmie (gest. 1990). Ihr Haus in der Rämistraße 5 war während der Zeit des Naziregimes ein Treffpunkt der deutschen exilierten Intellektuellen. Beide waren mit der Familie Mann befreundet.
2 "Mir die ich ...": Aus Goethe 'Faust II', Hamburger Ausgabe, Band 3, S. 166.
3 Widmung: Den gleichen Goethe-Text schrieb TM in ein Exemplar von »Joseph in Ägypten« (Potempa D 6.1) für Alfred Neumann (siehe Anm. 171.2) und in »Vom zukünftigen Sieg der Demokratie« (Potempa G 662.1) für Georges Motschan (siehe Anm. 237.2).

237 *1 Der junge Joseph:* Potempa D 5.1.
2 Georg Motschan: Georges Motschan (1920-1989), schweizer Industriechemiker. 'Chauffierte' Thomas und Katia Mann in seinem Wagen auf ihrer Deutschlandreise 1949 nach Frankfurt am Main und Weimar, wo TM den Vortrag "Ansprache im Goethejahr 1949"(Potempa G 1050.1) hielt. (vgl. G. Motschan, 'Thomas Mann von nahem erlebt', Verlag der Buchhandlung Matussek, Nettetal 1988).

238 *1 Freud und die Zukunft:* Potempa G 610.1.
2 Menno ter Braak: (1902-1940), holländ. Schriftsteller. Freund von Klaus Mann. Nahm sich beim Einmarsch der Deutschen das Leben.

239 *1 Dorothy Thompson:* (1884-1961), amerik. Journalistin. Ehefrau des amerik. Schriftstellers und Nobelpreisträgers (1930) Sinclair Lewis (1885-1951).
2 To Thomas Mann: Reprint eines Artikels von D. Thompson aus 'New York Herald Tribune', vom 14.4.1937, Stanford 1937 (Jonas 37.81).
3 Leonard Amster: Nicht ermittelt. (vgl. TMs Tagebucheintragungen vom 6.IX.1937 und 26.XI.1938).

240 *1 Joseph in Egypt:* Potempa T 328.1.
2 Dr. John Bakeless: John Baceless (1894-1978), amerik. Schriftsteller.
3 Bedford: Von TM bevorzugtes Hotel in New York (siehe Anm. 204.2).

241 *1 Vorwort zu 'Mass und Wert':* Potempa G 648.
2 Agnes E. Meyer: (1878-1970), ursprünglich Journalistin. Ehefrau des Herausgebers der 'Washington Post', Eugene Meyer (1875-1959). Großzügige Förderin von TM.
3 meisterhafte Interpretation: Agnes E. Meyer hatte das Vorwort ins Englische übertragen.

242 *1 Der Zauberberg:* Potempa A 3, dritter Band.
2 Thomas Brown: TM schrieb am 23.II.1938 ins Tagebuch: "Hübscher Student (deutsch sprechend, mit Büchern)".

243 *1 Bekenntnisse des Hochstaplers Felix Krull:* Potempa D 12.2.1.
2 Louis Nizer: (geb. 1902), amerik. Schriftsteller und Rechtsanwalt.

244 *1 The Coming Victory of Democracy:* Potempa T 439.1.
2 Harold R. Peat: Amerik. Agent. Organisierte TMs Vortragsreisen.

245 *1 Der Zauberberg:* Potempa D 3.3.
2 Wilhelm und Charlotte Dieterle: Wilhelm (später: William) Dieterle (1893-1972), deutscher Schauspieler und Filmregisseur. Charlotte Dieterle, geb. Hagenbruch, Schauspielerin, seine Ehefrau.

246 *1 Vom zukünftigen Sieg der Demokratie:* Potempa G 662.1.
2 Ida Herz: Siehe Anm. 151.2.

247 *1 Dieser Friede:* Potempa G 696.1.
2 Franz Beidler: Siehe Anm. 221.3.

248 *1 Schopenhauer:* Potempa G 676.1.
2 Heinrich: Heinrich Mann (siehe Anm. 6.2).

249 *1 This Peace:* Potempa T 458.1.
2 Joseph Angell: Joseph Warner Angell (1908-1989), amerik. Anglist und Militärhistoriker. Initiierte 1938 die 'Thomas Mann-Collection' der Yale University (vgl. K.W. Jonas "Thomas Mann, Joseph W. Angell und die Yale University', in 'Philobiblon', Heft 2, Juni 1990).

250 *1 Theodor Fontane:* Potempa G 371.1. Handpressendruck als 6. Jahresgabe des 'Fontane Abend', Berlin 1929.
2 Serge Koussevitzky: (1874-1951), russ. Dirigent.

251 *1 Die schönsten Erzählungen:* Potempa B 20.
2 Otto Basler: Siehe Anm. 213.2.

252 *1 Dieser Friede:* Potempa G 696.1.
2 Ida Herz: Siehe Anm. 151.2.

253 *1 Achtung, Europa!:* Potempa B 69.
2 Annette: Annette Kolb (siehe Anm. 127.2).
3 "Bleibe bei uns ...": Aus dem Lukas-Evangelium, Kap. 24, Vers 29.

254 *1 Achtung, Europa!:* Potempa B 69.
2 Heinrich: Heinrich Mann (siehe Anm. 6.2).

255 *1 Dieser Friede:* Potempa G 696.1.
2 Heinrich: Heinrich Mann, siehe Anm. 6.2.
3 "... im sicheren Bunde ...": Schlußworte aus »Dieser Friede", GW XII, S. 845.

255a *1 Dieser Friede:* Potempa G 696.2.
2 René Schickele: Siehe Anm. 223.2.
3 in stärkendem Bunde: Leichte Abwandlung der Schlußworte von »Dieser Friede« (siehe Anm. 255.3).

256 *1 Achtung, Europa!:* Potempa B 69.
2 Hermann J. Weigand: (1892-1985), amerik. Germanist. TM schätzte Weigand sehr und wechselte häufig Briefe mit ihm.
3 Heiteres in treulichem Werden: TM schrieb an seinem Roman »Lotte in Weimar«.
4 "epischer Zeitverhältnisse": Weigand hatte im Juni 1938 einen Aufsatz mit dem Titel »Die epischen Zeitverhältnisse in den Gralsdichtungen Chrestiens und Wolframs« veröffentlicht. ('Publications of the Modern Language Association of America', N.Y., Jg. 53, Nr. 2, S. 917 ff.).

257 *1 This Peace:* Potempa T 458.1.
2 Ida Herz: Siehe Anm. 151.2.

258 *1 Richard Wagner und der 'Ring des Nibelungen':* Potempa G 658.1.
2 Roger Commault: Nicht ermittelt.

259 *1 Achtung, Europa!:* Potempa B 69.2.
2 Nachmittag des 29. Juli 39: Der Empfänger der Widmung konnte nicht ermittelt werden. TM traf in Den Haag unter anderem den Landgerichtsrat Ulman und Mitglieder einer Künstlervereinigung (vgl. TMs Tagebucheintragung vom 29.VII.39).
3 Weitere Widmung: Auf dem Schmutztitel des Buches steht folgende Widmung von Prof. Frido Mann (geb. 1940), Enkel von TM:
'... in bescheidener Gefolgschaft
und mit herzlichen Wünschen
Sao Paulo 16.3.94
Frido Mann'.

259a *1 Widmung:* An Gabriella ("Gabi") Bermann Fischer (1926-1972), älteste Tochter von Brigitte und Gottfried Bermann Fischer (siehe Anm. 52.1).
2 Geschwister: Gisela (geb. 1929) und Annette (geb. 1931) Bermann Fischer.
3 Kriegsschreckens: Während TMs Aufenthalt in Saltsjöbaden/Schweden brach am 3.9.1939 der zweite Weltkrieg aus.

260 *1 Gesang vom Kindchen:* Potempa E 28.3.
2 mein Sohn: Die Widmung schrieb TM für den italienisch-amerikanischen Historiker und Literaturwissenschaftler Giuseppe Antonio Borgese (1882-1952), anläßlich seiner Eheschließung mit TMs Tochter Elisabeth (geb. 1918).

261 *1 A select collection of old plays:* 12 Bände, London MDCCLXXX.
2 G.A.Borgese: Siehe Anm. 260.2.
3 Medi: Elisabeth Mann (siehe Anm. 260.2).

262 *1 Lotte in Weimar:* Potempa D 7.1.
2 Agnes E. Meyer: Siehe Anm. 241.2.

263 *1 Lotte in Weimar:* Potempa D 7.1.
2 Erikind: Erika Mann (siehe Anm. 58.2).
3 Z: Zauberer (siehe Anm. 107.3).

264 *1 Lotte in Weimar:* Potempa D 7.1.
2 Katjulein: Katia Mann (siehe Anm. 22.2).
3 Angefangen an trautem Ort: TM begann die Niederschrift von »Lotte in Weimar« im November 1936 in Küsnacht.

265 *1 Lotte in Weimar:* Potempa D 7.1.
2 Joseph Angell: Siehe Anm. 249.2.

266 *1 Lotte in Weimar:* Potempa D 7.1.
2 Curt Rieß: Curt Riess (1902-1993), Schriftsteller. Mit Erika und Klaus Mann zeitweise befreundet.

267 *1 Foto:* Das Foto zeigt TM am Schreibtisch in C. Newtons Landhaus. Das Bild wurde im Sommer 1938 aufgenommen.
2 Caroline Newton: (1883-1975), amerik. Psychoanalitikerin. Frühe Verehrerin von TM. Sie war ihm und seiner Familie bei der Niederlassung in den USA behilflich und stellte ihm 1938 ihr Landhaus in Jamestown, Rhode Island zur Verfügung.

268 *1 Lotte in Weimar:* Potempa D 7.1.
2 Lavinia: Lavinia Mazzucchetti (siehe Anm. 146.2).

269 *1 Lotte in Weimar:* Potempa D 7.1.
2 Ida Herz: Siehe Anm. 151.2.
3 "Uns ist für ...": Aus Goethe 'Westöstlicher Divan', 'An Schach Sedschan und Seinesgleichen', Hamburger Ausgabe, Band 2, S. 40. TM stellte dieses Gedicht seinem Roman »Lotte in Weimar« als Motto voran.

270 *1 Lotte in Weimar:* Potempa D 7.1.
2 Liefmanns: Das Ehepaar Liefmann emigrierte 1939 in die USA (siehe Anm. 184.2).

271 *1 Royal Highness:* Potempa T 324.3.
2 Alfred A. Knopf: Siehe Anm. 200.2.
3 splendig week-end host: So in der Widmung.

272 *1 The Living Thoughts of Schopenhauer:* Potempa T 687.
2 Alfred A. Knopf: Siehe Anm. 200.2.

273 *1 The Beloved Returns:* Potempa T 329.1.
2 Agnes E. Meyer: Siehe Anm. 241.2.
3 "But women are ...": Aus »The Beloved Returns«, S. 444.

274 *1 The Beloved Returns:* Potempa T 329.1.
2 Joseph Angell: Siehe Anm. 249.2.

275 *1 Die schönsten Erzählungen:* Potempa B 20.
2 Conny (Konrad) Katzenellenbogen: (geb. 1913), nannte sich später Kellen. Mit Erika und Klaus Mann befreundet. War von 1941 bis 1943 TMs Sekretär.

276 *1 The Beloved Returns:* Potempa T 329.1.
2 Virginia und Konny: Virginia Katzenellenbogen, Ehefrau von Konrad Katzenellenbogen (siehe Anm. 275.2).

277 *1 Lotte in Weimar:* Potempa D 7.1.
2 Ernst Gottlieb: (1903-1961), Fotograph und Musikologe. Gründete 1942 zusammen mit Felix Guggenheim (siehe Anm. 298.2) den Verlag 'Pacific Press' in Los Angeles, in dem auch Editionen von TM erschienen.

278 *1 Lotte in Weimar:* Potempa D 7.1.
2 Wicky Baum: Vicky Baum (1888-1960), österr. Schriftstellerin.
3 Widmung: Die Widmungen 278 und 414 stehen in ein und demselben Buch. TM hat offensichtlich das Widmungsexemplar wegen des Schreibfehlers zurückbehalten.

279 *1 Die vertauschten Köpfe:* Potempa E 31.1.
2 Heinrich und Nelly: Heinrich (siehe Anm. 6.2) und Nelly Mann, geb. Kröger (siehe Anm. 176.2).

280 *1 War and Democracy:* Potempa G 748.1.
2 Franklin D. Roosevelt: Franklin Delano Roosevelt (1882-1945), von 1933 bis 1945 Präsident der Vereinigten Staaten von Amerika. Mit handschriftlichem Besitzvermerk: 'Franklin D. Roosevelt 1941'.

281 *1 Die vertauschten Köpfe:* Potempa E 31.1.
2 Erich von Kahler: (1885-1970), Historiker und Kulturphilosoph. TM kannte von Kahler seit 1919 und war mit ihm seither freundschaftlich verbunden.

282 *1 Die vertauschten Köpfe:* Potempa E 31.1.
2 Bibi und Gret: Michael Mann, Kosename 'Bibi' (1919-1977), TMs jüngster Sohn, und Gret, geb. Moser (geb. 1916), seine Ehefrau.
3 Fredolins Grandpa: Fridolin (Frido), ältester Sohn von Michael und Gret Mann (siehe Anm. 259.3).

283 *1 Die vertauschten Köpfe:* Potempa E 31.1.
2 Bruno und Else Walter: Bruno (siehe Anm. 178.2) und Else Walter, geb. Wirthschaft (1871-1945), seine Ehefrau.

284 *1 Die vertauschten Köpfe:* Potempa E 31.1.
2 Karl Kerényi: Siehe Anm. 193.2.

285 *1 The Beloved Returns:* Potempa T 329.1.
2 George Seufert: Business-Manager der von Klaus Mann herausgegebenen Zeitschrift 'Decision'.

286 *1 The Beloved Returns:* Potempa T 329.1.
2 Blanche and Alfred Knopf: Blanche Knopf (1894-1966), Ehefrau von Alfred K. (siehe Anm. 200.2).
3 splendig edition of "Lotte": So in der Widmung.

287 *1 The Transposed Heads:* Potempa T 360.1.
2 Widmung: Die Widmung ist nicht datiert und nicht signiert.
3 Heinrich Zimmer: (1890-1943), Indologe. Ihm verdankte TM die Anregung zu »Die vertauschten Köpfe«.

288 *1 The Transposed Heads:* Potempa T 360.1.
2 Mr. and Mrs. Angell: Joseph Angell (siehe Anm. 249.2) und seine Ehefrau Mary Jane.

289 *1 Die vertauschten Köpfe:* Potempa E 31.1.
2 Ludwig Marcuse: Siehe Anm. 234.2.

290 *1 The Beloved Returns:* Potempa T 329.1.
2 Alfred Knopf: Siehe Anm. 200.2.
3 "This much ...": Aus »The Beloved Returns«, S. 450.

291 *1 The Beloved Returns:* Potempa T 329.1.
2 Robert Nathan: (1894-1985), amerik. Schriftsteller.

292 *1 Alfred Neumann:* Siehe Anm. 171.2.
2 Vorlesung: A. Neumann las aus seinem entstehenden Roman 'Der Pakt', der 1949 erschien.

293 *1 Gästebuch:* Von Ernst Gottlieb (siehe Anm. 277.2).
2 schmerzlos zu verewigen: Gottlieb hatte Portraitaufnahmen von TM gemacht.

294 *1 Dieser Friede:* Potempa G 696.2.
2 Schnürchen Gret: Gret Mann, siehe Anm. 282.2. 'Schnürchen' von 'Schnur', veraltet für Schwiegertochter (vgl. in »Joseph, der Ernährer«: "Thamar, deine Schnur ...". GW V, S. 1574 u. a.).

295 *1 Lotte in Weimar:* Potempa D 7.1.
2 Estella Katzenellenbogen: (1886-1991), Mutter von Konrad Katzenellenbogen (siehe Anm. 275.2).

296 *1 Order of the Day:* Potempa B 70.
2 Heinrich: Heinrich Mann (siehe Anm. 6.2).

297 *1 Deutsche Hörer:* Potempa B 71.
2 Agnes E. Meyer: Siehe Anm. 241.2.

298 *1 Thamar:* Potempa D 8.6.
2 Felix Guggenheim: (1904-1976). War vor seiner Emigration Finanzdirektor der 'Deutsche(n) Buch-Gemeinschaft' (siehe auch Anm. 277.2).

299 *1 Listen, Germany!:* Potempa T 315.
2 Konny: Siehe Anm. 275.2.

300 *1 Listen, Germany!:* Potempa T 315.
2 Antonio: Giuseppe Antonio Borgese (siehe Anm. 260.2).
3 good little wife: Eliabeth Mann-Borgese (siehe Anm. 260.2).
4 Mr. Papale: Thomas Mann.

301 *1 Thamar:* Potempa D 8.6.
2 Konni: Siehe Anm. 275.2.

302 *1 The Theme of the Joseph Novels:* Potempa G 821.1.
2 Erich v. Kahler: Siehe Anm. 281.2.

303 *1 The Theme of the Joseph Novels:* Potempa G 821.1.
2 Jonas Lesser: (1896-1968), österr. Philologe und Schriftsteller. Veröffentlichte 'Thomas Mann in der Epoche seiner Vollendung', München 1952.

303a *1 The Theme of the Joseph Novels:* Potempa G 821.1.
2 Alfred Neumann und seiner Kitty: Siehe Anm. 171.2.

304 *1 Foto:* Von Ernst Gottlieb (siehe Anm. 277.2).
2 Konrad Katzenellenbogen: Siehe Anm. 275.2.
3 dankbar für seine: Bezieht sich auf die Sekretärdienste von K.

305 *1 Deutsche Hörer (30)(Manuskript):* Potempa G 836.
2 Widmung: TM schrieb die Widmung auf einen Briefbogen der 'Library of Congress - The Consultant in German Literature'. Widmung und Manuskript waren von TM der Organsation 'We Fight Back' für eine 'War Bond Drive' zur Verfügung gestellt worden und wurden versteigert.

306 *1 Der Zauberberg:* Potempa D 3.5.
2 George Marek: George R. Marek (1902-1987), aus Österreich stammender, New Yorker Musikschriftsteller. Übersetzte TMs Novelle »Das Gesetz«, für die von A.L. Robinson 1943 herausgegebene Anthologie 'The Ten Commandments' (vgl. Potempa E 32.1.).

307 *1 Joseph and His Brothers:* Potempa T 326.1.
2 John Eastman jr.: Genannt Jack. Großer Verehrer von TM und Sammler seiner Werke. Er vereinigte wohl die größte Anzahl von Widungsexemplaren in seiner Sammlung, die er 1966 der 'Colby Library' in Waterville, Maine, vermachte (vgl. das 'Thomas Mann-Heft' der 'Colby Library Quarterly', Nr. 7, September 1966).

308 *1 Buddenbrooks:* Potempa T 323.2.
2 John Eastman: Siehe Anm. 307.2.

309 *1 The Magic Mountain:* Potempa T 325.1.
2 John Eastman: Siehe Anm. 307.2.

310 *1 Stories of Three Decades:* Potempa T 297.
2 John Eastman: Siehe Anm. 307.2.

311 *1 The Beloved Returns:* Potempa T 329.1.
2 John Eastman: Siehe Anm. 307.2.

312 *1 Der Zauberberg:* Potempa D 3.5.
2 Alfred Neumann: Siehe Anm. 171.2.

313 *1 Der Zauberberg:* Potempa D 3.5.
2 Arnold Schönberg: (1874-1951), österr. Komponist und Musiktheoretiker.
3 zum 13. September 1943: Schönbergs 69. Geburtstag.
4 Musik zu bauen versucht: Anspielung TMs auf seine Romanfigur Adrian Leverkühn im »Doktor Faustus«, den er in der gleichen Art wie Schönberg komponierten ließ (siehe auch Anm. 398.3).

314 *1 The Magic Mountain:* Potempa T 325.1.
2 of this house: Clarence R. Decker, Präsident der Universität von Kansas, wo TM am 1.12.1943 seinen Vortrag »The War and the Future« hielt. TM schrieb die Widmung unter seinen Namenszug: Möglicherweise handelte es sich um einen bereits signierten Band. Unter TMs Eintrag steht in der jeweiligen Handschrift:
'Klaus Mann
Kansas City,
October II, 1943
Katia Mann'

315 *1 Thou Shalt Have No Other Gods Before Me:* Potempa E 32.1 (siehe auch Anm. 306.2).
2 John Eastman: Siehe Anm. 307.2.

316 *1 Buddenbrooks:* Wahrscheinlich Potempa D 1.8.
2 Franz Werfel: (1890-1945), österr. Schriftsteller.
3 "Der Genius ...": Zitat siehe Anm. 111.3. Das gleiche Zitat schrieb TM am 5.II.27 in 'Ettal b. Oberammergau' in ein Exemplar der »Buddenbrooks« für C.L. Lassen.

316a *1 Die Sendung der Musik (Manuskript):* Potempa G 880.
2 Bruno Walter: Siehe Anm. 178.2.
3 seinem Fest: Walter beging sein fünfzigjähriges Dirigentenjubiläum.
4 Widmung: Die Widmung ist nicht datiert. Das Manuskript legte TM seinem Brief an Walter vom 8.3.1944 bei. Dieser bedankte sich am 24.3.1944: "... innigst für den Freundschaftsbeweis in Ihren schönen und bedeutenden Worten ...".

317 *1 Vom Buch der Bücher und Joseph (Manuskript):* Potempa G 885. In deutscher Sprache wurde dieser Essay erst 1974 veröffentlicht (GW XIII, S. 199 ff.).
2 John Eastman: Siehe Anm. 307.2.

318 *1 Die Geschichten Jaakobs:* Potempa D 4.1.
2 Ernst Gottlieb: Siehe Anm. 277.2.

319 *1 Joseph, the Provider:* Potempa T 330.1.
2 John Eastman: Siehe Anm. 307.2.

320 *1 Ernst Gottlieb:* Siehe Anm. 277.2.

321 *1 Joseph, der Ernährer:* Potempa D 8.1.
2 Heinrich: Heinrich Mann (siehe Anm. 6.2).

322 *1 Gästebuch:* Von Gerhard Albersheim (geb. 1902), österr. Pianist und Musikwissenschaftler, und seiner Frau Erna.

323 *1 Joseph, der Ernährer:* Potempa D 8.1.
2 Erich von Kahler: Siehe Anm. 281.2. Auf dem Titelblatt des Buches vermerkte TM: "Mit vielen Druckfehlern."

324 *1 Joseph, der Ernährer:* Potempa D 8.1.
2 Klaus, dem soldier-boy: Klaus Mann (siehe Anm. 100.2) diente seit dem 1.4.1943 in der US-Army.
3 Saitenspiel mit Schalle: Zitat aus »Joseph, der Ernährer«. GW V, S. 1702.

325 *1 Joseph, der Ernährer:* Potempa D 8.1.
2 Hilde Kahn: (geb. 1919), verh. Reach. War von Dezember 1943 bis zu TMs Übersiedelung in die Schweiz 1952 seine Sekretärin.
3 noch nicht hierbei: Erst vom »Doktor Faustus« (1947) stellte Hilde Kahn das Typoskript her.

326 *1 Joseph, der Ernährer:* Potempa D 8.1. Auf das Titelblatt des Buches schrieb TM:"Emergency-edition mit zahllosen dummen, dummen kleinen Druckfehlern".
2 Agnes E Meyer: Siehe Anm. 241.2.
3 Korrekturen: Im Text dieses Bandes hat TM an drei Stellen Bleistiftkorrekturen vorgenommen: Seite 482, Zeile 3 von oben: "... Herrn Herz, ...", geändert in "... Herzens Herz, ..."; Seite 509, Zeile 5 von unten: "... feiner als Gold, ...", geändert in "... feines Gold, ..."; Seite 639, Zeile 8 und 9 von oben: "... hinwegpusteten ...", geändert in "... hinwegsputeten ...".

327 *1 Joseph, the Provider:* Potempa T 330.1.
2 Joseph Angell: Siehe Anm. 249.2.

328 *1 Joseph, der Ernährer:* Potempa D 8.1.
2 Bruno Walter: Siehe Anm. 178.2.

329 *1 Deutsche Hörer!:* Potempa B 71.
2 Bernard Guillemin: (geb. 1898), Journalist.

330 *1 The Bible:* Potempa G 885.1. Gekürzte Fassung von »Vom Buch der Bücher und Joseph« (siehe Anm. 317.1).
2 Widmung: Die Widmung gilt J. Eastman (siehe Anm. 307.2).
3 englisch: So in der Widmung.

331 *1 Richard Wagner and the Ring of the Nibelungen:* Potempa G 658.4.
2 Jack Eastman: Siehe Anm. 307.2.

332 *1 Joseph G. Brennan »Thomas Manns World«:* Jonas 42.9.
2 "Possible que j'ai ...": Vermutlich bezieht sich TMs Widmung auf folgende Sätze in Brennans Buch: "His history is one of a spirit born to a romantic heritage and powerfully stimulated by it - a spirit which gradually becomes aware of its own romantic inclinations and, subjecting them to critical analysis, allows some to die away after working them out in creative products, and guides others into new directions."
3 Jack Eastman: Siehe Anm. 307.2.

333 *1 Das Gesetz:* Potempa E 32.2.
2 alle Exemplare signiert: Von dieser Ausgabe wurden die ersten 250 Exemplare von TM signiert.
3 Ernst Gottlieb: Siehe Anm. 277.2.

334 *1 Das Gesetz:* Potempa E 32.2.
2 Felix Guggenheim: Siehe Anm. 298.2.

335 *1 Joseph, der Ernährer:* Potempa D 8.1.
2 Ida Herz: Siehe Anm.151.2.

336 *1 Das Gesetz:* Potempa E 32.2.
2 Heinrich: Heinrich Mann (siehe Anm. 6.2).

337 *1 Lotte in Weimar:* Potempa D 7.1.
2 Jack Eastman: Siehe Anm. 307.2.

338 *1 Das Gesetz:* Potempa E 32.3.
2 Frau Katzi: Estella Katzenellenbogen (siehe Anm. 295.2).

339 *1 Das Gesetz:* Potempa 32.3.
2 Tutti: Brigitte Bermann Fischer (siehe Anm. 52.1).

340 *1 Unordnung und frühes Leid:* Potempa E 29.2.
2 Barthold Fles: (geb. 1902), holl., in den USA tätiger Verleger und Literaturagent.

341 *1 The Tables of the Law:* Potempa E 32.5.
2 Paul Rand: Amerik. Graphiker. Er gestaltete die Ausgabe von »The Tables of the Law«.

342 *1 Joseph, der Ernährer:* Potempa D 8.1.
2 O.E. Naegel: Siehe Anm. 204.2.
3 St. Regis: Siehe Anm. 204.2.

343 *1 Gästebuch:* Von Gerhard und Erna Albersheim (siehe Anm. 322.1).
2 "O holde Kunst ...": Aus 'An die Musik', Gedicht von Franz von Schober (1798-1882), vertont von Franz Schubert.

344 *1 Das Gesetz:* Potempa E 32.3.
2 Hilde Kahn: Siehe Anm. 325.2.

345 *1 The Tables of the Law:* Potempa E 32.5.
2 John Eastman: Siehe Anm. 307.2.

346 *1 The Short Novels of Dostoevsky:* Potempa G 937.1. Ein Auswahlband von Erzählungen, New York 1945, zu dem TM das Vorwort »Dostoevsky in Moderation« schrieb.
2 Jack Eastman: Siehe Anm. 307.2.

347 *1 Leiden an Deutschland:* Potempa G 919.1.
2 Jack Eastman: Siehe Anm. 307.2.

348 *1 Leiden an Deutschland:* Potempa G 919.1.
2 Ernst Gottlieb: Siehe Anm. 277.2.

349 *1 Leiden an Deutschland:* Potempa G 919.1.
2 Felix Guggenheim: Siehe Anm. 298.2.

350 *1 Novellen:* Potempa A 1/IV. Nummer 21 der auf 150 Exemplare limitierten und signierten Ausgabe.
2 Jack Eastman: Siehe Anm. 307.2.

351 *1 Die Geschichten Jaakobs:* Potempa D 4.1.
2 Jack Eastman: Siehe Anm. 307.2.

352 *1 Der junge Joseph:* Potempa D 5.1.
2 Jack Eastman: Siehe Anm. 307.2.

353 *1 Die vertauschten Köpfe:* Potempa E 31.1.
2 Dr. Heinz Stroh: (1899-1952), Schriftsteller. Gründer der 'Nürnberger Thomas Mann-Gesellschaft'.
3 korrigiertes Exemplar: TM korrigierte zwei Druckfehler auf der Seite 224: "Verbrennungsklötze" in "Verbrennungsplätze" und "Blutbett" in "Glutbett".

354 *1 Adel des Geistes:* Potempa B 73.
2 Jack Eastman: Siehe Anm. 307.2.

355 *1 Der junge Joseph:* Potempa D 5.1.
2 Sonny: TMs Neffe Klaus Hubert Pringsheim (geb. 1923). Sohn von Klaus Pringsheim (siehe Anm. 43.2).

356 *1 Bemühungen:* Potempa B 65.
2 Jack Eastman: Siehe Anm. 307.2.

357 *1 Bekenntnisse des Hochstaplers Felix Krull:* Potempa D 12.2.1.
2 Jack Eastman: Siehe Anm. 307.2.
3 Stories of Three Decades: Potempa T 297.

358 *1 Die vertauschten Köpfe:* Potempa E 31.1.
2 Edda Hörz: Ida Herz (siehe Anm. 151.2).

359 *1 A Sketch of my Life:* Potempa G 445.2 / T 146. Nummer X der auf LXXV Exemplare limitierten und von TM signierten Ausgabe.
2 Roger Senhouse: (1900-1970), engl. Verleger und Mitbegründer des Londoner Verlages Secker & Warburg. Auf dem hinteren Vorsatzblatt hat Senhouse den Text eines Telegramms von Katia Mann an ihn notiert:

'Erlenbach - Zürich 20. May 1953
On June 3rd we shall arrive directly from Airport to Cambridge, & from 5th - 7th we are to stay in the Savoy in London (quite privatly, without any lecture). We do of course, hope that you will be in London at that time and we will have an opportunity of seeing you.
On June 7th we are flying to Hamburg. Could your office kindly purchase 2 tickets for us for (BEA) plane etc
Katia'

359a *1 Der Zauberberg:* Potempa D 3.5.
2 Greta Braunsberg: Nicht ermittelt.

360 *1 Buddenbrooks:* Potempa D 1.4.
2 Sigmund Pollag: (1888-1977), schweizer Arzt und Kunstsammler.
3 ein altes Buch: Möglicherweise ein Hinweis auf eine alte Ausgabe der Gedichte von Gottfried Keller, die Pollag TM schenkte (vgl. TMs Tagebucheintragung vom 7.VIII.47).

361 *1 Bilse und ich:* Potempa G 26.3.
2 Dr. S. Pollag: Siehe Anm. 360.2.

362 *1 Zwei Festreden:* Potempa B 66.1.
2 Dr. S. Pollag: Siehe Anm. 360.2.
3 "Ein bürgerliches Menschentum ...": Aus »Lübeck als geistige Lebensform«, GW XI, S. 398.

363 *1 Ein Briefwechsel:* Potempa G 632.1.
2 Siegmund Pollag: Siehe Anm. 360.2.

364 *1 Deutsche Hörer!:* Potempa B 72.
2 Widmung: Die Widmung gilt S. Pollag (siehe Anm. 360.2).

365 *1 Gästebuch:* Potempa G 984.2. Gästebuch des Schauspielhauses Zürich. Im Stadtarchiv Zürich, wo sich das Archiv des Schauspielhauses befindet, ist das Gästebuch nicht enthalten. Ein Teil des Archivs fiel einem Brand zum Opfer. Die Widmung wurde der Theaterzeitung 'Schauspielhaus Zürich', August/September [1947], Jg. 47/48 entnommen.

366 *1 Doktor Faustus:* Potempa D 10.2.
2 Reisi: Hans Reisiger (siehe Anm. 78.2.).
3 Brief vom Schiff: TM schrieb am 4.9.1947 von Bord der 'Westerdam' an Reisiger. Er ging in diesem Schreiben auch auf die Romanfigur 'Rüdiger Schildknapp' im »Doktor Faustus« ein, der er Züge von Hans Reisiger verliehen hatte.

367 *1 Essays of Three Decades:* Potempa T 316.
2 Richard Schweizer: (1900-1965), Schriftsteller und Zürcher Freund der Familie Mann. Hielt bei TMs Beisetzung die Abschiedsrede.

368 *1 Widmungsblatt:* An Magdalena Sothmann, Buchhändlerin und Antiquarin in Amsterdam, wohin sie aus Deutschland emigriert war. TM schrieb meistens Margarete S., so auch die Anschrift auf einer Büchersendung vom 22.9.1947 (Poststempel).

369 *1 Doktor Faustus:* Potempa D 10.1. Exemplar Nr. 9 (von 50) der von TM signierten Ausgabe.
2 Jack Eastman: Siehe Anm. 307.2.

370 *1 Doktor Faustus:* Potempa D 10.2.
2 Erich Kahler: Siehe Anm. 281.2.

371 *1 Doktor Faustus:* Potempa D 10.2.
2 Agnes E. Meyer: Siehe Anm. 241.2.

372 *1 Pfitzners Palestrina:* Potempa G 108.8.
2 Jack Eastman: Siehe Anm. 307.2.

373 *1 A Man and his Dog:* Potempa T 357.3.
2 Jack Eastman: Siehe Anm. 307.2.

374 *1 Joseph, der Ernährer:* Potempa D 8.1.
2 Jack Eastman: Siehe Anm. 307.2.

375 *1 Israel Stands Before Pharao:* Potempa T 330.3.
2 Jack Eastman: Siehe Anm. 307.2.

376 *1 What is German?:* Potempa G 860.2.
2 Widmung: Die Widmung gilt J. Eastman (siehe Anm. 307.2).

377 *1 In My Defense:* Potempa G 895.1.
2 Jack Eastman: Siehe Anm. 307.2.

378 *1 Das Gesetz:* Potempa E 32.2.
2 Jack Eastman: Siehe Anm 307.2.

379 *1 The End:* Potempa G 917.1.
2 Jack Eastman: Siehe Anm. 307.2.

380 *1 Germany and the Germans:* Potempa G 922.7.
2 Jack Eastman: Siehe Anm. 307.2.

381 *1 From: Diaries (1933-1934):* Potempa G 919.5.
2 Jack Eastman: Siehe Anm. 307.2.

382 *1 Doktor Faustus:* Potempa D 10.2.
2 Jack Eastman: Siehe Anm. 307.2.

383 *1 Harry Slochower 'Mann's Latest Novels':* Jonas 43.30.
2 Harry Slochower: (1900-1985), aus Österreich stammender Literaturhistoriker und Psychologe.
3 Jack Eastman: Siehe Anm. 307.2.

384 *1 Harry Slochower 'Thomas Mann':* Jonas 45.134.
2 Harry Slochower: Siehe Anm. 383.2.
3 Widmung: Die Widmung gilt J. Eastman (siehe Anm. 307.2).

385 *1 David Daiches 'Joseph, the Provider':* Jonas 44.12.
2 David Daiches: (geb. 1912), engl. Literaturwissenschaftler und Kritiker.
3 Widmung: Die Widmung gilt J. Eastman (siehe Anm.307.2).

386 *1 Walter H. Perl 'Thomas Mann, 1933-1945':* Jonas 45.112.
2 Walter H. Perl: (1909-1975), aus Deutschland stammender Germanist.
3 Jack Eastman: Siehe Anm. 307.2.

387 *1 Albert Léon Guérard 'What we Hope from Thomas Mann':* Jonas 46.22.
2 Albert Léon Guérard: (1880-1959), Professor an der Stanford University, Kalifornien.
3 Jack Eastman: Siehe Anm. 307.2.
4 denunciation of Mr. Peyre: Henri Maurice Peyre (1901-1988), Romanist an der Yale University. Nach TMs Veröffentlichung seines Vortrags »The War and the Future (Potempa G 860.1) unter dem Titel »What is German« (Potempa G 860.2) in der Mai-Nummer 1944 von 'The Atlantic Monthly', griff Peyre in einem 'Letter to the Editor' (Jonas 44.44) TM offen an, und beschuldigte ihn unter anderem einer "präfaschistischen Vergangenheit" (vgl. auch TMs Tagebucheintragungen zu diesem Vorgang im Laufe des Jahres 1944).

388 *1 Doktor Faustus:* Potempa D 10.2.
2 Eri: Erika Mann (siehe Anm. 58.2).

389 *1 Nietzsches Philosophie im Lichte unserer Erfahrung:* Potempa G 975.4.
2 Samuel Singer: (1860-1948), aus Österreich stammender Mediävist.

390 *1 Doktor Faustus:* Potempa D 10.2.
2 Mönchen: Monika Mann (1910-1992), TMs zweite Tochter.
3 Z: Zauberer (siehe Anm. 107.3).

391 *1 Doktor Faustus:* Potempa D 10.2.
2 Hanns Eisler: (1898-1962), Musiker und Komponist. Schüler von Arnold Schönberg. Lebte in Kalifornien in der Nähe von TM.

392 *1 Doktor Faustus:* Potempa D 10.2.
2 Hilde Kahn: Siehe Anm. 325.2.
3 der Ersten: Hilde Kahn hatte das Typokript des »Doktor Faustus« erstellt.

393 *1 Doktor Faustus:* Potempa D 10.2.
2 Schwager Läusele: Siehe Anm. 43.2.

394 *1 Doktor Faustus:* Potempa D 10.2.
2 Lion Feuchtwanger: (1884-1958), Schriftsteller. Wohnte seit 1941 in Pacific Palisades in der Nähe von TM.

395 *1 Doktor Faustus:* Potempa D 10.2.
2 Ida Herz: Siehe Anm. 151.2.

396 *1 Doktor Faustus:* Potempa D 10.2.
2 Hermann Hesse: Siehe Anm. 33.2.
3 Glasperlenspiel: TM bezieht sich auf den gleichnamigen Roman von Hermann Hesse, Zürich 1943.

397 *1 Doktor Faustus:* Potempa D 10.2.
2 Michael und Gret: Michael und Gret Mann, siehe Anm. 282.2.
3 Eltern lieber Bübchen: Eltern von Frido (siehe Anm. 259.3) und Toni Mann (geb. 1942).
4 Zauberer: Siehe Anm. 107.3.

398 *1 Doktor Faustus:* Potempa D 10.2.
2 Arnold Schönberg: Siehe Anm. 313.2.
3 dem Eigentlichen: TM hatte in seinem Roman »Doktor Faustus« die von Schönberg entwickelte 'Zwölfton- oder Reihentechnik' Adrian Leverkühn zugeschrieben, ohne Schönbergs Name zu erwähnen. Dieser fürchtete um seinen Nachruhm und es kam zwischen ihm und TM zu einer Kontroverse. TM fügte daraufhin dem Roman ab der zweiten Auflage einen Nachsatz an, in dem er den Leser dahingehend verständigt, daß die geschilderte Kompositionsart das geistige Eigentum von Arnold Schönberg ist.

399 *1 Doktor Faustus:* Potempa D 10.2.
2 Ernst Toch: (1887-1964), österr. Komponist. TM nutzte die Nachbarschaft zu Toch zu Gesprächen über musikalische Probleme während seiner Arbeit am »Doktor Faustus" (vgl. »Die Entstehung des Doktor Faustus«, GW XI, S. 170 und 177).
3 den Teufel nicht nötig: Anspielung TMs auf Adrian Leverkühn, den fiktiven Komponisten im »Doktor Faustus«, der sich mit dem Teufel verbündete.

400 *1 Doktor Faustus:* Potempa D 10.2.
2 Freundin Constanze: Constance Hallgarten (siehe Anm. 96.2).

401 *1 Buddenbrooks:* Potempa T 323.1.
2 George Cukor: (1899-1983), amerik. Filmregisseur.

402 *1 Meistererzählungen:* Potempa B 21.
2 Heinrich: Heinrich Mann (siehe Anm. 6.2).

403 *1 Neue Studien:* Potempa B 75.
2 Widmung: Die Widmung ist in den Band »Neue Studien« eingedruckt.
3 schmerzlich großen historischen Gedenkens: Das Buch erschien 1948. TM erinnert in seiner Widmung an die Nationalversammlung, die 1848 in der Frankfurter Paulskirche zusammentrat.

404 *1 Joseph and His Brothers:* Potempa T 331.
2 Agnes E. Meyer: Siehe Anm. 241.2.

405 *1 Neue Studien:* Potempa B 75.
2 Heinrich: Heinrich Mann (siehe Anm. 6.2).

406 *1 Neue Studien:* Potempa B 75.
2 Ida Herz: Siehe Anm. 151.2.

407 *1 Okkulte Erlebnisse:* Potempa G 186.1. Nummer 39 der auf 300 Exemplare limitierten Ausgabe. Die Nummern 1 - 90 sind von TM signiert.
2 Jack Eastman: Siehe Anm. 307.2.

408 *1 A Sketch of My Life:* Potempa G 445.2. Nummer 519 der auf 695 Exemplare limitieren Ausgabe.
2 Jack Eastman: Siehe Anm. 307.2.

409 *1 Deutschland und die Deutschen:* Potempa G 922.2.
2 Jack Eastman: Siehe Anm. 307.2.

410 *1 Foreword:* Potempa G 979.3.
2 Jack Eastman: Siehe Anm. 307.2.

411 *1 The Permanent Goethe:* Potempa I 8.
2 Jack Eastman: Anm. 307.2.

412 *1 Charles Neider 'The Stature of Thomas Mann':* Jonas 47.165.
2 Charles Neider: Der Herausgeber des Sammelwerkes, Charles Neider (geb. 1915 in Odessa), war Mitarbeiter bei Klaus Manns (siehe Anm. 100.2) Zeitschrift 'Decision'.
3 Jack Eastman: Siehe Anm. 307.2.

413 *1 Doktor Faustus:* Potempa D 10.2.
2 Karl Kerényi: Siehe Anm. 193.2.

414 *1 Lotte in Weimar:* Potempa D 7.1.
2 Widmung: TM hat die Widmung in das ursprünglich für Vicky Baum bestimmte Exemplar eingetragen (siehe Anm. 278.3).
3 Lala Pringsheim: Klara, gen. 'Lala' Pringsheim, geb. Koszler (1888-1978), Ehefrau von Klaus P. (siehe Anm. 43.2).

415 *1 Doctor Faustus:* Potempa T 332.1.
2 Jack Eastman: Siehe Anm. 307.2.

416 *1 Neue Studien:* Potempa B 74.
2 Jack Eastman: Siehe Anm. 307.2.

417 *1 Bekenntnisse des Hochstaplers Felix Krull:* Potempa D 12.2.1.
2 Wilhelm Speyer: (1887-1952), Schriftsteller.

418 *1 Doctor Faustus:* Potempa T 332.1.
2 Pierre Monteux: (1875-1964), franz. Dirigent und Leiter des San Francisco Symphonie Orchesters, in dem Michael Mann (siehe Anm. 282.2) spielte.

419 *1 Doktor Faustus:* Potempa D 10.2.
2 Dr. Friedrich Rosenthal: (geb. 1902), aus Berlin stammender Arzt. Er stellte im März 1946 TMs Lungenkrebs fest.

420 *1 Meistererzählungen:* Potempa B 21.
2 Thomas Peter Fischer: Antiquar. Lebt in New York.

421 *1 Doctor Faustus:* Potempa T 332.1.
2 William Coshland: William A. Koshland (siehe Anm. 180.2).

422 *1 Adel des Geistes:* Potempa B 73.
2 Josef Paul Hodin: (geb. 1905 in Prag), Schriftsteller.

423 *1 Der Zauberberg:* Potempa D 3.5.
2 Professor Olle Holmberg: (1893-1975), schwed. Literaturwissenschaftler.

424 *1 Wälsungenblut:* Potempa E 22.2.
2 Sigmund Pollag: Siehe Anm. 360.2.

425 *1 Die vertauschten Köpfe:* Potempa E 31.1.
2 Sigmund Pollag: Siehe Anm. 360.2.

426 *1 Doktor Faustus:* Potempa D 10.2.
2 Sigmund Pollag: Siehe Anm. 360.2.

427 *1 Doktor Faustus:* Potempa D 10.2.
2 Alfred: Alfred A. Knopf (siehe Anm. 200.2).

428 *1 Die Entstehung des Doktor Faustus:* Potempa G 1027.1.
2 Olle Holmberg: Siehe Anm. 423.2.

429 *1 Die Entstehung des Doktor Faustus:* Potempa G 1027.1.
2 Heinrich: Heinrich Mann (siehe Anm. 6.2).

430 *1 Die Entstehung des Doktor Faustus:* Potempa G 1027.1.
2 Ida Herz: Siehe Anm. 151.2.

431 *1 Die Entstehung des Doktor Faustus:* Potempa G 1027.1.
2 Bruno Walter: Siehe Anm. 178.2.

432 *1 Die Entstehung des Doktor Faustus:* Potempa G 1027.1.
2 Zwillingsschwägerle: Klaus Pringsheim (siehe Anm. 43.2).
3 denselben Gegenstand: Die Bemerkung TMs bezieht sich auf den Aufsatz von Klaus Pringsheim »Der Tonsetzer Adrian Leverkühn: Ein Musiker über Thomas Manns Roman« (Jonas 49.234).

433 *1 Ansprache im Goethejahr 1949:* Potempa G 1050. Die Widmung steht in TMs Redemanuskript, das er Georges Motschan schenkte.
2 George Motschan: So in der Widmung (siehe Anm. 237.2).

433a *1 Die Entstehung des Doktor Faustus:* Potempa G 1027.1.
2 Gottfried Bermann Fischer: TMs Verleger (siehe Anm. 52.1).

434 *1 Widmungsblatt:* Für die 'Lübecker Nachrichten'. Dort abgedruckt am 6.6.1996.

435 *1 Lotte in Weimar:* Vermutlich Potempa D 7.2.
2 Karl Haerzer: Geschäftsführer des Gästehauses der Stadt Frankfurt am Main.

436 *1 Joseph, der Ernährer:* Potempa D 8.5.
2 Reisi: Hans Reisiger (siehe Anm. 78.2).

437 *1 Gästebuch:* Das Gästebuch des Suhrkamp Verlags. Es ist nach Auskunft des Verlages nicht mehr auffindbar.

438 *1 Beschwerdenbuch:* Auf der Autofahrt von Bayreuth nach Weimar (siehe Anm. 237.2), aßen Thomas und Katia Mann gemeinsam mit der unter der Leitung von Johannes R. Becher stehenden 'Ostzonen-Delegation', in einer 'HO-Gaststätte' zu Mittag. Die Leiterin des Restaurants legte TM, in Ermangelung eines Gästebuches, ihr 'Beschwerdenbuch' zu einer Eintragung vor.
2 HO-Gaststätte: Gaststätte der 'Handels-Organisation', eine 1948 in der damaligen 'Sowjetisch besetzten Zone' gegründete Organisation, die den Einzelhandel, die Gaststätten und Hotels in volkseigene Regie überführte und verband.

439 *1 Gästebuch:* Des Nationaltheaters Weimar, wo TM am 1.8.1949 seine »Ansprache im Goethejahr 1949« hielt.

440 *1 Ansprache im Goethejahr 1949:* Potempa G 1050.3.
2 Dr. Hans Mayer: (geb. 1907), Literaturhistoriker und Schriftsteller. Er betreute die Edition der 'Gesammelten Werke in zwölf Bänden' (Potempa A5), die 1955 im Aufbau Verlag erschien und die TM an seinem achtzigsten Geburtstag überreicht wurde.

441 *1 Gästebuch:* Der Stadt Weimar.

442 *1 Gästebuch:* Der Wartburg, die TM auf der Rückreise von Weimar am 2.8.1949 besuchte. Die Eintragung TMs erfolgte während des Mittagessens im Eisenacher Hotel Rautenkranz (vgl. auch Georges Motschan, 'Thomas Mann – von nahem erlebt', Nettetal 1988, S. 138).

443 *1 Joseph und seine Brüder:* Potempa D 9.1. Erster Band.
2 Ellen Bychowski: Ellen Erby (Bychowska), Fotographin, hütete zusammen mit Nina Engelhardt das Haus der Familie Mann während deren Europareise vom 25.4.-19.8.1949 (siehe Anm. 548.2).

444 *1 Widmungsblatt:* Für Alma Mahler-Werfel (1879-1964), Witwe von Franz Werfel (siehe Anm. 316.2). Sie war in erster Ehe mit dem Komponisten Gustav Mahler (1860-1911) verheiratet.

445 *1 Ansprach im Goethejahr 1949:* Potempa G 1050.1.
2 Ida Herz: Siehe Anm. 151.2.

446 *1 Goethe und die Demokratie:* Potempa G 1038.2.
2 Ida Herz: Siehe Anm. 151.2.

447 *1 Das Gesetz:* Potempa E 32.3.
2 Widmung: Die Titelzeile der Widmung, die wohl den Namens des oder der Adressaten enthielt, ist weggeschnitten. Möglicherweise gilt die Widmung dem Philosophen und Soziologen Max Horkheimer (1895-1973) und seiner Frau Rose Christine (gen. 'Maidon'), die Ende 1949 nach Deutschland zurückgingen.
3 guter Kampfzeit: Seit 1941 wohnte das Ehepaar Horkheimer in der Nähe der Familie Mann in Pacific Palisades. Bei der Einbürgerungs-Amtshandlung von Thomas und Katia Mann, am 4.1.1944, waren die bereits 1941 naturalisierten Horkheimers die Zeugen.

448 *1 Bekenntnisse des Hochstaplers Felix Krull:* Potempa D 12.2.1.
2 Klaus Hubert: Klaus Hubert Pringsheim (siehe Anm. 355.2).

449 *1 Lotte in Weimar:* Potempa D 7.3.
2 Helmut Gätjens und Paul Landsberg: Nicht ermittelt.

450 *1 Joseph W. Angell 'The Thomas Mann Reader':* Potempa T 322.
2 Joseph W. Angell: Siehe Anm. 249.2.
3 Alfred: Alfred A. Knopf (siehe Anm. 200.2).
4 birthday gift: Die von Joseph Warner Angell herausgegebene Anthologie 'The Thomas Mann Reader', Verlag Alfred A. Knopf, New York 1950.

451 *1 Tristan:* Potempa E 13.2.
2 Widmung: Die Widmung, deren Empfänger nicht ermittelt werden konnte, ist auf eine Karte geschrieben und unter die im »Tristan«-Band enthaltene Abbildung, der 1919 von dem Münchner Bildhauer Hans Schwegerle (1882-1950) geschaffenen TM-Büste, geklebt.
3 streng dreinschaut: Bezieht sich möglicherweise auf TMs Gesichtsausdruck auf der o.g. Büste, von der er am 4.XI.1918 in sein Tagebuch schrieb: "Sie ist wahrlich gut getroffen, und eine Menge Leiden liegt in dem Gesicht, das so außer mir zu sehen, mich erschüttert". Ob TMs Widmung jedoch tatsächlich auf diese Abbildung Bezug nimmt, bleibt ungeklärt.

452 *1 Lotte in Weimar:* Potempa D 7.1.
2 Kurt Düby: (1900-1951), Rechtsanwalt und schweizer Bundesrichter. Die Familien Düby und Oprecht (siehe Anm. 236.1) waren eng befreundet.

453 *1 Doktor Faustus:* Potempa 10.3.
2 Jean Rudolf von Salis: So im Text. Jean Rodolphe von Salis (geb. 1901), schweizer Historiker. War mit TM seit den ersten Emigrationsjahren bekannt.

454 *1 Buddenbrooks:* Potempa D 1.1.
2 Sigmund Pollag: Siehe Anm. 360.2.

455 *1 Das Eisenbahnunglück:* Potempa E 24.11.
2 Sigmund Pollag: Siehe Anm. 360.2.
3 Wie dies anfängt: Der Anfang der Erzählung »Das Eisenbahnunglück« lautet: "Etwas erzählen? Aber ich weiß nichts. Gut, also ich werde etwas erzählen."

456 *1 Bekenntnisse des Hochstaplers Felix Krull:* Potempa D 12.1.1.
2 Sigmund Pollag: Siehe Anm. 360.2.

457 *1 Bekenntnisse des Hochstaplers Felix Krull:* Potempa D 12.2.1.
2 Sigmund Pollag: Siehe Anm. 360.2.
3 bei Leben und Gesundheit: Häufig von der Konsulin Buddenbrook gebrauchte Redewendung (vgl. »Buddenbrooks«, GW 1, S. 309 u.a.).

458 *1 Kino:* Potempa D 3.22.
2 Sigmund Pollag: Siehe Anm. 360.2.

459 *1 Dieser Friede:* Potempa G 696.1.
2 Sigmund Pollag: Siehe Anm. 360.2.

460 *1 Leiden an Deutschland:* Potempa G 919.1. Nummer 26 der auf 250 Exemplare limitierten, von TM signierten Ausgabe.
2 Sigmund Pollag: Siehe Anm. 360.2.
3 Juni: Die Widmung wurde am 5.7.1950 geschrieben.

461 *1 Goethe und die Demokratie:* Potempa G 1038.2.
2 Sigmund Pollag: Siehe Anm. 360.2.
3 Wirrwarr von Irrtümern: Von TM frei behandeltes Goethe. Das Originalzitat lautet:

„Glaubt nicht, daß ich fasele, daß ich dichte;
Geht hin und findet mir andere Gestalt!
Es ist die ganze Kirchengeschichte
Mischmasch von Irrtum und Gewalt."

(Propyläen Ausgabe, Band 45, S. 28).

462 *1 Ansprache im Goethejahr 1949:* Potempa G 1050.2.
2 Sigmund Pollag: Siehe Anm. 360.2.
3 "Doch bleib ich gern ...": Aus August von Platen 'Sonett Nr. 47'. In 'Sämtliche Werke in einem Band', Stuttgart und Tübingen 1839, S. 99.

463 *1 Doktor Faustus:* Potempa D 10.2.
2 Otto Basler: Siehe Anm. 213.2.

464 *1 Meine Zeit:* Potempa G 1072.1.
2 Otto Basler: Siehe Anm. 213.2.
3 St. Maurice: St. Moritz.

465 *1 Meine Zeit:* Potempa G 1072.1.
2 Hermann Hesse: Siehe Anm. 33.2.

466 *1 Meine Zeit:* Potempa G 1072.1.
2 Agnes: Agnes E. Meyer (siehe Anm. 241.2).

467 *1 Neue Studien:* Potempa B 74.
2 Konstanze Hallgarten: Siehe Anm. 96.2.
3 neckisch verlängerten Besuch: Constance H. hatte, bedingt durch Straßenarbeiten, am 4.9.1950 ihren Zug versäumt.
4 internationalen Hause der „Welt": Das Haus Thomas Mann.

468 *1 Meine Zeit:* Potempa G 1072.1.
2 Ida Herz: Siehe Anm. 151.2.

469 *1 Widmungsblatt:* Für Professor Hanns Wilhelm Eppelsheimer (1890-1972), Literaturwissenschaftler und Bibliothekar.
2 "Ja und ja ...": Aus »Doktor Faustus«, GW VI, S. 662. TMs Eintragung enthält vier Textabweichungen gegenüber der Erstausgabe bzw. den GW: Zeile 6: 'einer' (EA 'Einer'; GW 'einer'). Zeile 13: 'von' (EA und GW 'auf'). Zeile 17: 'bereite' (EA und GW 'bereiten'). Zeile 18: 'giebt' (EA und GW 'gibt').
3 Oratio ad amicos: Rede an die Freunde.

470 *1 Foreword:* Potempa G 999.5.
2 Jack Eastman: Siehe Anm. 307.2.
3 UnAmerikan Committee: Das 1938 zur Verfolgung staasfeindlicher, vorwiegend kommunistischer Umtriebe eingesetzte 'House Committee on Un-American Activities'.

471 *1 Grundschule 'Thomas Mann':* Vgl. TMs Tagebucheintragung vom 6.XI.50: "... Brief an die Schüler der TM-Schule bei Halberstadt."

472 *1 Neue Studien:* Potempa B 74.
2 Löl: Familiärer Kosename für Klaus Hubert Pringsheim (siehe Anm. 355.2).

473 *1 Henri Temianka:* (geb. 1906 in Schottland). Geigenvirtuose; war zeitweise der Geigenlehrer von Michael Mann (siehe Anm. 282.2).

474 *1 Meine Zeit:* Potempa G 1072.1.
2 Hilde Kahn: Siehe Anm. 325.2.

475 *1 The Magic Mountain:* Potempa T 325.1.
2 Dr. Wallace Dyer: Nichts Näheres ermittelt. Dyer war mit Caroline Newton (siehe Anm. 267.2) befreundet. In einem, diesem Widmungsexemplar beigelegten Vermerk, schrieb sie:
"This is the only autograph I ever asked T.M. to give me. When he heard of the great service Dr. Dyer had done me he wished to give him a book as well as the inscription. In spite of Wallace Dyer's great love of Princeton he insists on giving me the book. He and I are giving it jointly to the Mann collection at Princeton.
Caroline Newton, 'The Maypole', Pennsylvania April 1965".

476 *1 Doktor Faustus:* Potempa D 10.8.
2 Willy Bauer: (geb. 1907).

477 *1 Der Erwählte:* Potempa D 11.2.
2 Erika: Erika Mann (siehe Anm. 58.2).

478 *1 Der Erwählte:* Potempa D 11.2.
2 Lion Feuchtwanger: Siehe Anm. 394.2.

479 *1 Der Erwählte:* Potempa D 11.2.
2 Hilde Kahn: Siehe Anm. 325.2.

480 *1 Königliche Hoheit:* Potempa D 2.5.
2 Willy Bauer: Siehe Anm. 476.2.
3 "Man soll nur nicht ...": Aus Goethe 'Dichtung und Wahrheit', Dritter Teil, 14. Buch. Hamburger Ausgabe, Band 10, S. 72. Das Goethe-Zitat lautet im Original: "Muß ja doch nicht alles über alle Begriffe hinaus gehen, die man nun einmal gefaßt hat; es ist auch gut, wenn manches sich an den gewöhnlichen Sinn anschließt".

481 *1 Der Zauberberg:* Potempa D 3.6.
2 Klaus Hubert: Siehe Anm. 355.2.

482 *1 Der Erwählte:* Potempa D 11.2.
2 Karl Kerényi: Siehe Anm. 193.2.
3 mythische Gegengabe: Bezieht sich wohl auf Kerényi's 'Labyrinth-Studien' (2., erw. Ausgabe, Zürich 1950), die TM im Frühjahr 1951 zugegangen waren.
4 Auf dem Steine die Busse: Vgl. in »Der Erwählte«, die Kapitel 'Der Stein' und 'Die Buße'. GW VII, S. 181 ff.

483 *1 Der Erwählte:* Potempa D 11.2.
2 Bruno Walter: Siehe Anm. 178.2.

484 *1 Karl Kerényi 'Romandichtung und Mythologie':* Zürich 1945.
2 Richard Braungart: (1872-1965), Kunsthistoriker und Schriftsteller.

485 *1 Der Erwählte:* Potempa D 11.2.
2 Konstanze Hallgarten: Siehe Anm. 96.2.
3 dieses Fläschchen: Anspielung TMs auf Goethe 'Faust I', 'Szene im Dom': Gretchen: "Nachbarin! Euer Fläschchen!- ...". Hamburger Ausgabe, Band 3, S. 121.

486 *1 Leiden an Deutschland:* Potempa G 919.1.
2 Frank Hirschbach: Frank Donald Hirschbach (geb. 1921), Literaturhistoriker.

487 *1 Der Zauberberg:* Potempa D 3.6.
2 Joseph Angell: Siehe Anm. 249.2.

488 *1 Der Zauberberg:* Potempa D 3.6.
2 Läusele: Klaus Pringsheim (siehe Anm. 43.2).
3 japanischen Musiker: Klaus Pringsheim war von 1931 bis 1937 Lehrer und Dirigent am 'Kaiserliche(n) Konservatorium' in Tokio.

489 *1 Der Erwählte:* Potempa D 11.2.
2 Lavinia: Lavinia Mazzucchetti, siehe Anm. 146.2.

490 *1 Gästebuch:* Des Hotel Elisabethpark in Badgastein.
2 Katia Mann: Siehe Anm. 22.2.
3 Widmung: Neben Thomas und Katia Mann nahmen Margarethe Hauptmann (siehe Anm. 89.2), Erika Mann (siehe Anm. 58.2) und Maxa Mück (siehe Anm. 563.2) an dieser Mahlzeit teil und trugen sich ins Gästebuch ein.

491 *1 Bekenntnisse des Hochstaplers Felix Krull:* Potempa D 12.2.1.
2 Pierre Duby: Pierre Düby (geb. 1936), Jurist. Sohn von Kurt Düby (siehe Anm. 452.2) und Erika Düby (siehe Anm. 567.2).

492 *1 Der Erwählte:* Potempa 11.2.
2 Arnold Zweig: Siehe Anm. 199.2.
3 "Beil von Wandsbeck": So in der Widmung. 'Das Beil von Wandsbek', Roman von Arnold Zweig, 1947.

493 *1 Henry Hatfield 'Thomas Mann':* Jonas 51.71.
2 Henry Hatfield: (geb. 1912), amerik. Germanist.
3 Jack Eastman: Siehe Anm. 307.2.

494 *1 Meine Zeit:* Potempa G 1072.1.
2 Jack Eastman: Siehe Anm. 307.2.

495 *1 Der Erwählte:* Potempa D 11.2.
2 Jack Eastman: Siehe Anm. 307.2.

496 *1 The Holy Sinner:* Potempa T 333.1.
2 Jack Eastman: Siehe Anm. 307.2.

497 *1 The Holy Sinner:* Potempa T 333.1.
2 Laura Delano Adams: Die Verlobte von J. Eastman (siehe Anm. 307.2); Verwandte des US-Präsidenten Franklin Delano Roosevelt.

498 *1 Widmungsblatt:* Der Empfänger der Widmung konnte nicht ermittelt werden.
2 "Die Kunst ist ...": Aus Goethe 'Maximen und Reflexionen'. Hamburger Ausgabe, Band 12, S. 492.

499 *1 Meistererzählungen:* Potempa B 21.
2 Lion Feuchtwanger: Siehe Anm. 394.2.
3 die Antwort verweigern: TMs Bemerkung bezieht sich auf folgenden Sachverhalt: Am 20.12.1951 war in der 'Pacific Palisades Post' der Artikel 'Your Colorful Neighbors' von Jaqueline Weaver erschienen, in dem der 'idealistic un-american' Feuchtwanger als ein unzugänglicher Mensch bezeichnet wurde: Er wollte der Zeitung nichts über seine Weihnachtsfeiertags-Pläne mitteilen.

500 *1 Die vertauschten Köpfe:* Potempa E 31.1.
2 Hilde Kahn: Siehe Anm. 325.2.

501 *1 Lotte in Weimar:* Potempa D 7.2.
2 Erich von Kahler: Siehe Anm. 281.2.
3 "Das will ich doch ...": Zitat aus »Lotte in Weimar«. GW II, S. 762. Mit dem gleichen Zitat widmete TM Willy Bauer (siehe Anm. 476.2) am 9.3.1951 ein Exemplar von »Lotte in Weimar«.

502 *1 Joseph und seine Brüder:* Potempa D 9.1. Die Widmung steht im Band 1 dieser Ausgabe.
2 Erich Kahler: Siehe Anm. 281.2.
3 "... Ausgezogen, um ...": Zitat aus »Die Geschichten Jaakobs«, GW IV, S. 11.

503 *1 Deutschland und die Deutschen:* Potempa G 922.2.
2 Widmung: Die Widmung gilt Klaus W. Jonas (geb. 1920), Professor emeritus der University of Pittsburgh. Germanist und Verfasser der maßgeblichen Bibliographie »Die Thomas-Mann-Literatur«,siehe Siglenverzeichnis.

504 *1 Meine Zeit:* Potempa G 1072.1.
2 Widmung: Die Widmung gilt Klaus W. Jonas (siehe Anm. 503.2).

505 *1 Karl Schmid 'Hermann Hesse und Thomas Mann':* Jonas 50.169.
2 Klaus W. Jonas: Siehe Anm. 503.2.
3 "Wohlwollen unsrer ...": Aus Goethe 'Den Freunden zum 28. August 1826'. Beilage in einem Brief an Charlotte von Stein vom 29.8.1826. In 'Goethes Briefe', Hamburger Ausgabe, Band 4, S. 199.

506 *1 Der Erwählte:* Potempa D 11.2.
2 Martha Steinitz: Lehrerin am 'Swarthmore Educational Center' in Leeds.
3 Bemühung um mein Frühestes: M. Steinitz hatte TM im Sommer 1951 um sein Einverständnis gebeten, einige Szenen aus »Buddenbrooks« dramatisieren zu dürfen und später mit ihren Studenten aufzuführen.

507 *1 Neue Studien:* Potempa B 74.
2 D. Chenaux-Repond: Dr. Dieter Chenaux-Repond (geb. 1934), Botschafter der Schweiz in der Bundesrepublik Deutschland.

508 *1 Meistererzählungen:* Potempa B 21.
2 Klaus W. Jonas: Siehe Anm. 503.2.

509 *1 Lotte in Weimar:* Potempa D 7.3.
2 Hildegard: Hilde Kahn (siehe Anm. 325.2).

510 *1 Doktor Faustus:* Potempa D 10.4.
2 Pfarrer Walther Krause: Gest. 1972.
3 von diesem Buche spricht: Am 14.III.52 schreibt TM in sein Tagebuch: "Sandte den »Faustus« an den Pfarrer Krause im Taunus, Homberg, der gut davon spricht."

511 *1 An Exchange of Letters:* Potempa T 426.1.
2 Klaus W. Jonas: Siehe Anm. 503.2.

512 *1 Goethe und die Demokratie:* Potempa G 1038.2.
2 Klaus W. Jonas: Siehe Anm. 503.2.

513 *1 Der Erwählte:* Potempa D 11.2.
2 José Chapiro: Früher Joseph Chapiro (siehe Anm. 97.2).

514 *1 Joseph und seine Brüder:* Potempa D 9.1. Erster Band.
2 Reisi: Hans Reisiger (siehe Anm. 78.2).

515 *1 Buddenbrooks:* Potempa D 1.22.
2 Hildegard: Hilde Kahn (siehe Anm. 325.2).
3 revolutionäre Ausgabe: Diese Ausgabe erschien im Aufbau-Verlag, Berlin, in der Reihe 'Bibliothek Fortschrittlicher Deutscher Schriftsteller'. Sie wurde herausgegeben auf Grund der 'Kulturverordnung der Regierung der Deutschen Demokratischen Republik vom 16. März 1950'.
4 Greisenbild: Ein Foto TMs aus dem Jahr 1947, mit dem diese Ausgabe illustriert ist.

516 *1 Ein Briefwechsel:* Potempa G 632.1.
2 Klaus W. Jonas: Siehe Anm. 503.2.

517 *1 Adresses at the Dinner in honor of Dr. Thomas Mann:* Anläßlich des siebzigsten Geburtstags von TM, fand am 25.6.1945 im 'Waldorf Astoria Hotel', New York, ein Galadiner statt. TM schrieb die Widmung in die Broschüre, in der die Reden zu seinem Geburtstag und auch die Einladungskarte abgedruckt sind (vgl. auch Jonas 45.73).
2 Widmung: Für Klaus W. Jonas (siehe Anm. 503.2).

518 *1 Foto:* Aufnahme der aus Berlin stammenden Fotographin Lotte Reiss-Jacobi (1896-1990).
2 Klaus W. Jonas: Siehe Anm. 503.2.

519 *1 Gästebuch:* Des Hotels 'Haus Gerke' in Badgastein, wo TM und seine Familie mehrmals zu Gast waren.
2 Frau und Tochter: Katia (siehe Anm. 22.2) und Erika Mann (siehe Anm. 58.2).

520 *1 Der Zauberberg:* Potempa D 3.12 a.
2 Willi Schuh: (1900-1986), schweizer Musikschriftsteller und -Kritiker.

521 *1 Der Erwählte:* Potempa D 11.2.
2 Adolf J. Gauch: Nicht ermittelt.
3 "hintergründiges Scherzo": Die Quelle des Zitats konnte nicht ermittelt werden. Es ist denkbar, daß diese Worte in einem Gespräch über den 'Erwählten' gefallen sind.

522 *1 Jonas Lesser 'Thomas Mann in der Epoche seiner Vollendung':* Jonas 52.57.
2 Erika: Erika Mann (siehe Anm. 58.2).

523 *1 Buddenbrooks:* Potempa D 1.8.
2 Hans-Werner Eggers: (geb. 1918).
3 dem Eroberer dieses Buches: Eggers erstand »Buddenbrooks« als Soldat 1944 in Angers/Loire. Anläßlich von TMs Aufenthalt in Frankfurt am Main, er hielt die Rede auf »Gerhart Hauptmann« (Potempa G 1129), legte Eggers ihm das Buch zur Signierung vor und schilderte ihm die Geschichte seines Erwerbs.

524 *1 Doktor Faustus:* Potempa D 10.4.
2 Widmung: Über den Empfänger der Widmung, Walter Jary, konnte nichts Näheres ermittelt werden.
3 "... ob nicht aller Schein, ...": Zitat aus »Doktor Faustus«, GW VI, S. 241.

524a *1 Lob der Vergänglichkeit:* G 1119.2.
2 Hedwig Fischer: geb. Landshoff (1871-1952), Ehefrau von Samuel Fischer (siehe Anm. 52.1 und 143.1).
3 Gedenken: Hedwig Fischer war am 4.11.1952 gestorben.

525 *1 Lob der Vergänglichkeit:* Potempa G 1119.2.
2 Agnes Meyer: Agnes E. Meyer (siehe Anm. 241.2).

526 *1 Gerhart Hauptmann:* Potempa G 1129.3.
2 Hermann J. Weigand: Siehe Anm. 256.2.
3 besser gemacht: vgl. Hermann J. Weigand »Gerhart Hauptmanns Range as a Dramatist«. In 'Monatshefte für den Deutschen Unterricht', Madison, Wisc., November 1952, S. 317 ff.

527 *1 Altes und Neues:* Potempa B 76.
2 Otto Basler: Siehe Anm. 213.2.
3 "Geradeheraus: ...": Zitat aus »Der Künstler und die Gesellschaft«, GW X, S. 398.

528 *1 Altes und Neues:* Potempa B 76.
2 Hermann Hesse: Siehe Anm. 33.2.
3 "Ewig menschlich ...": Zitat aus »Erziehung zur Sprache«. GW X, S. 860.

529 *1 Altes und Neues:* Potempa B 76.
2 Eri: Erika Mann (siehe Anm. 58.2).
3 Z: Zauberer (siehe Anm. 107.3).

530 *1 Altes und Neues:* Potempa B 76.
2 Karl Kerényi: Siehe Anm. 193.2.
3 "prästabilisierten Freundschaft ...": Zitat aus »Briefe an Karl Kerényi«, GW XI, S 642.

531 *1 Altes und Neues:* Potempa B 76.
2 Klaus W. Jonas: Siehe Anm. 503.2.

532 *1 Altes und Neues:* Potempa B 76.
2 Peter de Mendelssohn: (1908-1979), Schriftsteller und Übersetzer. Verfasser der TM Biographie 'Der Zauberer' (Jonas 75.599).
3 'Der Geist in der Despotie': Berlin 1953.

533 *1 Altes und Neues:* Potempa B 76.
2 Ida: Ida Herz (siehe Anm. 151.2).

534 *1 Der Erwählte:* Potempa D 11.2.
2 Manuel Gasser: (1909-1979), schweizer Journalist und Schriftsteller.
3 unernsten Scherze: Siehe Anm. 571.3.

535 *1 Joseph in Ägypten:* Potempa D 6.1.
2 Victor Wittkowsky: Siehe Anm. 177.2.

536 *1 Die Betrogene:* Potempa E 33.3.
2 bedürftiger Kinder: Kinderdorf 'Kiriath Yearim'.

537 *1 Die Begegnung:* Potempa D 12.3.29.
2 "... und vergessen sie ...": Zitat aus »Bekenntnisse des Hochstaplers Felix Krull«, GW VII, S. 548. TM hat das Zitat in 40 Exemplare eingetragen.

538 *1 Altes und Neues:* Potempa B 76.
2 Dr. S. Pollag: Sigmund Pollag (siehe Anm. 360.2).
3 Druckfehler-Verbesserungen: TM verbesserte 14 Druckfehler.

539 *1 Altes und Neues:* Potempa B 76.
2 Lavinia Mazzucchetti: Siehe Anm. 146.2.

540 *1 Altes und Neues:* Potempa B 76.
2 Klaus Pringsheim: Siehe Anm. 43.2.

541 *1 Gästebuch:* Des 'Hôtel Des Trois Couronnes', Vevey.
2 Frau und Tochter: Katia (siehe Anm. 22.2) und Erika Mann (siehe Anm. 58.2).

542 *1 Die Betrogene:* Potempa E 33.4.
2 Hermann Hesse: Siehe Anm. 33.2.

543 *1 Die Betrogene:* Potempa E 33.4.
2 Ida Herz: Siehe Anm. 151.2.

544 *1 Die Betrogene:* Potempa E 33.4.
2 Karl Kerényi: Siehe Anm. 193.2.

545 *1 Die Betrogene.* Potempa E 33.4.
2 Lion: Lion Feuchtwanger (siehe Anm. 394.2).

546 *1 Die Betrogene:* Potempa E 33.4.
2 Eri: Erika Mann (siehe Anm. 58.2).

547 *1 Die Betrogene:* Potempa E 33.4.
2 Dr. Rudolf Oberloskamp: (geb. 1910), Düsseldorfer Rechtsanwalt. Er versorgte TM während der Arbeit an »Die Betrogene« mit Düsseldorfer Informationen.
3 Missbrauchs seines Namens: Der Hausarzt der Familie von Tümmler in »Die Betrogene«, trägt den Namen Dr. Oberloskamp.

548 *1 Die Betrogene:* Potempa E 33.4.
2 Ellen und Nina: Ellen Erby (Bychowska) und Nina Engelhardt (siehe Anm. 443.2). Beide Freundinnen von Erika Mann (siehe Anm. 58.2), die am 9. November ihren Geburtstag beging.

549 *1 Lotte in Weimar:* Potempa D 7.3.
2 Klaus Sommer: (geb. 1939), später Arzt. Er hatte TM ein Exemplar von »Die Betrogene« gesandt und ihn um eine Widmung für seine Mutter gebeten. TM fand dieses Geschichte als Weihnachtsgeschenk unpassend und schickte ihm ein mit Widmung versehenes Exemplar von »Lotte in Weimar«.

550 *1 Die Betrogene:* Potempa E 33.4.
2 Ilschen und Kätchen: Ilse Dernburg, geb. Rosenberg (1880-1965) und ihre Schwester Käthe Rosenberg (1883-1960). Sie waren Cousinen von Katia Mann (siehe Anm. 22.2).

551 *1 Die Betrogene:* Potempa E 33.4.
2 Onkel Nett: Klaus Pringsheim (siehe Anm. 43.2).
3 Bibi: Michael Mann (siehe Anm. 282.2).

552 *1 Königliche Hoheit:* Potempa D 2.5.
2 rechten Klaus Heinrich: Dieter Borsche (1909-1982), Schauspieler. Er spielte in dem 1953 gedrehten Film »Königliche Hoheit« die Rolle des Prinzen Klaus Heinrich.

553 *1 Königliche Hoheit:* Potempa D 2.5.
2 Ruth Leuwerik: (geb. 1924), Schauspielerin. Sie spielte in dem 1953 gedrehten Film »Königliche Hoheit« die Rolle der Imma Spoelmann.

554 *1 Die Betrogene:* Potempa E 33.4.
2 Dr. Wolfgang Steinbrüchel: (1909-1995) Nichts weiter ermittelt.

555 *1 Die Betrogene:* Potempa E 33.4.
2 Dr. Friedrich Rosenthal: Siehe Anm. 419.2.
3 wirklichen Geheimen Rat: Dr. Rosenthal war TMs Ratgeber in medizinischen Fragen während seiner Arbeit an »Die Betrogene«.

556 *1 Foto:* Aufnahme des amerik. Schriftstellers und Amateurfotographen Carl van Vechten (1880-1964) vom 20.4.1937.
2 Klaus Jonas: Klaus W. Jonas (siehe Anm. 503.2).

557 *1 Foto:* Aufnahme von Lotte Reiss-Jacobi (siehe Anm. 518.1).
2 neben dem: Das Foto zeigt TM neben Albert Einstein.
3 Klaus W. Jonas: Siehe Anm. 503.2.

558 *1 Foto:* Aufnahme von Lotte Reiss-Jacobi (siehe Anm. 518.1). Das Foto zeigt TM am Schreibtisch in seinem Arbeitszimmer in Princeton.
2 Herr Jonas: Klaus W. Jonas (siehe Anm. 503.2).

559 *1 Die Betrogene:* Potempa E 33.4.
2 Bibi, dem Revolutionskinde: Michael Mann war in der Revolutionszeit 1919 geboren (siehe Anm. 282.2).
3 Fertigkeit in moderner Musik: Michael Mann war Geiger und Bratschensolist und auf moderne Musik spezialisiert (siehe auch Anm. 418.2).

560 *1 Altes und Neues:* Potempa B 76.
2 Hans Mayer: Siehe Anm. 440.2.

561 *1 Die Betrogene:* Potempa E 33.4.
2 Elsie von Salis: Ehefrau von Jean Rodolphe von Salis (siehe Anm. 453.2).

562 *1 Der Erwählte:* Potempa D 11.2.
2 Fritz Eschen: Berliner Fotograph. Er porträtierte TM 1954 und 1955.

563 *1 Gerhart Hauptmann:* Potempa G 1129.3.
2 Maxa Mück: (1904-1992), langjährige Sekretärin von Gerhart Hauptmann (siehe Anm. 89.2).

564 *1 Ausgewählte Erzählungen:* Potempa B 7.2.
2 Klaus Sommer: Siehe Anm. 549.2. Sommer besuchte im Alter von 15 Jahren im Rahmen einer Radtour TM. Er wurde zum Mittagessen eingeladen und TM schenkte ihm dieses Widmungsexemplar.

565 *1 Fiorenza:* Potempa E 20.2.
2 dieser Bibliothek: Bibliothek des 'Dumont Lindemann-Archivs'. Das von der Schauspielerin Louise Dumont (1862-1932) und ihrem Ehemann, dem Leiter des Düsseldorfer Schauspielhauses, Gustav Lindemann (1872-1960), gegründete Theater-Archiv in Düsseldorf.

566 *1 The Black Swan:* Potempa T 362.1.
2 Mr. Sidney Reach: Ehemann von Hilde Kahn-Reach (siehe Anm. 325.2). In ihrem Aufsatz »Thomas Mann - mein 'Boss'« (Jonas 73.141) schreibt sie: "... am 10. Oktober 1953 schrieben mir Katia und Thomas Mann einen Glückwunschbrief zu meiner Verheiratung. [...] TM schrieb darunter: 'Wir waren entzückt von Ihren Nachrichten, liebe Hildegard. Besser konnte es sich ja garnicht für Sie fügen! Ihr alter Boss, Thomas Mann'".

567 *1 Altes und Neues:* Potempa B 76.
2 Erika Düby: (geb. 1904), Ehefrau von Kurt Düby (siehe Anm. 452.2).
3 5. September: Der 50. Geburtstag von E. Düby.

568 *1 Bekenntnisse des Hochstaplers Felix Krull:* Potempa D 12.3.2.
2 Eri: Erika Mann (siehe Anm. 58.2).
3 "the Lord": Erika Mann hatte nach Durchsicht des Manuskripts von »Felix Krull« vorgeschlagen, das Kapitel über die 'Familie Twentyman' in der vorgesehenen Form (vgl. GW XIII, S. 19 ff.) nicht in den Roman aufzunehmen. Statt dessen empfahl sie die Wiederaufnahme des Kapitels über 'Lord Kilmarnock' (vgl. GW VII, S. 479).

569 *1 Bekenntnisse des Hochstaplers Felix Krull:* Potempa D 12.3.2.
2 Otto Basler: Siehe Anm. 213.2.

570 *1 Königliche Hoheit:* Potempa D 2.5.
2 Widmung: Die Widmung gilt dem Filmregisseur Harald Braun (1901-1960).
3 geistvoll betreuten Werkes: Bezieht sich auf den Film »Königliche Hoheit«, der 1953 unter der Regie von H. Braun und unter Mitarbeit von Erika Mann (siehe Anm. 58.2), gedreht wurde. Die schweizer Erstaufführung fand am 7.10.1954 in Zürich statt und TM schrieb die undatierte Widmung vermutlich am gleichen Tage (vgl. TMs Tagebucheintragung vom 7.10.1954).

571 *1 Bekenntnisse des Hochstaplers Felix Krull:* Potempa D 12.3.2.
2 Lavinia: Lavinia Mazzucchetti (siehe Anm. 146.2).
3 Scherzen: Die Bezeichnung "Scherze" für den »Felix Krull« (siehe die Widmungen 90, 91, 93 und 574) und auch für den »Erwählten« (siehe Widmung 534), hat TM wahrscheinlich von Goethe übernommen. Dieser hat in Briefen u.a. an Sulpiz Boisserée am 24.11.1831 und Wilhelm von Humboldt am 17.3.1832, den zweiten Teil seines 'Faust' als seine "sehr ernsten Scherze" bezeichnet (vgl. 'Goethes Briefe', in Hamburger Ausgabe, Band 4, S. 461 und S. 481). TM erwähnt diese Goethe'sche Bemerkung sinngemäß auch in seiner »Ansprache im Goethejahr 1949« (vgl. GW XI, S. 489).

572 *1 Bekenntnisse des Hochstaplers Felix Krull:* Potempa D 12.3.2.
2 Herzchen: Ida Herz (siehe Anm. 151.2).

573 *1 Bekenntnisse des Hochstaplers Felix Krull:* Potempa D 12.3.2.
2 Pierre Düby: Siehe Anm. 491.2.
3 vingt ans: Der achzehnjährige Pierre Düby hatte in der Schule einen Text auswendig vorzutragen und wählte dazu die Hotelszene mit 'Madame Houpflé' und 'Felix Krull' aus dem Roman »Bekenntnisse des Hochstaplers Felix Krull«. TM meinte, dies sei doch wohl nicht der rechte Text für einen Jungen seines Alters und er, TM, müsse sich eigentlich schämen, so etwas hervorgebracht zu haben (vgl. Thomas Sprecher, 'Thomas Mann in Zürich', Zürich 1992, S. 270 ff.).

574 *1 Bekenntnisse des Hochstaplers Felix Krull:* Potempa D 12.3.2.
2 Jella Lepman: War die Leiterin der 'Internationalen Jugendbibliothek' in München.
3 Scherze: Siehe Anm. 571.3.

575 *1 Bekenntnisse des Hochstaplers Felix Krull:* Potempa D 12.3.2.
2 Karl Kerényi: Siehe Anm. 193.2.
3 "... Ça finnisait ...": Aus Gustave Flaubert 'Voyage à Carthage', 'Oeuvres complètes'. Tôme deux, S. 710. Edition du Seuil, Paris 1964. Kerényi hat dieses Zitat einer früheren Edition entnommen und in seinem 'Mythologischen Kommentar' in dem Buch von C.G. Jung, Karl Kerényi und Paul Radin 'Der göttliche Schelm', Zürich 1954, S. 171, verwandt. TM hat das Zitat um den Anfang gekürzt; dieser lautet: »Quand au Carragheus, son pénis ressemblait plutôt à une poutre; ça finnisait ...«.

576 *1 Bekenntnisse des Hochstaplers Felix Krull:* Potempa D 12.3.2.
2 Lion: Lion Feuchtwanger (siehe Anm. 394.2).

577 *1 Bekenntnisse des Hochstaplers Felix Krull:* Potempa D 12.3.2.
2 Erich Kahler: Siehe Anm. 281.2.

578 *1 Bekenntnisse des Hochstaplers Felix Krull:* Potempa D 12.3.2.
2 Bibi und Gret: Michael und Gret Mann (siehe Anm. 282.2).
3 Vater Z.: Siehe Anm. 107.3.

579 *1 Bekenntnisse des Hochstaplers Felix Krull:* Potempa D 12.3.2.
2 Freund Läusele: Klaus Pringsheim (siehe Anm. 43.2).

580 *1 Bekenntnisse des Hochstaplers Felix Krull:* Potempa D 12.3.1.
2 John F. Oppenheimer: Oppenheimer war vermutlich für den New Yorker Verlag Wallenberg & Wallenberg, der die mimeographierte Ausgabe des »Felix Krull« herstellte, tätig.

581 *1 Bekenntnisse des Hochstaplers Felix Krull:* Potempa D 12.3.2.
2 Erich Neumann: (1903-1979), erster Leiter des 'Thomas Mann-Archivs' im damaligen Ost-Berlin. Er war Korrektor bei der Herausgabe der 'Gesammelten Werke in 12 Bänden' des Aufbau-Verlags 1955 (Potempa A 5) und der 'Gesammelten Werke' in 12 Bänden, S. Fischer-Verlag, Frankfurt a.M. 1960 (Potempa A 6). Vgl. Paul Schommer 'Der Wortgetreue', Privatdruck, Alpen 1993 (Jonas 93.262).

582 *1 Bekenntnisse des Hochstaplers Felix Krull:* Potempa D 12.3.2.
2 Victor Wittkowski: Siehe Anm. 177.2.

583 *1 Buddenbrooks:* Potempa D 1.9.
2 Frido: Frido Mann (siehe Anm. 259.3).

584 *1 Bekenntnisse des Hochstaplers Felix Krull:* Potempa D 12.3.2.
2 Lore Rümelin: Sie stammte aus Lübeck. TM lernte sie in Erlenbach kennen und betraute sie bis zu seinem Tode mit der Erstellung der Maschinen-Abschriften seiner Arbeiten.

585 *1 Bekenntnisse des Hochstaplers Felix Krull:* Potempa D 12.3.2.
2 Hermann Ebers: Siehe Anm. 34.1.

586 *1 Bekenntnisse des Hochstaplers Felix Krull:* Potempa D 12.3.2.
2 Lanatsch Schickele: Anna, gen. 'Lanatsch', Schickele. Witwe von René Schickele (siehe Anm. 223.2).

587 *1 Der Zauberberg:* Potempa D 3.7.
2 Dr. Walter Zimmermann: (1896-1973), deutscher Diplomat. Von 1953 bis 1958 Generalkonsul der Bundesrepublik Deutschland in Zürich.

588 *1 Widmungsblatt:* Von Klaus Sommer (siehe Anm. 549.2).

589 *1 Volksbuchhandels:* Die Widmung TMs gilt der 'Thüringischen Buchhandlung' in Weimar.

590 *1 Gästebuch:* Des Hotels 'Elephant' in Weimar, das an diesem Tage, nach der Beseitigung der Kriegsschäden, wiedereröffnet wurde. In diesem Hotel spielen Teile von TMs Roman »Lotte in Weimar«. Im Anschluß an die Feier im 'Schiller Nationaltheater' fand ein "Bankettartiges Lunch im 'Elephanten', ..." statt (vgl. Erika Mann 'Das letzte Jahr', Frankfurt am Main 1956. S. 34), an dem, neben Thomas und Katia Mann, folgende Persönlichkeiten aus dem Kulturleben der DDR teilnahmen: Anna Seghers (1900-1983), Schriftstellerin, Präsidentin des Schriftstellerverbandes; Arnold Zweig (1887-1961), Schriftsteller. Vizepräsident der Akademie der Künste und seine Ehefrau Beatrice; Dr. Hans Wiedemann (1888-1969), Bürgermeister von Weimar; Prof. Dr. Josef Hämel (1894-1969), Rektor der Universität Jena; Johannes R. Becher (1891-1958), Schriftsteller. Minister für Kultur und Präsident der Akademie der Künste; Heinrich Kilger (1907-1970), Mitglied der Akademie der Künste und Chefbühnenbildner des 'Deutschen Theaters Berlin' (Reihenfolge der Gästebucheintragungen).

591 *1 Altes und Neues:* Potempa B 76.
2 Jula Ewers: Julie Ewers, geb. Fleischer (1895-1977), Ehefrau von Hans Ewers (siehe Anm. 601.2).

592 *1 Bekenntnisse des Hochstaplers Felix Krull:* Potempa D 12.3.2.
2 Herbert Mertens: (1906-1989), ehrenamtlicher Senator der Hansestadt Lübeck. War zuständig für das Sachgebiet 'Kurverwaltung Travemünde'.

593 *1 Bekenntnisse des Hochstaplers Felix Krull:* Potempa D 12.3.2.
2 Otto Passarge: (1891-1976), von 1946 bis 1956 Bürgermeister (SPD) der Hansestadt Lübeck. Er war Mitbegründer der 'Sozialistischen Arbeiterjugend' in Lübeck und zwischen 1933 und 1945 dreimal von den Nazis inhaftiert.
3 ehrenvoll verbunden: Der Widmungstext bezieht sich auf die Verleihung der Ehrenbürgerwürde der Hansestadt Lübeck an TM, die am 20.5.1955 erfolgte. Während der Widmungstext mit dickem Kugelschreiber geschrieben ist, schrieb TM seinen Namen und das Datum (19.Mai 55 - einen Tag vor der Verleihung, möglicherweise in einer Signierstunde) mit blauer Tinte.

594 *1 Gästebuch:* Von Edgar Fuchs. Er spielte die Rolle des Pastor in der Lübecker Aufführung von 'Das Bild des Menschen'.
2 Das Bild des Menschen: Schauspiel von Peter Lotar (geb. 1910). Die Uraufführung des Stückes fand am 6.10.1954 im Berliner Schloßparktheater statt.

595 *1 Bekenntnisse des Hochstaplers Felix Krull:* Potempa D 12.3.2.
2 Gustav Hillard-Steinböhmer: Gustav Hillard-Steinbömer (1881-1972), Schriftsteller. Er schildert seine Begegnung mit TM in seinem Essayband 'Wert und Dauer', Hamburg 1961.

596 *1 Buddenbrooks:* Potempa D 1.10.
2 Wolf Ritz: (geb. 1920), Maler und Bildhauer. Porträtierte TM im Mai 1955 während seines Aufenthaltes in Travemünde. Es war das letzte Porträt, das zu Lebzeiten von TM geschaffen wurde.

597 *1 Buddenbrooks:* Potempa A 3 - Erster Band.
2 Paul Adolf Brenner: (1910-1967).
3 Professor Schmid: Professor Karl Schmid (1907-1974), schweizer Kulturpolitiker und Literaturhistoriker (siehe auch Anm. 505.1).

598 *1 Dankadresse:* Auf Briefpapier mit dem Aufdruck: 'Geburtstagsfeier Thomas Mann. 6. Juni 1955 im Baur au Lac'.
2 Emmy: Emmi Oprecht (siehe Anm. 236.1).
3 Richard: Richard Schweizer (siehe Anm. 367.2).
4 George: Georges Motschan (siehe Anm. 237.2).

599 *1 Guiseppe e i suoi fratelli:* Potempa T 1005, Bd. 6.
2 Maestro Luigi Dallapiccola: (1904-1975), ital. Komponist. War zeitweise der Klavierlehrer von Monika Mann (siehe Anm. 390.2).
3 cadeaux: Dallapiccola's Geschenk zu TMs 80. Geburtstag konnte nicht ermittelt werden.

600 *1 Widmungsblatt:* Der Empfänger der Widmung konnte nicht ermittelt werden.
2 "Weite Welt ...": Aus Goethe 'Alterswerke-Sprüche VI'. Hamburger Ausgabe Band 1, S. 327. Aus dem gleichen Gedicht nahm TM 1922 die Zeile "Nie geschlossen, oft geründet", die er den »Buddenbrooks« (Potempa A 1) als Motto voranstellte und womit die Edition der 'Gesammelten Werke in Einzelausgaben' eröffnet wurde.

601 *1 Versuch über Schiller:* Potempa G 1191.1.
2 Hans Ewers: (1887-1968), Jurist und Senator der Hansestadt Lübeck von 1929 bis 1933. Von 1949 bis 1953 Mitglied des Deutschen Bundestages (Deutsche Partei).
3 Der Roman begleitet mich: Gemeint ist der Roman 'Herren und Narren der Welt', von Gustav Hillard-Steinbömer, Hamburg 1954 (siehe Anm. 595.2).

602 *1 Versuch über Schiller:* Potempa G 1191.1.
2 Ida Herz: Siehe Anm. 151.2.

603 *1 Versuch über Schiller:* Potempa G 1191.1.
2 Hermann Hesse: Siehe Anm. 33.2.

604 *1 Versuch über Schiller:* Potempa G 1191.1.
2 Otto Basler: Siehe Anm. 213.2.

605 *1 Versuch über Schiller:* Potempa G 1191.1.
2 Bürgermeister Passarge: Otto Passarge (siehe Anm. 593.2).
3 Ehrenuntertan: Anspielung TMs auf die ihm verliehene Ehrenbürgerschaft der Hansestadt Lübeck (siehe Anm. 593.3).

606 *1 Dieter Wolfram:* Nicht ermittelt. Vermutlich TMs letzte Widmung.

Register der Widmungsempfänger

*: Wortgleiche, nicht aufgenommene Widmung.
Siehe die jeweiligen Anmerkungen.

Verlag DrägerDruck Lübeck

DrägerDruck GmbH & Co., Schwertfegerstraße 7, D-23556 Lübeck, Tel. 04 51 / 8 79 99 55, Fax 04 51 / 8 79 99 66

Dieser Bildband zeigt die Fotos von Personen, die Thomas Mann in den »Buddenbrooks« so eindrucksvoll geschildert hat. Es werden die dazugehörigen Original-Texte des Romans den Bildern der dort erwähnten Persönlichkeiten und Schauplätzen gegenübergestellt. Ein sehr interessanter Vergleich von Roman und Realität.

Hartwig Dräger

Buddenbrooks – Dichtung und Wirklichkeit

Bilddokumente

336 Seiten, 153 Abbildungen
Gebunden, Format 24,3 x 28,5 cm
ISBN 3-925402-44-6

Deutschlands bekanntester Gastro-Kritiker Wolfram Siebeck schreibt in der Wochenzeitung „DIE ZEIT" vom 19.5.95: „...Nachdem der Autor der ‚Buddenbrooks' bereits von Marcel Reich-Ranicki als Humorist enttarnt wurde, hat der Verlag DrägerDruck heraussuchen und zusammenstellen lassen, was für das Werk Thomas Manns ebenfalls eine geistig-kulinarische Wende bedeuten könnte. Denn nun kann man überprüfen, was der Dichter schon 1904 von sich behauptete: ‚In weiteren Kreisen bin ich, glaub' ich, als Schilderer guter Mittagessen geschätzt.'..." Anhand der hier aufgeführten Kochrezepte lassen sich Thomas Manns Lieblingsgerichte leicht nachkochen. Anschaulich werden in dem Band die Speisegepflogenheiten der Jahrhundertwende geschildert. Die exzellenten Farbbilder versetzen den Leser in die gute alte Zeit.

Alexej Baskakov

Speisen mit Thomas Mann

80 Seiten, 23 Kochrezepte, 22 Abbildungen, teilweise farbig
Hardcover, Format 17,5 x 24,5 cm
ISBN 3-925402-83-7

Thomas Mann hat das Verhältnis zu seinem Bruder Heinrich Mann einmal mit der treffenden Formel von der »repräsentativen Gegensätzlichkeit« bezeichnet. Das vorliegende Buch umspannt den Zeitraum von 1871 bis 1955, wobei der Schwerpunkt auf dem Verhältnis der Brüder zu ihrer Vaterstadt Lübeck sowie zueinander liegt. Anhand von persönlichen Äußerungen aus ihren Werken, Briefen und anderen Aufzeichnungen werden Leben und Werk dieser beiden großen Schriftsteller in authentischen Texten präsentiert. Zusammen mit dem reichhaltigen Bildmaterial erleben Sie zwei Schriftstellerbrüder, die die Literatur dieses Jahrhunderts entscheidend geprägt haben, im spannungsvollen Vergleich.

Eckhard Heftrich / Peter-Paul Schneider / Hans Wißkirchen

Heinrich und Thomas Mann

Ihr Leben und Werk in Text und Bild

440 Seiten, 200 Abbildungen
Format 14,8 x 21 cm
ISBN 3-925402-80-2

Der Roman „Professor Unrat" bescherte Heinrich Mann seinen größten Erfolg. In der Verfilmung als „Der blaue Engel" mit Marlene Dietrich in der Hauptrolle gelangte das Werk zu Weltruhm. Der vorliegende Band enthält die wichtigsten Informationen über Entstehung und Wirkung von Buch und Film. Er würdigt die literarische Vorlage und die filmische Umsetzung des Stoffes als eigenständige Kunstwerke. In drei Aufsätzen werden die Lübeck-Bezüge und weitere wichtige Quellen des Werkes ebenso dargestellt wie die Dreharbeiten am Film. Jeder Aufsatz ist ausführlich bebildert.

Albert Klein / Werner Sudendorf / Stefanie Wehnert

Mein Kopf und die Beine von Marlene Dietrich

146 Seiten, 9 farb. / 65 Schwarzweiß-Abbildungen
Format 16 x 24 cm
ISBN 3-925402-84-5